石河子大学"中西部高校综合实力提升工程"

石河子大学兵团屯垦戍边研究中心

资助出版

新疆建设发展与国家政策扶持研究

张彦虎 ◎ 著

人民出版社

目　　录

序　言

人类社会进入 21 世纪,新的问题、新的挑战纷至沓来。尤其是对于中国这样一个人口众多、地域辽阔的发展中大国来说,所面临的问题、挑战更是不胜枚举。特别是我国不同地区由于历史、地域、自然禀赋、发展措施等的差异,导致自近代以来地区间的发展极不平衡,区域发展呈现出显著差异。而这种不平衡和差异如果长期得不到改观,势必将影响到我国的均衡协调发展和国家安全统一。因此,新中国成立以来,在党和国家的统一部署和强力推动下,国家通过支边、三线建设等措施不断加大对中西部地区的发展支持,极大促进了这些地区的工业化、现代化进程和社会事业发展进步。由于中西部地区发展起点低,以及改革开放之初为了重点突破和率先在有条件地区实现现代化,国家采取了东部优先发展战略,目前这种不平衡性和地区差距仍然存在。

以新疆地区为例,尽管自新中国成立以来,其经济社会发展一直得到党和国家的高度重视和大力支持,经济社会发展速度较快,但同东部地区的发展水平相较,区域差距仍然显著存在甚至一度还在加大。对此，必须引起我们的高度重视。作为我国最大的边疆多民族地区，要维护新疆的长治久安，就必然需要围绕新疆在不同阶段的发展稳定状况，以及国家给予的各种扶持措施等进行深入探讨，从而推动我们不断进行理论和实践的总结探索。因此，从新疆建设发展与国家政策扶持这一主题出发，深入研究自近代以来不同时期国家政策扶持状况对新疆发展稳定的作用效果、经验得失、借鉴启示，对于我们深入把握"四个全面"战略理论，新疆工作在党和国家工作大局中的重要地位，以及今后更好地开展和改进对口援疆工作等都具有重要意义。

发挥跨学科优势，回溯历史，着力于聚焦新疆现实问题，实现有针对性地探讨解决影响新疆发展稳定的迫切问题，这是本书拨冗就简的特色所在。新中国成立后尤其是改革开放以来，新疆的经济社会发展取得了长足进步和辉煌成就。但不可否认的是，由于历史和现实的一些原因，新疆在发展过程中还面临着诸多挑战，安全因素、发展因素、民生因素、文化价值因素等都在影响着新疆的发展和稳定。可以说，新疆的发展稳定涉及政治、历史、经济、社会、宗教、民族等各种因素，并且这些因素相互交织，异常复杂，面对这些实实在在地摆在我们面前的问题，我们当然既不应回避，更不应误读，而必须运用辩证唯物主义观点和方法，全面分析这些问题及其产生的原因，在更加广阔的时间、空间中来审视这些问题。因此，这就必然要求我们运用跨学科的方法,有历史眼光和问题意识,能够通过多学科分析透过现象看本质,在发现问题、解决问题中履行好学者的使命。对此,作者运用跨学科研究方法,通过回溯历史,对比分析近代以来不同时期新疆发展稳定状况与国家政策扶持措施实施的差异,剖析总结了不同时期国家政策扶持措施对新疆发展稳定的作用效果以及二者之间的作用关系,并使之最终着力聚焦于新疆现实问题,指出只有不断调整完善政策扶持措施和加大扶持力度,改善民生,加快发展,培养当地自我发展能力,才能更好地实现新疆等民族地区的发展繁荣和社会稳定。这无疑是具有理论和实践借鉴意义的。

另外,在总结新疆历史发展与国家政策扶持关系的基础上,还形成了一系列重要观点和具有针对性的对策建议。例如,由于特殊的绿洲经济特点等原因,新疆的发展稳定无论过去还是将来都离不开强有力国家力量的支持。因此,只有在新中国和中国共产党的领导下,在国家的全面大力政策扶持下,新疆的发展稳定形势才真正实现了根本改观,各族人民才获得了前所未有的平等团结和发展福祉。而随着时代的变迁,新疆各族人民的发展需求日益增长和多元化,国家政策扶持方式和力度也要随之加快调整改革,才能取得更好的效果。这就要求我们必须加快相关政策措施的改革创新,如加快全国对口援疆等政策措施的完善创新,加快深化兵团改革、精准扶贫和生态保护,不断巩固新疆反恐维稳、民生改善与生态治理的基础;以丝路经济带战略为契机,加快实现新疆多元文化、边缘区位由劣势向优势转换,并在这一过程中迅速做强做大相关产业和加快外向型发展,从而加速培育形成新疆自我发展的强大"造血"功能,为新疆反恐维稳、民生改善和长治久安奠定坚实经济、社会、生态基础等。

总之,聚焦新疆工作总目标,服务于国家战略,发挥跨学科的优势,从理论和实践互动的角度深入研究,为新疆的发展稳定与长治久安献言献策,推动相关学术研究和实践发展与时俱进,这是学界义不容辞的担当和责任。希望在新疆发展的阵阵号角声中能有更多的高水平研究成果涌现。

是为序!

石河子大学党委书记　夏文斌

2018 年 2 月 6 日于石河子

第一章 绪 论

新疆不仅是占我国国土面积六分之一强的第一大(省)区,同时也是多民族聚居且周边局势十分复杂的边疆区域。鉴于新疆的重要战略地位和经济社会发展特点,历代中央政府都对新疆(西域)采取了诸如轻徭薄赋、屯垦实边、财政支持等扶持措施,有力地保障和推动了新疆(西域)经济社会的发展稳定。但是近代以来,由于民国时期中央政府的软弱无能,无力给新疆提供必要的政策扶持和安全保障,导致新疆经济凋敝、社会动荡、民生艰难。

新中国成立后,党和国家十分重视新疆工作和各族人民的发展福祉,先后出台了一系列政策扶持措施,再加上驻疆人民解放军和新疆生产建设兵团的巨大努力,不仅促进了新疆经济的迅猛发展和社会的加速进步,而且极大改善了各民族人民的生活水平,切实推动了各民族的共同发展繁荣与团结和谐。

当前,新疆已成为我国实施"一带一路"倡议的核心区和对外开放的重要门户,更是今后我国战略资源的重要储备区和未来国际竞争的重要战略支撑点。如何在新形势下通过国家政策扶持措施的创新发展进一步推动新疆的经济可持续发展、社会稳定与长治久安,这不仅是党中央、国务院需要从全局和战略高度考虑如何进行重大决策部署的问题,也是社会各界和新疆各族人民关注的焦点。对此,总结历史经验,研究分析近代以来不同时期新疆建设发展状况与同期国家政策扶持的特点,有助于为今后不断调整和加大政策扶持力度,加快新疆发展和提升自我发展能力,加快实现新疆发展繁荣和社会和谐稳定提供有意义的借鉴参考。

第一节　新疆建设发展与国家政策扶持的关系

在多元民族共存的国家和地区,少数民族地区的发展始终是整个地区乃至国家发展所面临的一个重要课题。而发展的不平衡性是我国近代以来社会经济发展最突出的特征之一。在不同地区、不同民族之间,这种发展的不平衡性尤其明显。而这种不平衡性又极易被国内外敌对势力所利用,成为其蛊惑人心以达到不可告人目的的工具。尤其是对于新疆地区来说,由于新疆地处我国西北内陆干旱地区,境内多数区域被沙漠、戈壁覆盖,适合人类居住和经济生产的绿洲十分有限。特殊的地理环境和脆弱的生态条件导致当地经济发展相对落后、生产成本高,且市场规模十分有限。而新疆同时又是多民族聚居区和有着漫长边境线的边疆地区,极易受到国外敌对势力的渗透破坏和周边不稳定因素的影响,进而影响到新疆的建设发展。

自古以来,历代中央政府针对新疆(西域)的特殊情况,都无一例外地采取了轻徭薄赋、屯垦实边、财政支持等应对措施。从其政策实质看,都是以国家的雄厚实力(如财力、人力、物力)为依托,以各种政策扶持的形式(如轻税或免税、屯垦实边、赏赐等)支持和推动新疆的经济发展、社会稳定和地区安全。尤其是汉唐清等王朝鼎盛时期，由于国家富强，实力雄厚，能够以强大的人力财力物力扶持新疆（西域）发展，因此大大促进了当时新疆（西域）的经济社会发展。以清代为例，清王朝作为我国历史上最后一个封建王朝和唯一跨越古代与近代社会的前现代政府，无论在进入近代社会之前还是之后，清朝中央政府都通过大兴屯垦、协饷支持等措施不断加大对新疆发展的政策扶持力度，不仅推动了新疆农牧业经济的迅速发展和民生改善，而且进一步促进了民族关系融洽和社会发展进步，最终取得了显著的边疆治理成效。特别是在进入近代社会之后，清王朝在面临"三千年未有之大变局"的空前挑战和复杂严峻的国内外形势下，痛下决心，以空前的政策扶持力度力保新疆从战乱和列强的觊觎侵略中走出危局，并迅速实现了经济的恢复发展和社会大局稳定。而与之相对，当王朝（如明代）中央政府无力经营新疆（西域），当地即陷入严重的政局动荡、战乱频发并导致经济发展停滞乃至倒退，人民生活困苦不堪。这是因为，缺失了中央政府的强有力政策扶持和安全保障，新疆（西域）即失去了推动经济发展、社会稳定的国家力量，也无法得到抵御外侮、安定内部的强大国防力量，其历史经验值得借鉴。

民国时期，众所周知，当时中央政府或政权更替频繁，或软弱无力，或内忧外患之下无暇西顾，致使新疆在大部分时间内不仅落入地方军阀之手，游离于中央之外，而且由于缺失了来自国家的强大政策扶持，导致新疆这一时期经济发展十分缓慢乃至停滞，社会几经动乱，区域发展稳定和各民族共同发展繁荣基本无从谈起。尤其是发展近现代经济急需大量资金、技术、人才、基础设施等，缺失了国家力量的强力投入，仅靠新疆自身的积累和努力显然是不可能完成的。

因此,直到新中国成立前,新疆的经济仍然十分落后,现代工业几乎为零,各族人民仍然生活在传统农业社会甚至是农奴社会中。同时,由于民国时期新疆经济凋敝而地方赋税沉重,再加上列强的侵略盘剥,不仅导致了新疆各族人民民生维艰,而且进一步酿成了多次社会动乱,严重威胁到新疆的社会稳定和民族团结大局。

新中国成立后,党和国家非常重视新疆建设的发展工作,先后制定了一系列特殊政策扶持措施,帮助和扶持新疆加快发展进步。同时,借鉴历史经验,针对新疆解放之初一穷二白、百废待兴的局面,党中央和中央军委还通过积极发挥驻疆人民解放军工作队、生产队、战斗队的巨大作用,全面投入新疆的各项经济建设和社会事业发展工作,并在此基础上进一步组建成立了新疆军区生产建设兵团,长期从事屯垦戍边和各项经济社会事业发展工作,为新疆的经济发展、社会稳定和边防安全作出了不朽贡献。总之,在新中国成立后的短短二十多年中,在党和政府的大力支持和推动下,新疆实现了翻天覆地的变化,在短期内迅速实现了由封建社会甚至是奴隶社会向社会主义社会的跨越式发展。历史证明,只有在中国共产党的领导下,才能领导和团结各族人民,调动各种力量,以空前的政策扶持力度推动新疆加速发展和繁荣稳定,才能够真正实现各族人民翻身做主人,走向共同发展繁荣。

20世纪80年代,国家开始实行改革开放,优先发展东部沿海,而以新疆为代表的西部少数民族地区的发展因此相对放缓。同时,市场经济的发展使得此前计划经济下一些行之有效的政策扶持措施逐渐失去效果。这种状况虽然在我国实行西部大开发战略后有所改观,但由于种种原因,新疆等西部民族地区的发展仍然面临着不少问题,导致东西部差距越来越大。此外,随着20世纪90年代苏联解体和中亚一系列民族国家的独立，使得新疆所毗邻的中亚战略局势日益错综复杂，敌对势力乘机向新疆渗透，给新疆的发展稳定带来了新的前所未有的挑战。对此，党和国家进一步从战略高度加强新疆建设发展稳定工作，先后调整和出台了一系列旨在全面促进新疆跨越式发展的扶持政策，通过调动全国的人力物力财力，实行全国19省市对口援疆等重大政策部署，力促新疆加快经济社会全面发展。通过近几年的努力，新疆的经济发展、社会进步和各民族的生活水平都得到了明显改善，各民族共同发展繁荣和民族团结的基础更加巩固。

当前，新疆作为我国"一带一路"倡议的核心区，是我国实施向西开放的桥头堡和东联西出的中枢所在。其建设发展稳定状况不仅关系到新疆各族人民的切身利益，更关系到我国"一带一路"倡议的成败。因此，基于新疆特殊的战略地位，研究分析近代以来新疆经济社会发展与国家政策扶持之间的内在逻辑关系，总结其经验得失和探讨其演变历程，揭示二者之间的内在机理和相互作用关系，有助于为今后国家不断调整创新政策扶持体系，更好地促进新疆等民族地区加快发展进步和繁荣稳定。这将具有重要的政治、经济、社会意义。

第二节　国内外研究现状分析

由于新疆的建设发展不仅关系到各民族的团结和谐和新疆长治久安，更关系到我国的现代化建设和国家安全，因此，国内外对于新疆建设发展稳定方面的研究成果十分丰富。而对于新疆建设发展政策扶持方面的研究则相对较少。但是，要开展新疆建设发展与国家政策扶持研究,不仅必然涉及新疆经济发展、社会稳定以及同时期国家相关政策扶持措施、状况等的研究,而且更涉及新疆建设发展与国家政策扶持这二者之间相互联系与作用关系的研究。不难看出,本书所涉及的研究领域十分广泛,相关学者所取得的研究成果亦极为丰富,需要认真概括梳理。

一、对近代以来新疆建设发展稳定的相关研究

新疆维吾尔自治区是我国各省区中土地面积最大,少数民族人数较多且民族、宗教、语言、文化、生态等极为复杂多样的边疆落后省区,同时也是当前我国实施"一带一路"倡议的核心区和我国向西开放的重要门户。因此,新疆的发展稳定不仅关系到新疆各少数民族的切身利益和民族团结大局,更关系到我国的现代化建设事业和战略全局。对此,国内外众多学者已经从多个方面对这一主题及其相关问题进行了深入广泛研究,产生了一大批高水平的研究成果。例如,关于近现代以来新疆发展状况的总体变化趋势,学者们一致认为:随着时代变迁,新疆发展稳定的大局和基础不断增强,但随着国际形势的变化,新疆发展和稳定所面临的挑战也不容忽视,需要从政治、经济、文化等多重角度出发,标本兼治,维护稳定,促进发展,加快文化整合。[①] 同时,

---

① 参见杨杰:《整合多元民族文化资源 促进新疆社会的稳定发展》,《新疆社会科学》2007 年第 4 期;潘志平:《"三个代表"重要思想指引下的"文化整合"——联系新疆稳定与发展的思考》,《新疆社会科学》2003 年第 5 期;宋爱荣:《治标又治本 发展促稳定——关于维护新疆稳定的几点思考》,《理论前沿》1998 年第 12 期;王小平:《履行屯垦戍边历史使命 促进新疆的稳定与发展》,《兵团党校学报》2003 年第 5 期。

学者们还通过对新疆历史与现状的分析研究,阐述了历史以来新疆发展与稳定的整体形势和新时期所面临的问题。①

具体来看,由于新疆工作在党和国家工作全局中具有的特殊重要战略地位,自新中国成立以来,党和国家就高度重视新疆的建设发展稳定工作。因此,在国家层面上先后组织力量研究产生了一系列有关新疆建设发展稳定工作的重要成果。例如有中共中央文献研究室、中共新疆维吾尔自治区委员会编,中央文献出版社出版的《新疆工作文献选编》等重要文献成果,②其中囊括了新中国成立以来毛泽东、周恩来、邓小平等党和国家领导人关于新疆等民族地区和少数民族的指示、讲话、意见建议以及重要理论观点,已成为相关领域研究的重要理论指导和思想基础。另外,还有作为国家社科基金特别重大委托项目、新疆重大文化建设工程项目的《新疆通史》,经过相关专家十余年的努力,已形成了一系列重要研究成果,不仅是权威性、科学性、实事求是的史学精品,而且通过再现新疆历史的发展稳定全貌,既有助于当代新疆各族人民对新疆历史和民族发展关系的深入了解和认识,从而使他们自觉增强国家认同,维护民族团结和共同发展繁荣,更为当前研究新疆发展稳定趋势变化和应对之策提供了重要历史借鉴。

除上述重大成果外,学者们从不同视角对新疆发展稳定的相关研究论述亦十分丰富。早在清代中后期,伴随着清朝对新疆的再度统一和近代西方列强对我国边疆的蚕食觊觎,新疆的发展稳定形势

---

① 参见厉声等:《中国新疆:历史与现状》,新疆人民出版社 2006 年版。

② 参见中共中央文献研究室、中共新疆维吾尔自治区委员会编:《新疆工作文献选编》,中央文献出版社 2010 年版。

即引起魏源、龚自珍、林则徐、左宗棠等人的关注。到了民国时期,随着新疆等边疆地区危机的加重,更加引起学者们的关注和研究热潮,涌现出了一批有代表性的研究成果,如曾问吾的《中国经营西域史》、蒋君章的《新疆经营论》、孙荣元的《新疆问题与英俄帝国主义》等。这些研究成果紧密联系当时新疆发展稳定的实际,从不同角度指出了新疆发展稳定面临的严峻形势,揭示了促进新疆发展稳定的重要意义和主要对策,为后人继续研究这一主题提供了重要参考和前期基础。

新中国成立后,党和国家高度重视新疆的发展稳定工作,进一步激发了学者们的研究热情。同时,由于新时期新疆发展稳定工作面临更多的机遇和挑战,以及六十多年来新疆发展的光辉历程和伟大实践,都给学者们提供了更多的研究主题和焦点。这样,就促使相关研究成果如雨后春笋般不断涌现出来。例如在有关新疆发展的光辉历程和伟大实践方面,就有富文主编的《中国共产党新疆历史大事记 1949—1966》、朱培民主编的《中国共产党与新疆民族问题》、杨发仁主编的《邓小平民族理论及其在新疆的实践》、石来宗主编的《邓小平理论与新疆的发展》等论著,不仅叙述了在中国共产党领导下新疆在民主改革、社会主义改造和建设时期发生的翻天覆地变化,而且对新中国成立以来党和国家处理和解决新疆相关发展稳定问题的成功经验作了全面总结。同时,还有稔理的《重温毛泽东关于发展新疆经济、改善人民生活的重要论述》、祁若雄的《周恩来与新疆经济建设》和耿铎文的《邓小平关于新疆发展的战略思考》研究论述,分别阐述了毛泽东、周恩来、邓小平等老一辈革命家和国家领导人对于新疆建设发展的战略思考与决策部署。在此基础上,刘江海(2000)、朱培民

（2001）、李学习（2004）等人对党的三代领导集体对新疆建设发展的思想、论述与决策进行了深入研究分析，认为中国共产党的历代中央领导集体对新疆的发展稳定始终给予高度关注和特殊支持，为新疆的民族团结、社会稳定、经济繁荣倾注了大量心血，同时对新疆的发展寄予殷切期望，希望新疆成为我国经济发展的重要支点。① 而吴福环（2008）、热合木江·沙吾提（2009）、曹李海（2016）则对改革开放以来新疆反对民族分裂、维护社会稳定的主要经验及实践形势做了总结分析，并对其启示与治理实践问题进行了深入探讨。②

在新疆生产建设兵团促进新疆发展稳定方面，王运华（1998）、王小平（2003）、张安福（2011）等人研究认为建设发展和稳定是新疆工作的主题，而新疆生产建设兵团是促进新疆发展和稳定的重要力量，因此只有不断发展壮大兵团，才能有助于解决新疆的稳定和发展问题，也有助于维护边防安全和国家安全。③ 而潘志平（2003）、杨杰（2007）等学者则从文化整合的角度出发，指出新疆多元民族文化资源的整合，就是新疆各民族、兵团与地方之间的文化相互交流、沟通、

---

① 参见刘江海：《中国共产党三代领导人关于新疆的稳定与发展的论述与决策》，《新疆社会经济》2000 年第 2 期；朱培民：《中共三代中央领导集体与新疆》，《乌鲁木齐职业大学学报》2001 年第 3 期；李学习：《党的三代领导集体关于新疆发展与稳定的思想》，《新疆大学学报（哲学社会科学版）》2004 年第 2 期。

② 参见吴福环：《改革开放 30 年新疆反对民族分裂、维护社会稳定的主要经验》，《新疆社会科学》2008 年第 6 期；热合木江·沙吾提：《改革开放以来维护新疆社会稳定的实践形势及其启示》，《科学社会主义》2009 年第 5 期；曹李海：《博弈情景下新疆社会稳定与治理实践问题探讨》，《新疆社会科学》2016 年第 1 期。

③ 参见王运华：《生产建设兵团是促进新疆发展和稳定的重要力量》，《新疆社会经济》1998 年第 5 期；王小平：《履行屯垦戍边历史使命 促进新疆的稳定与发展》，《兵团党校学报》2003 年第 5 期；张安福：《清代以来的新疆屯垦与国家安全研究》，中国农业出版社 2011 年版。

融合的过程。只有发展文化生产力,保障新疆各族人民群众物质和文化生活权益的和谐,才能增强中华民族的整体凝聚力,同时避免西方那种将民族宗教问题高度政治化处理而带来的弊病,确保新疆的稳定与发展。① 瓦力·哈力阿巴克(1998)则从语言交流沟通的角度研究了双向掌握语言是促进新疆稳定和发展的需要。② 阿布力孜·玉素甫(2004)则以民族消费的角度为切入点,在对消费的民族特点进行调研的基础上,着重分析了民族消费在发展民族企业经济、扶贫、增加就业机会和社会稳定方面的作用,揭示了少数民族消费在新疆经济发展与社会稳定中的作用。③ 袁智文(1997)、刘振华(2010)、疆生(2012)则从加快经济发展促进稳定的角度,认为只有加快经济发展、改善民生才能从根本上维护新疆的社会稳定,这也是贯彻落实中央新疆工作座谈会精神,实现新疆经济社会跨越式发展,改善和保障民生,巩固民族团结和实现新疆长治久安的需要。④

而郭宁(2007)、董兆武(2015)等学者则从促进新疆城乡、区域协调发展的角度,认为新疆城乡、区域发展不协调,导致新疆特别是南疆的发展与稳定工作面临诸多挑战和瓶颈,但是随着制约南疆经

---

① 参见潘志平:《“三个代表”重要思想指引下的“文化整合”——联系新疆稳定与发展的思考》,《新疆社会科学》2003 年第 5 期;杨杰:《整合多元民族文化资源促进新疆社会的稳定发展》,《新疆社会科学》2007 年第 4 期。

② 参见瓦力·哈力阿巴克:《双向掌握语言是新疆稳定、发展的需要》,《实事求是》1998 年第 5 期。

③ 参见阿布力孜·玉素甫:《少数民族消费在新疆经济发展与社会稳定中的作用》,《新疆大学学报(哲学·人文社会科学版)》2004 年第 3 期。

④ 参见袁智文:《加快经济发展 改善群众生活 是维护新疆稳定最重要的基础》,《实事求是》1997 年第 5 期;刘振华:《发展经济改善民生是维护新疆社会稳定的基石》,《党政干部学刊》2010 年第 8 期;疆生:《地方国有企业在新疆稳定发展中的作用》,《云南民族大学学报(哲学社会科学版)》2012 年第 3 期。

济社会发展瓶颈因素的破解以及中央新疆工作座谈会的召开,通过加快人力资源开发和促进城乡、区域协调发展,新疆经济社会发展正面临千载难逢的历史机遇。① 郭泰山(1996)、李莹(2008)则从改进民族关系和民族工作的角度,指出只有构建和谐的民族关系,才能促进新疆的发展稳定,同时在全面发展中促进民族关系和谐,在坚持和完善民族区域自治制度框架下巩固民族关系和做好新时期新疆的民族工作。② 而剌迪生(1996)、徐罗(2013)、戴继诚(2014)等人则从宗教方面入手,阐述了只有正确处理民族宗教问题,保护爱国宗教领袖和正常的宗教活动,才能实现新疆的长期稳定与发展,同时还要有效应对新疆周边如吉尔吉斯斯坦等国宗教极端势力对新疆稳定与发展的影响。③

在新疆经济发展和区域差异方面,杜鹰(2015)在对新疆多次调研的基础上,从国家政策层面上对新疆经济发展作出分析,提出新疆应在"十三五"时期加快"转型升级、提质增效",同时应把推进丝绸之路经济带核心区建设作为促进新疆发展的重大机遇,把加快南疆经济社会发展作为"十三五"新疆社会经济发展的重中之重。④ 而刘

---

① 参见郭宁等:《新疆城乡协调发展与农村人力资源开发研究》,中国农业出版社 2007 年版;董兆武:《关于新疆南疆地区发展与稳定的战略思考》,《新疆社会科学》2015 年第 5 期。

② 参见郭泰山:《从维护稳定与发展的大局出发做好新时期新疆的民族工作》,《新疆社会经济》1996 年第 3 期;李莹:《构建和谐的民族关系 促进新疆的稳定发展》,《实事求是》2008 年第 4 期。

③ 参见剌迪生:《正确处理新疆的民族宗教问题实现长期稳定与发展》,《天山学刊》1996 年第 2 期;徐罗:《浅析吉尔吉斯斯坦宗教极端势力对新疆稳定与发展的影响》,《新西部(理论版)》2013 年第 20 期;戴继诚:《保护爱国宗教领袖 维护新疆社会稳定》,《中国宗教》2014 年第 9 期。

④ 参见杜鹰:《对新疆经济发展的几点思考》,《新疆社会科学》2015 年第 6 期。

世薇、张平宇(2012)通过对 1989—2010 年新疆经济发展差异的区域分析,指出这一时期在区域总体差异扩大的同时,东疆、南疆、北疆三大区域之间的差异和区内各县域之间的差异都在逐步扩大,并且区内差异是区域总体差异的主要贡献者。① 另外,马海霞、奥布力·塔力普(2016)就中巴经济走廊建设对新疆发展的影响进行了研究分析,认为中巴经济走廊建设对新疆与巴基斯坦之间的经济贸易发展带来了机遇和挑战,新疆必须抓住机遇,大力优化产业结构,避免再次陷入"贸易走廊"的陷阱。②

最后,毛欣娟(2006)、张建兵(2011)则对我国西北跨界民族对新疆社会稳定的影响进行了研究探讨。③ 周永华(2007)、阿不都热扎克·铁木尔(2009)、石平(2014)、刘成(2015)等分别从未成年人教育缺失与社会稳定的关系、筑牢新疆社会稳定和长治久安的思想根基、影响新疆社会稳定和长治久安的因素等方面进行了研究探讨,并提出了相应对策建议和解决方案。④

综上,不难看出,国内外关于新疆建设发展稳定的研究成果十分

---

① 参见刘世薇、张平宇:《1989—2010 年新疆经济发展差异的区域分析》,《经济地理》2012 年第 9 期。

② 参见马海霞、奥布力·塔力普:《中巴经济走廊建设对新疆发展的影响分析》,《新疆社科论坛》2016 年第 1 期。

③ 参见毛欣娟:《跨界民族问题与新疆社会稳定》,《中国人民公安大学学报(社会科学版)》2006 年第 2 期;张建兵:《我国西北跨界民族对新疆社会稳定的影响》,《学理论》2011 年第 27 期。

④ 参见周永华:《民族地区未成年人教育缺失与社会稳定关系研究——以新疆地区为例》,《中南民族大学学报(人文社会科学版)》2007 年第 1 期;阿不都热扎克·铁木尔:《关于维护新疆民族团结和社会稳定的几点思考》,《新疆社会科学》2009 年第 5 期;石平:《筑牢新疆社会稳定和长治久安的思想根基》,《求是》2014 年第 12 期;刘成:《影响新疆社会稳定和长治久安的因素探析》,《云南民族大学学报(哲学社会科学版)》2015 年第 2 期。

丰富。无论是从国家层面还是学者个人层面,都体现出对相关研究的高度重视与关注,涌现出了一大批具有代表性的学术成果。这些都为本书的研究写作提供了丰富的参考资料和理论指引,以及具有启发性的观点和研究方法。

二、对国家政策扶持欠发达(民族)地区的相关研究

由于地区之间在发展基础、资源禀赋等方面的差异难以避免,因此发展的不平衡性在世界各国普遍存在。而要实现区域之间的均衡发展,从国家层面给予欠发达地区必要的扶持和援助等发展干预政策是必然的。因此,目前国外有大量关于在现代化进程中国家各区域发展不平衡及援助干预政策等方面的研究,例如美国、德国、英国在现代化发展中的区域援助政策以及日本的区域干预政策等。

美国财政扶持落后区域发展的援助政策措施,始于罗斯福总统开始的"新政"。他把扶持落后地区发展作为其"新政"的重要内容,所采取的主要措施为通过增加联邦政府的转移支付,将高收入地区的一部分收入转移到低收入地区。这一政策被以后的历届美国联邦政府所继承,并辅之以一系列优惠政策,成为美国政府促进落后地区发展、缩小地区差距的主要手段之一。① 同时,美国联邦政府还通过改善欠发达地区的投资环境和加快培育欠发达地区的自我发展能力等手段扶持促进当地加速发展。德国把援助不同时期出现的相对落

---

① 参见胡玲:《美国区域经济政策对我国西部开发的启示》,《财经理论与实践》2000 年第 4 期。

后地区作为区域政策的目标,通过一年一度的财政补贴框架计划,对落后的州给予直接的援助。英国在 1996 年颁布了"工业发展法",将南威尔士、西南部等划归为援助区,并给予特殊的优惠政策。① 日本则通过区域干预政策,即通过财政、税收、金融等方面的干预政策和扶持措施,促使各地区在技术进步、基础设施建设以及居民收入方面保持基本均衡。②

在国内,学者们在借鉴国外援助政策和总结国内民族经济扶持政策、对口支援等政策实践的基础上,进行了深入广泛的研究探讨,产生了日益丰富的研究成果。例如,在借鉴国外经验方面,周林青(2015)通过对我国"对口支援"政策与德国横向转移支付制度的比较研究,提出应该借鉴德国经验,将我国的"对口支援"政策法制化,将其转变为横向转移支付制度。③ 周德升、曾银春(2011)总结了新世纪美国犹他州在政策支持下经济的持续高速发展及其原因,认为信息技术的发展以及人力资本优势都促使大量企业聚集当地,而政府大力发展基础设施又为当地实现经济跨越提供了基本保证,而这对于新疆实现跨越式发展具有重要启示意义。④

在财政转移支付政策扶持欠发达(民族)地区发展方面,刘溶沧、焦国华(2002)研究指出财政转移支付制度的实行是缩小地区间

---

① 参见李玮:《发达国家区域扶持政策及对中国的启示》,《辽宁法治研究》2009 年第 2 期。
② 参见谢守红:《国外区域经济政策对我国西部大开发的启示》,《世界地理研究》2000 年第 4 期。
③ 参见周林青:《我国"对口支援"政策与德国横向转移支付制度的比较研究》,《法制与社会》2015 年第 23 期。
④ 参见周德升、曾银春:《美国犹他州跨越式发展对我国新疆经济发展的启示》,《当代经济管理》2011 年第 7 期。

发展差距的重要措施,同时也有利于地区间经济的均衡发展。① 刘玉、刘毅(2003)则研究认为财政转移支付很大程度上缓解了欠发达地区的财政困难,财政转移支付与大多数地区经济增长的相关性较强,但欠发达地区财政转移支付对当地经济增长的带动作用低于发达地区。② 王玉玲(2008)进一步研究指出财政转移支付制度在支持民族地区发展方面发挥了重要作用,但仍存在一些问题,需要对财政转移支付总量、结构、分配办法等方面进一步优化调整。③ 王玮(2010)则研究认为"对口支援"具有显著的横向财政转移支付特征,并且在加快欠发达地区的经济发展和加强民族团结等方面作出了重要贡献。但在新的社会经济形势下,需要对其进行适当调整,将其定位为临时性的应急措施,不宜扩大规模和使其常态化。④

在对口支援方面,刘铁(2010),王颖、董垒(2010)等通过对汶川地震灾后重建对口支援实践的研究,提出应当建立对口支援的长效机制,实现地方政府之间的对口合作,才能加快灾后恢复重建和对口支援效果的提升。⑤ 马戎(2014)在其《新疆对口支援项目实施情况

---

① 参见刘溶沧、焦国华:《地区间财政能力差异与转移支付制度创新》,《财贸经济》2002 年第 6 期。

② 参见刘玉、刘毅:《区域政策的调控效应分析——以我国财政转移支付制度为例》,《地理研究》2003 年第 2 期。

③ 参见王玉玲:《论民族地区财政转移支付制度的优化——基于历史和现实背景的分析》,《民族研究》2008 年第 1 期。

④ 参见王玮:《中国能引入横向财政平衡机制吗?——兼论"对口支援"的改革》,《财贸研究》2010 年第 2 期。

⑤ 参见刘铁:《论对口支援长效机制的建立——以汶川地震灾后重建对口支援模式演变为视角》,《西南民族大学学报(人文社科版)》2010 年第 6 期;王颖、董垒:《我国灾后地方政府对口支援模式初探——以各省市援建汶川地震灾区为例》,《当代世界与社会主义》2010 年第 1 期。

的调查分析》中指出中央对援疆工作高度重视,近年来援疆工作取
得了显著的成效。但在援疆项目建设过程中仍存在着立项机制不明
确、项目管理有缺陷、项目论证缺乏透明度、各援助省市之间缺乏协
调沟通等问题,因此还需要从上述方面加以改进完善,探索建立新的
对口支援模式。① 杨道波(2006),文晓静、王永才(2014)则对我国
对口支援和经济协作的法理基础和法律对策进行了探讨,认为在对
口支援立法中,应确立以支援方与受援方"权利"和"义务"为根本内
容的法律运行机制,同时积极探索法治规范下的对口支援法律制度
的立法重点和综合性立法体系的建构。② 陈志刚(2005)、丁忠毅
(2015)等对对口支援推动民族地区发展及其在这一过程中的府际
利益冲突与协调进行了深入研究分析,指出对口支援民族地区是一
项具有中国特色的协作治理模式,要完善对口支援政策、改善民族地
区治理绩效,就应在充分发挥既有利益协调机制优势的基础上,强化
支援方和受援方的利益共同体意识,推动对口支援走向对口合作。
为此,必须优化中央政府的"顶层设计",构建更为完善的府际利益
表达、协商与补偿机制,不断提升利益协调的法治化水平。③

---

① 参见马戎:《新疆对口支援项目实施情况的调查分析》,《中央民族大学学
报(哲学社会科学版)》2014 年第 1 期。
② 参见杨道波:《对口支援和经济技术协作法律对策研究》,《中央民族大学
学报》2006 年第 1 期;王永才:《对口支援民族地区的问题与法治反思》,《黑龙江民
族丛刊》2014 年第 2 期;文晓静、王永才:《对口支援民族地区法治化初探》,《贵州民
族研究》2014 年第 4 期;王永才:《对口支援民族地区的法理基础与法治化探索》,
《中央民族大学学报(哲学社会科学版)》2014 年第 5 期。
③ 参见陈志刚:《对口支援与散杂居民族地区小康建设——来自江西省少数
民族地区对口支援的调研报告》,《中南民族大学学报(人文社会科学版)》2005 年
第 3 期;丁忠毅:《对口支援边疆民族地区中的府际利益冲突与协调》,《民族研究》
2015 年第 6 期。

此外,赵明刚(2011)、郑春勇(2014)等对如何构建中国特色的对口支援模式,以及对口支援中府际关系网络的治理等问题进行了深入研究;①而李延成(2002),周晓丽、马晓东(2012)则分别就对口支援中对帮助不发达地区发展教育的政策与制度安排以及如何实现从"对口支援"到"协作发展"的协作治理模式创建进行了研究探讨。② 最后,肖铖、谢伟民(2014),杨明洪、张营为(2016)分别对教育援藏的制度建构逻辑及其启示和对口支援中不同利益主体的博弈行为进行了研究分析,认为中央政府应加大对支援方政府积极援藏的奖励,进一步提高对口支援的标准和规模,完善对口援藏运行机制和加快制度、模式创新,不断提高援藏资金、项目等的使用效率。③

三、对国家政策扶持促进新疆发展与稳定的相关研究

新疆的发展稳定以及最终能否实现跨越式发展,与国家的政策扶持措施以及新疆自我发展能力提升息息相关。为促进新疆的发展稳定和实现各民族共同发展繁荣,新中国成立以来党和国家先后出台了多项扶持政策,不仅取得了卓有成效的政策效果,而且积累了极

① 参见赵明刚:《中国特色对口支援模式研究》,《社会主义研究》2011 年第 2 期;郑春勇:《论对口支援任务型府际关系网络及其治理》,《经济社会体制比较》2014 年第 2 期。

② 参见李延成:《对口支援:对帮助不发达地区发展教育的政策与制度安排》,《教育发展研究》2002 年第 10 期;周晓丽、马晓东:《协作治理模式:从"对口支援"到"协作发展"》,《南京社会科学》2012 年第 9 期。

③ 参见肖铖、谢伟民:《教育援藏的制度建构逻辑及其启示——以西藏高等教育对口支援体系为研究对象》,《云南民族大学学报(哲学社会科学版)》2014 年第 5 期;杨明洪、张营为:《对口支援中不同利益主体的博弈行为——以对口援藏为例》,《财经科学》2016 年第 5 期。

为丰富的实践经验。特别是近年来,全国对口援疆政策的提出和实施,正在以空前的力度和规模推动着新疆各区域、各领域发生日新月异的变化,在取得前所未有发展成就的同时,也给学者提供了无数研究的素材和主题。

从总体上看,通过近代以来新疆发展稳定与国家政策扶持状况的研究,学者们普遍认为,由于近代以来国家对新疆的重视与政策扶持,对于维护国家统一,抵制外敌入侵,新疆的发展和稳定,起到了重要作用。① 例如齐清顺(1987)、厉声(1998)就分别对清代中后期以来对新疆的协饷支持问题作了深入研究,指出有清一代,新疆财政始终不能自立,军政开支绝大部分靠中央政府和内地各省协饷。而新疆作为全国接受协饷的几个主要地区之一,协饷的有无和多寡,不仅关系到新疆的财政状况和清朝政府在新疆统治的稳定,更关系到我国西北边防的巩固和安全。② 此后,齐清顺、田卫疆(2004),方英楷(2006)进一步通过对历代以来治理新疆的国策研究,阐述了历史上新疆发展稳定与历代治疆援疆的国策支持紧密相关。③

进入新时期以来,随着全国对口援疆工作的全面展开和成效不断显现,引发了相关领域学者空前的研究热情。例如梁勇(2009)通

---

① 参见马大正:《国家利益高于一切——新疆稳定问题的观察与思考》,新疆人民出版社 2002 年版;马大正:《新疆历史发展中的五个基本问题》,《学术探索》2006 年第 2 期。

② 参见齐清顺:《清代新疆的协饷供应和财政危机》,《新疆社会科学》1987 年第 3 期;厉声:《乾隆年间新疆协饷拨解及相关问题》,《清史研究》1998 年第 2 期。

③ 参见齐清顺、田卫疆:《中国历代中央王朝治理新疆政策研究》,新疆人民出版社 2004 年版;方英楷主编:《中国历代治理新疆国策研究》,新疆人民出版社 2006 年版。

过对高校对口援疆模式与实践的研究分析,认为今后应该探索构建
具有可持续性的"造血型"高校对口援疆新模式;① 熊文钊、田艳
(2010)则从对口支援制度的产生、演进入手,分析了中国特色对口
支援制度的优势、性质和理论基础,并在此基础上着重分析了对口援
疆这一新型对口支援模式和相关政策措施,探讨了对口援疆政策的
制度化、法治化的路径选择,最后提出了加强对口援疆法律体系的建
设等立法建议。② 而杨富强(2011)、陈宏(2012)则分别对新中国成
立以来的援疆政策和1997年至2010年间的"对口援疆"政策实践进
行了回顾及总结研究,指出援疆政策是区域协调发展援助政策的重
要组成部分,也是党中央总结借鉴和创新发展了自汉代以来历代中
央王朝的援疆经验措施并积极实践的结果。同时新中国成立以来特
别是13年援疆工作取得了丰硕成果,为新时期中央实施新一轮对口
援疆奠定了理论与实践基础。③ 孙岿(2012),石晶、李林(2012)则
分别就对口援疆与少数民族农牧民以及新疆生产建设兵团自我发展
能力的提升关系进行了研究探讨。④

　　谢理超(2013)深入分析了加大产业援疆支持力度与提升新疆

① 参见梁勇:《高校对口援疆模式的探索与实践——构建可持续性"造血型"
高校对口援疆新模式》,《中国高教研究》2009年第2期。

② 参见熊文钊、田艳:《对口援疆政策的法治化研究》,《新疆师范大学学报
(哲学社会科学版)》2010年第9期。

③ 参见杨富强:《"对口援疆"政策回顾及反思——以1997年至2010年间政
策实践为例》,《西北民族大学学报(哲学社会科学版)》2011年第5期;陈宏:《论新
中国成立以来的援疆政策》,《新疆师范大学学报(哲学社会科学版)》2012年第
6期。

④ 参见孙岿:《对口援疆与少数民族农牧民自我发展能力的提升》,《中南民
族大学学报(人文社会科学版)》2012年第3期;石晶、李林:《对口支援背景下对新
疆兵团自我发展能力的探讨》,《对外经贸》2012年第12期。

经济发展内生动力的关系,指出要完成新疆跨越式发展和长治久安两大历史任务,就必须加快经济发展和加快企业成为市场经济主体的步伐。而在当前,要迅速实现上述目标又必然需要加大产业援疆工作的力度,才能不断提升新疆经济发展的内生力。[①] 热孜燕·瓦卡斯(2014)则通过研究援疆对南疆三地州产业发展作用分析,认为举国援疆给南疆三地州喀什、和田地区和克孜勒苏州的产业发展提供了新的机遇,对此借力东部省份产业援疆的政策优势,建立南疆三地州产业发展体系是实现南疆产业结构优化和升级的有效途径,同时东部援疆省份和南疆三地州地方政府要强化产业规划和政策扶持,建立健全新疆和援疆省份产业合作共建机制。[②] 孙岿、张晓琼、朱军(2014)则就援疆企业对促进就业的作用及其局限性做了深入研究分析,指出援疆大企业在推动地方产业结构转型升级与促进就业结构良性发展上具有主导作用,但由于基础设施投入大、劳动者素质低、社会环境复杂等因素,导致企业在拉动就业方面也存在局限性。[③]

李金叶、杜晓宇(2014)全面研究分析了对口援疆推动下的新疆经济发展状况和取得的重要成就及不足,指出西部大开发特别是新一轮对口援疆以来,新疆基础设施建设和民生改善的效应显著;产业优化、财政能力和人才建设增长明显;但生态环境问题也日益突出,

---

① 参见谢理超:《加大产业援疆支持力度 提升新疆经济发展内生动力》,《中国财政》2013 年第 3 期。

② 参见热孜燕·瓦卡斯:《援疆对南疆三地州产业发展作用分析》,《新疆师范大学学报(哲学社会科学版)》2014 年第 6 期。

③ 参见孙岿、张晓琼、朱军:《援疆企业对促进就业的作用及其局限性——基于山东援助喀什 4 县的实证研究》,《中南民族大学学报(人文社会科学版)》2014 年第 5 期。

表明在对口援疆中仍存在产业发展滞后、高耗能高污染产业转移等问题。因此,必须从提升新疆自我发展能力、合理布局基础设施建设、注重改善民生实际效果、建立激发人才活力机制、坚持生态兴疆等方面进一步提高援疆效应。[1] 而任群罗(2015)则在其《中央财政支持政策对新疆经济发展的贡献评价》中指出中央财政对新疆发展支持力度的加大始于1997年,1997—2012年的16年间,中央财政对新疆的净补助达4926亿元,占同期新疆财政支出的三分之一,同时包括19省市对口援疆在内的中央支持政策2012年对新疆经济的贡献也已经超过三分之一。[2]

此外,段利(2011),李建军(2012),陈宏(2012),王倩、谭明(2014)等分别就对口援疆政策对新疆区域经济发展的作用,文化对口援疆的"输血"类型及援疆路径选择,以及如何借鉴国外援助政策及对援疆工作的启示,支持新疆跨越式发展的金融援疆政策及其效应等做了深入研究。[3] 而新疆维吾尔自治区财政厅(2015),王雅楠等(2016),程云洁、赵亚琼(2016)则分别对财政支持新疆重大基础设施建设,力促新疆农牧业跨越发展,扶持新疆各类企业健康成长,以及"丝绸之路经济带"背景下新疆教育投入与经济发展的关系和

---

[1] 参见李金叶、杜晓宇:《援疆背景下的新疆经济发展研究》,《干旱区地理》2014年第6期。

[2] 参见任群罗:《中央财政支持政策对新疆经济发展的贡献评价》,《新疆社会科学》2015年第3期。

[3] 参见段利:《对口援疆政策背景下新疆区域经济发展的思考》,《中国市场》2011年第19期;李建军:《文化对口援疆的"输血"类型及援疆路径选择》,《新疆社会科学》2012年第3期;陈宏:《论国外援助政策及对援疆工作的启示》,《西北民族大学学报(哲学社会科学版)》2012年第4期;王倩、谭明:《支持新疆长治久安及跨越式发展的金融援疆政策及效应分析》,《金融发展评论》2014年第7期。

促进新疆"互联网+外贸"发展对策等议题进行了研究。①

综上可见,国内外关于新疆发展稳定、政策扶持欠发达地区等方面的研究还是十分丰富的。这给本书的研究写作提供了较为充足的借鉴参考资料。当然,这些研究主要侧重于新疆发展稳定和国家政策扶持的某一方面或历史时期,对于近现代以来新疆发展稳定与国家政策扶持及其相互作用关系等方面的研究,还相对薄弱和不足。这也是本书在前人基础上进一步研究总结、理论创新的意义所在。

第三节　近代以来新疆发展稳定
形势的发展演变

近代以来的新疆发展稳定形势与国际国内大局势息息相关,同时其发展稳定的内涵也随着时代的发展在与时俱进。可以说,从近代到民国、再到新中国成立后直到改革开放前,新疆发展稳定所面临的都是传统意义上的问题,如发展生产、解决温饱、社会安定、防止外敌入侵等。但到了改革开放以后,随着时代的发展和国内外政治经济形势的变化,发展稳定的内涵日益扩展和深化,例如发展已不仅仅

---

① 参见新疆维吾尔自治区财政厅:《广袤边疆大建设促就大发展——财政支持新疆重大基础设施建设成就斐然》、《农业强了　边疆美了　农牧民富了——财政力促新疆农牧业跨越发展》、《在改革转型中迎来企业蓬勃发展的春天——财政扶持新疆各类企业健康成长》,《中国财政》2015年第18期;王雅楠、孙慧、何昭丽:《丝绸之路经济带背景下新疆教育投入与经济发展关系的辨析研究》,《新疆大学学报(哲学·人文社会科学版)》2016年第1期;程云洁、赵亚琼:《"丝绸之路经济带"核心区建设背景下促进新疆"互联网+外贸"的发展对策研究》,《新疆大学学报(哲学·人文社会科学版)》2016年第2期。

是指生产或经济的增长,而是包括政治、经济、文化、社会、生态以及人自身素质等诸多方面的全面协调可持续的发展;而稳定所面临的更多不是来自传统意义上的外敌入侵等威胁,而是非传统意义上的各种诸如暴恐活动等非传统安全因素。

具体来看,近代以来直到新中国成立前的大部分时间内,新疆都面临着经济凋敝、社会动荡、民生艰难,乃至受到外敌入侵等传统意义上的发展稳定问题。新中国成立后,在党和国家的高度重视和大力政策扶持下,新疆的发展稳定形势有了根本改观,经济社会各项事业获得了前所未有的全新发展,新疆社会发生了翻天覆地的变化,从而为实现传统意义上发展稳定的最佳状态奠定了坚实基础。此后,随着改革开放后我国经济的加速发展和西部大开发、全国对口援疆等政策的全力推动,新疆社会经济发展更为迅猛,各民族团结进步和共同发展繁荣的基础更加巩固。但同时,随着时代的发展和改革开放以来国内外形势的变化,在给新疆的发展稳定形势带来新的机遇的同时,也不可避免地带来了新的挑战。例如改革开放后特别是20世纪90年代以来,新疆周边中亚国家纷纷独立,使新疆的周边局势更为错综复杂,给"三股势力"等的渗透破坏和跨国犯罪等活动提供了可乘之机。这些都使影响新疆发展稳定的因素更多转向非传统安全领域。而同时,伴随着经济的加速发展和社会快速转型,又给新疆的经济社会结构、生态环境保护、文化传承交融等方面带来了前所未有的影响。这些都使新疆发展稳定形势在新时期面临着新的机遇和挑战。同时,不难看出,随着时代的发展,改革开放以来新疆发展稳定所面临的更多是现代意义上的诸如经济社会结构转型、生态环境保护、非传统安全等问题。

综上可见,随着时代变迁,影响近代以来新疆发展稳定形势的各种因素在不断变化。同时,随着时代发展,人们对新疆发展稳定的要求和期盼也在不断提高。当前,在全国对口援疆的强力推动和"一带一路"倡议加快实施的背景下,新疆发展稳定面临着前所未有的时代机遇,但同时在国际恐怖主义甚嚣尘上和周边局势时有动荡的影响下,又给新疆的发展稳定工作带来了新的挑战。因此,如何在当前时代背景下,充分发挥全国对口援疆的能动作用和实施"一带一路"倡议的有利时机,不断创新相关体制机制,为促进新疆的跨越式发展和长治久安作出相应贡献,不仅是确保国家战略目标实现的需要,也是本书的意义所在。

第二章　国家政策扶持是新疆建设发展的重要前提

新疆位于亚欧大陆的中心腹地,不仅是我国的西北战略屏障和能源基地,也是当前我国推进"一带一路"倡议的核心区和向西开放的桥头堡,因此新疆的发展繁荣稳定,不仅直接关系到新疆各民族团结与共同发展繁荣的大局,更是关系到我国西向发展成败和国家安全的大事。而国家政策扶持对促进新疆的发展具有特别重要的作用意义。自古以来,我国历代王朝就以高效治理、屯垦开发、轻徭薄赋等(政策扶持)方式有效促进了新疆的建设发展。而新疆特殊的绿洲经济特点和所具有的重要战略地位,也决定了无论过去还是当前,新疆的建设发展都离不开国家强有力的政策扶持这一重要前提条件。

第一节　新疆的地域、人文环境及经济社会发展状况

新疆是我国国土面积最大的边疆省区和农业大省。新疆国土资

源总面积达 166 万平方公里,占我国国土面积的六分之一。但由于新疆处于中亚内陆,远离海洋,气候非常干燥,因此,境内绝大多数地区被沙漠、戈壁、石山覆盖,不适合人类生产生活,而只有少数水资源相对丰富的绿洲区域,适宜人类繁衍生息和生产开发。当前,新疆绿洲总面积约为 7.07 万平方公里,但却集中了新疆的绝大多数人口和经济活动。因此,绿洲是新疆发展农业和经济建设的自然基础和主要载体,也是发展形成新疆多元特色、丰富多样的地域文化的基础。

一、新疆的自然地理、地域环境状况

新疆地处古老的欧亚大陆的中心,它是古代两河、地中海、印度和中国四大文明的交汇地。在特定的历史和独特的地理环境条件下发展形成的新疆(西域)经济文化与生活生产方式,不仅直接影响着现今依然生活在中亚及新疆地区各民族的生产生活方式,而且通过长期与周边地区的交流融合,对东、西方文明产生了积极而巨大的影响。因此,当我们要探寻新疆发展稳定与国家政策扶持的关系时,有必要首先了解孕育新疆独特经济文化的地理土壤和独特环境。

根据科学研究,在距今 10 亿年前,新疆还是一片碧波万顷的汪洋大海。直到距今 6000—7000 万年前的喜马拉雅造山运动中,新疆地壳才迅速抬升,退海成陆,开始形成今天新疆大地的基本地貌。如今在广袤的新疆戈壁上仍分布着许多大小不等的砾石,其上的鱼草纹图样清晰可辨。此外,还有众多的海洋生物化石,是新疆在远古时期曾经是一片汪洋大海的重要实证。只是后来随着"喜马拉雅造山运动"所引起的地壳剧烈变动,新疆及其周边的地理地貌才发生了巨大的变化,陆地迅速抬升,青藏高原与一系列巨大山系的形成最终使新疆成为深处内陆,远离海洋的干旱、半干旱地区,形成自身独特的自然地理与气候环境。

新疆位于欧亚大陆中心区域,远离海洋,气候干旱。其地理环境为众多高山环绕,深处内陆,降水稀少,境内多为戈壁、沙漠以及石山等,只有少数水资源相对丰富地域形成适宜人类生产生活的绿洲。同时由于处于众多高山如昆仑山、天山等的环抱之中,新疆四周山地上所形成的河流,大多只能流向盆地中央低洼之处,而不能流向海洋形成外流区域,这使新疆形成塔里木盆地这种典型的内陆盆地和水资源的内陆循环模式。

新疆总的地理环境特征,可以形象简单地描述为"三大山系夹两大盆地",即阿尔泰山、天山、昆仑山环抱形成塔里木盆地和准噶尔盆地。每个山系和盆地又具有各自独特的自然景观和气候特征。

阿尔泰山雄居于新疆的北部和东北部,呈西北—东南走向。唐代又名"金山"。高度一般为3100—3300米,从遥远西方吹来的大西洋湿润水汽正对着山体的西南坡。因此,这里夏季雨量充沛,草木繁盛,冬日积雪深厚,气候相对湿润,是十分理想的天然牧场。长期以来,这里不仅是我国古代北方游牧民族繁衍生息、往来驰骋的重要栖息地,而且至今仍然是我国新疆重要的优良牧场和自然环境保护区。

天山山脉自东至西横亘于新疆中部,唐代又名"白山",一般高度为3500—4500米。它东邻阿尔泰山,西瞰中亚河中之地,由数列东西走向的褶皱横断山系构架而成,并伸展出一些支脉。天山山脉宽约300公里,它阻拦主要来自大西洋的湿润气流并使之形成区域降水,因此其成为新疆干旱区的主要"湿岛"。山顶上终年积雪覆盖,银装素裹,近7000条大小冰川冰河,构成了新疆大地上最宝贵的"固体淡水水库"和独特景观。唐朝大诗人骆宾王曾以千古绝唱赞叹其"忽上天山路,依然想物华。云疑上苑叶,雪似御沟花"。天山的壮丽雄奇由此可略见一斑。此外,在天山中间还有许多大小不一、高低不等的山间盆地和谷地,形成优美的牧场和沃野良田,例如伊犁河谷、天山北坡等地犹如一颗颗闪光的明珠镶嵌在新疆大地上。可以说,天山对于新疆文化的发祥孕育具有无法替代的独特作用。

昆仑山矗立于新疆南部,是西藏与新疆的分界山,它也呈西北—东南走向,历史上称其为"南山",以产玉驰名。昆仑山东西长达2500多公里,从帕米尔高原一直延伸到藏北高原和柴达木盆地。山体南北宽约150公里,山区气候干燥,植被稀少,山顶常年白雪皑皑,平均海拔高度达5500—6000米,堪称中国大陆中部地形的骨架,有"亚洲脊柱"之称。

沿着昆仑山、喀喇昆仑山和天山向西,可抵达驰名中外的世界屋脊——帕米尔高原。它位于今新疆维吾尔自治区的西南部,我国古代汉文史籍称之为"葱岭",高度在3500—4000米。这里的山脉峰岭嵯峨、深谷幽险,且气候恶劣,最高处云雾弥漫、寒风凛冽,长年积雪。除少数水草丰美、气候温和的山谷适于牧民生活之外,绝大部分的山区重峦叠嶂,草木不生,不适合人类生产生活。横贯欧亚的古"丝绸之路"南道即经由此地,伸向遥远的西欧,成为沟通我国同亚、欧、非洲许多国家和民族经济文化交流的重要桥梁和枢纽。

天山与帕米尔高原、昆仑山和阿尔金山之间是我国和新疆最大的内陆盆地——塔里木盆地,它东西长约1400公里,南北宽约520

公里,总面积达 53 万平方公里。其西临帕米尔高原,南接昆仑山和
阿尔金山,北依天山,地势西高东低,平均海拔在 1000 米左右。在塔
里木盆地边缘分布着许多块大小不等的绿洲,在喀什附近绿洲地带
最宽处达 120 公里左右。历史上这里曾是"田地肥广,草木饶衍"之
地。由于塔里木盆地三面都被连绵不绝、冰雪长封的高山峰峦环抱,
只有少数峡谷和山口可供穿行与外界联系,因此,塔里木盆地的地貌
特征颇具规律,近山为大片戈壁和沙漠地区,其外缘是散布在沙海周
围大小不等的绿洲及城邦;中部是面积辽阔的塔克拉玛干沙漠。这
里年降水量仅 10—60 毫米,沙漠腹地甚至年均降水量在 10 毫米以
下,而且占塔克拉玛干沙漠面积达 85% 的沙丘为流动沙丘。这些因
素都严重影响到当地经济的发展和人民生活的改善。对此,新中国
成立后,国家对南疆地区的发展扶持高度重视,先后出台了多项优惠
扶持政策,并对塔里木河等河流进行了大规模综合治理。同时,又高
瞻远瞩地在喀什设立经济特区,极大地推动了当地经济的发展。现
在,塔里木盆地的喀什、和田、库车、阿克苏、库尔勒等一批现代化城
市正在迅速崛起。

在天山、阿尔泰山和准噶尔西部山地之间是准噶尔盆地,它东高
西低,宛如一个等腰三角形,东西长约 850 公里,南北宽约 380 公里
(最宽处为 450 公里),中心是古尔班通古特大沙漠。其间绝大部分
由固定或半固定的沙丘构成。盆地西端的阿拉山口、伊犁河谷和额
尔齐斯河谷,如同数条狭窄的通道,把大西洋的暖湿气流引入盆地之
中,大大改善了准噶尔盆地的气候状况,使这个 18 万平方公里、平均
海拔约 500 米的内陆盆地成为几千年来游牧民族栖息向往的乐土家
园。新中国成立以来,在国家的大力扶持和推动下,以天山北坡经济

带为代表的准噶尔盆地南缘绿洲经济迅速发展,先后涌现出乌鲁木齐、昌吉、石河子、奎屯、克拉玛依等大中城市,区域现代化水平迅速提升。目前,天山北坡经济带是新疆现代工业、农业、交通信息、教育科技等最为发达的核心区域,集中了全疆83%的重工业和62%的轻工业,历年国内生产总值占全疆的40%以上,对全疆经济起着重要的带动、辐射和示范作用。当地设有国家级的经济技术开发区,是吸引国内外资金、技术和人才的理想之地。新疆拟通过加快天山北坡经济带的开发建设,使之成为经济发达的综合示范区,带动两翼地区快速发展,实现全疆共同富裕。

二、新疆的人文、经济社会发展状况

新疆古称西域,自古就深受两河、地中海、印度和中国四大文明的深刻影响,是东西方文明的交汇之地。因此,新疆不仅拥有悠久的历史文化和灿烂文明,而且形成了独具特色的人文景观和文化地域。长期以来,新疆都以其独特的人文景观、多样的民族文化、丰富的文化遗产而闻名于海内外。同时,毋庸置疑,新疆这种特色鲜明的地域文化不仅是中华民族文化的重要组成部分,也是新疆各族人民为中华民族文化宝库作出的历史性巨大贡献。无论过去还是将来,新疆的独特人文景观和多样文化都是新疆经济发展、社会进步、民族团结的重要基础。

新疆自古以来就是多民族聚居地区,同时又是多文化、多文明、多宗教信仰地区。而西汉张骞"凿空西域"、"丝绸之路"的开通等又使新疆文化呈现出更加多元化和开放、融合的特性。在漫长的历史发展过程中,新疆文化与祖国内地文化、周边文明相互影响,形成内容丰富多彩、特色鲜明多样、开放包容融合的地域文化,留下了众多享誉国内外的文化遗产,例如已被列入联合国教科文组织人类非物质文化遗产代表作名录的维吾尔族十二木卡姆文化艺术、柯尔克孜族史诗《玛纳斯》、蒙古族史诗《江格尔》、哈萨克族曲艺音乐《阿依特斯》等一批优秀传统文化遗产。

进入 21 世纪以来,随着我国和新疆改革开放的不断深化,现代"丝绸之路"——第二座欧亚大陆桥的贯通,西部大开发战略的实施以及新疆东联西出战略中枢地位的确立,给新疆社会主义民族文化发展带来了前所未有的机遇。新疆丰富多彩、积淀深厚的多种文化资源,不仅是大力开发挖掘、发展区域特色文化产业的重要基础,更是把新疆建设成为社会主义民族文化强区,提升我国文化软实力的重要基础保障。

在经济社会发展方面,自新中国成立以来,在党和国家的高度重视和大力政策扶持下,新疆经济社会发展不断加快,创造了一个又一个发展奇迹和辉煌。六十多年来,新疆经济社会发生了翻天覆地、举世瞩目的发展变化。例如,新中国成立初期新疆社会仍处于落后传统农业甚至是农奴社会阶段,而现在新疆农业的现代化水平已居于我国前列;新中国成立初期新疆工业几乎为零,而当前新疆的重工业、能源工业在我国具有举足轻重的地位。在社会发展方面,新疆的教育、医疗、人口等都发生了飞跃发展。以教育和人口为例,新中国成立初期,新疆教育事业极其落后,文盲率高达 90% 以上,各族人民几乎没有接受教育的机会和权利。而当前,新疆少数民族适龄儿童入学率已达到 97% 以上。再看人口,到 2015 年全疆人口已达到

2359.73万人,①比新中国成立之初增长了近5倍,比改革开放之初的1978年增长了近1倍。新疆已成为全国人口增长和教育普及提升最快的区域之一。

改革开放以来,国家进一步提出了西部大开发、全国对口援疆等重大战略部署,进一步推动了新疆经济社会的跨越式发展,极大促进了新疆的现代化进程。例如实施西部大开发以后,新疆经济增长速度明显加快,地区生产总值年增长率平均超过8%,2003年以后更是超过了10%,新疆经济步入了新一轮的快速增长期。新疆的经济结构也发生了显著变化。20世纪90年代以后,新疆工业化步伐明显加快,工业逐步取代农业,成为经济快速增长的主要推动力,三次产业构成也由过去长期的"一二三"格局,转变成为"二三一"格局。同时,农业种植结构调整加快,经济作物的种植面积与产出不断增加,新疆已成为我国最重要的棉花主产区,其总产、单产、人均占有量、收购量等均位居全国首位。

近年来,在党和国家以及对口援疆省市的大力扶持推动下,新疆的新型工业化、农牧业现代化、新型城镇化、信息化、基础设施现代化正在迅速推进,经济发展方式转变不断加快。2010年,新疆全年实现地区生产总值(GDP)5437亿元,首次突破5000亿元。到2015年,新疆地区生产总值达到9325亿元,按可比价格计算,比上年增长8.8%,连续4年生产总值年均增长近千亿元;人均地区生产总值超过6000美元,达到6428美元,位居全国第20位。同时,新疆各族人民生活水平极大改善,城乡居民收入增速跃居全国第一,基础设施建

---

① 参见新疆维吾尔自治区统计局编:《新疆统计年鉴2016》,中国统计出版社2016年版,第93页。

设全面推进,生态环境得到有效保护和改善。

第二节　历代稳疆援疆策略的主要
措施及其绩效简评

新疆自古以来就是我国的重要组成部分。自西汉在新疆设立西域都护府,新疆就开始纳入我国的有效管辖范围。自此以来,在长达两千多年的历史进程中,历代我国中央政权都对新疆出台了一系列重大战略决策,不同程度实施了多方面的稳疆援疆政策措施,为维护新疆的发展稳定作出了相应历史贡献,值得我们认真梳理总结和借鉴。

一、进行有效行政管理,因俗而治,
实行轻徭薄赋等优惠扶持政策

新疆早在远古时期就有人类活动。早在 3000 多年前,新疆的远古居民就依山傍水,开始走向农业定居生活。例如,在孔雀河下游的罗布泊地区,虽然畜牧业在经济生活中占据主体地位,但原始农业也在不断发展并占有重要地位。例如,在距今近 3000 年的扎洪鲁克墓葬,还出土了加工粮食的石磨盘,以及收割农作物的镰刀。① 到了西汉初期,在新疆(西域)的绿洲上分布着大大小小数十个城邦小国。

---

① 参见殷晴:《丝绸之路与西域经济——十二世纪前新疆开发史稿》,中华书局 2007 年版,第 37 页。

匈奴势力乘机进入,对这些城邦国家实行高压统治和压榨掠夺。这种局面直到西汉王朝大败匈奴,开通新疆与中原地区的有效政治经济联系后才得以改观。此后,为进一步保障新疆(西域)的发展稳定,公元前60年,西汉设西域都护,成立西域都护府,从此新疆开始纳入我国中央政权的有效行政管理范围。

西汉王朝在对新疆进行有效行政管理的同时,非常注意对新疆的经济扶持和因俗而治。例如早在公元前103年,为减轻西域当地民众的负担,西汉决定采用驻兵屯田等方式解决西域驻军和往来使者的粮食供应问题,有效降低了新疆当地社会经济的发展成本。西域都护府成立后,天山南北广大地区被纳入西汉王朝的有效管辖范围。西汉王朝除了通过任免、派遣西域都护、戊己校尉等各级行政官员外,还根据新疆不同区域的特点,册封当地首领,进行因俗而治。例如西汉政府委封当地首领和酋长管理其地方行政事务。《汉书·西域传》记载:"最凡国五十……皆佩汉印绶,凡三百七十六人。"此外,西汉王朝还在西域大力修筑城堡,建立烽燧,维护交通要道的畅通和西域的发展稳定。

总之,西汉王朝在新疆(西域)进行了有效的行政管理和交通、经济开发,不仅在政治、经济、军事方面加强了对西域地区的管理和开发,密切了西域同中原地区的联系,拓展了"丝绸之路"的贸易通道,而且根据新疆(西域)实际,针对不同地区进行因俗而治,以及驻军屯田自给,减轻当地人民负担的优惠扶持政策,增强了边疆各族人民对中央政府的向心力。西汉政府开创的西域都护府这一管理形式以及所采取的相应扶持政策,也因有效地保证了西域各地经济社会的发展稳定和民族关系的良性发展,成为后来中央王朝所效仿的范例。

隋唐时期,西域一度处在突厥的统治之下。突厥对西域诸国横征暴敛,索求无厌。西域诸国因此不堪其苦,唐王朝建立后,西域诸国纷纷遣使请求归入大唐。贞观十三年,唐朝灭高昌(吐鲁番)麹氏王朝,于其地置西州,下设交河、天山、柳中、蒲昌、高昌5县。此后,又在天山北部建立庭州,下设蒲类、轮台、西海、后庭等属县。与此同时,唐朝还在西域设立安西都护府。安西都护府是唐朝在西域建立的第一个统领天山南北各地事务的最高军政管理机构。公元657年,唐朝在平定西突厥阿史那贺鲁叛乱后,在天山南部又先后建立了焉耆都督府、龟兹都督府、疏勒都督府(今喀什)等羁縻府州。同年还建立了龟兹、于阗、疏勒、焉耆四军镇,史称"安西四镇"。此后,为进一步加强对西域北部的军政管辖,公元703年,唐朝又设置了北庭都护府,与安西都护府南北呼应,共同管辖西域的广大地区。

唐朝政府根据西域各地不同的社会情况,因地制宜地进行行政管辖和治理。如在汉人较为集中的伊州、西州和庭州等地,实行与内地一样的府州县行政管理制度,编户其民。但为了扶持当地经济社会的发展,唐朝采取了照顾帮扶当地的赋税优惠政策,例如民众只向当地官府缴纳租赋,而租赋亦主要用于当地政府支出,这就促进了当地的经济社会发展。在民族聚居区域,则实行"羁縻府州制"。"分其部落,列置州县","准其部落大小,位望高下,授刺史以下官",其特点是继续保持当地民族首领的行政管理体系,因俗而治,假以唐朝都护、都督、州刺史名号,其民不编户籍,贡赋既不上交于当地官府,更不上交给户部。

总之,唐王朝在西域进行了有效的行政管理和经济开发,前后经

营西域长达 150 余年,并且在行政管理、制度建设、大兴屯垦与发展
生产等方面取得了卓越成效,为西域经济社会发展、民族交融、东西
文化交流以及丝路贸易的兴盛作出了巨大贡献。同时,唐王朝凭借
自身强大的经济实力,以充足的财政投入从各个方面扶持西域的发
展稳定。毫无疑问,唐王朝的这种优惠扶助政策对西域的经济社会
发展是非常有利的,它大大减轻了西域经济发展的成本和负担,并因
此造就了大唐西域的繁荣稳定与"丝绸之路"贸易的繁盛。

蒙元时期,随着蒙古帝国的不断向外扩张,其疆域不断扩大。
1209 年,成吉思汗率大军西征,西域高昌回鹘畏兀儿政权率先归附。
西域地区开始纳入蒙古帝国的版图。1217 年,成吉思汗命令速不
台、哲别继续征伐西辽屈出律政权。屈出律兵败南逃被杀,天山南路
哈实哈尔(喀什)、鸭儿看(叶尔羌)、和阗诸城相继降服,西辽灭亡,
天山南北各地纳入蒙古帝国版图。至此,今新疆天山南北和巴尔喀
什湖以东以南的广大地区再次纳入我国中央政权管辖,为西域经济
的发展、各民族交流融合和社会进步提供了有利条件。

首先,蒙元统治者通过制定赋税等政策,规范了西域农业经济的
合理负担,限制统治阶层对农业的过度掠夺榨取。到窝阔台时,"命
河北汉民以户计,出赋调,耶律楚材主之;西域人以丁计,出赋调,麻
合没的滑剌西迷主之",①避免和改变了以往"官吏多聚敛自私,赀至
钜万"②的过度掠夺农业行为。同时,制定了一系列有利于保障农业
发展的政策措施,为西域绿洲农业经济发展提供了相对稳定的社会
政治环境。元朝建立后,元世祖忽必烈对农业经济重要性的认识进

---

① 《元史》卷二《太宗本纪》,中华书局 1976 年版,第 30 页。
② 《元史》卷一百四十六《耶律楚材传》,中华书局 1976 年版,第 3458 页。

一步加强。"及世祖立法……于凶荒则有赈恤,大率以亲亲爱民为重,而尤惓惓于农桑一事"。① 在他的倡导下,元朝规定:"凡荒闲之地,悉以付民,先给贫者,次及余户。"②

同时,元朝在西域各绿洲地区大兴屯田,既保障了军需供应,又减轻了当地农业经济的负担,有利于促进绿洲农业的发展。另外,1280 年以后,元朝还在畏兀儿地区实施了一系列恢复生产的经济措施。例如实行"计亩征税",发放赈给款粮,减免税收差役,借贷耕牛籽种等,在一定程度上杜绝了横征暴敛,减轻了当地农民负担。此外,在别失八里设冶炼所,锻制农具;设染织提举司,统管天山南北编织和印染;设交钞提举司,发行货币,监督兑换等。这为西域绿洲农业经济的发展提供了多方面的政策支持和保障,从而促进了西域绿洲农业经济的逐步恢复和发展。

但是,好景不长,随着西域等地的蒙古诸宗王之间以及与元世祖忽必烈之间战争冲突的加剧,天山南北等绿洲地区遭受了巨大的破坏。更为糟糕的是,此后西域气候转寒进入小冰期,导致西域经济、政治环境更加不稳定和脆弱,战争频发,导致西域走向了历史上经济凋敝、政治混乱、社会动荡的黑暗时期。究其原因,不难发现,这一时期缺失了中央政权强大扶持和有效管理的西域,仅仅依靠自身的经济政治力量来应对自然和社会危机,显然是无能为力和难以维持发展稳定的。因此,它也再一次证明了,在绿洲经济规模极其有限的西域,中央政权的大力扶持和有效管理对其发展稳定意义重大,不容忽视。

---

① 《元史》卷九十三《食货一》,中华书局 1976 年版,第 2351 页。
② 《元史》卷九十三《食货志·农桑》,中华书局 1976 年版,第 2355 页。

　　到了清代,随着 1759 年清王朝最终平定准噶尔割据势力,乾隆皇帝以"故土新归"之意,将西域改名新疆。为加强新疆的军政管理,1762 年清朝在新疆设伊犁将军,管辖天山南北以及巴尔喀什湖以东以南的广大地区。此后,随着外国列强觊觎新疆和新疆战略地位的不断加强,清朝于 1884 年在新疆设立行省,进一步加强了对新疆的行政管理和经济开发。同时,府、道、县各级行政管理机构不断完善,使新疆在行政管理上与内地趋于一致。为促进新疆的经济社会发展,保障新疆社会的发展稳定,清王朝在积极鼓励各族人民发展生产的同时,还在新疆实施特殊的税收优惠政策和财政扶持政策。例如,清朝在牧区征税极轻,牛马税为百分之一,羊税为千分之一。而对一些特殊地区和部落,甚至给予完全免税的极大照顾优惠,如对曾支持过清朝平定准部的哈密和吐鲁番地区的维吾尔族人民以及万里东归的土尔扈特部众,就给予完全免税的扶持照顾政策。因此,清朝在新疆每年所收赋税仅为白银 10 余万两。即便如此,清朝政府依然规定,新疆的所有财政收入都留归新疆当地使用,而财政的收支差额则通过中央政府协调内地省份的协饷来解决。从 1760 年开始,为支持和援助新疆发展,清朝每年从内地调拨的协饷达 200 万—300 万两白银,对于补充新疆军政费用,推动新疆经济社会发展发挥了重要作用。不仅基本解决了新疆驻军和各级官员的薪俸及日常行政开支,而且还有相当一部分用于新疆的重大公共工程建设投资,如水利和道路建设等。这些都极大减轻了新疆当地经济社会发展的成本和负担,有利于新疆经济社会的迅速发展和民族团结进步。

　　此外,清朝还在新疆遇到重大问题时,由中央政府直接拨发专款应对,即"专饷"。例如,乾隆年间土尔扈特历尽艰辛,万里东归到达新

疆,清中央政府获悉即拨专款 20 万两白银用于救济和安置。此后在
道光年间新疆平定张格尔叛乱以及晚清新疆抗击阿古柏入侵的战争
中,清朝中央都曾直接拨付巨款支持与援助新疆平叛和抗敌。新疆建
省后,百废待兴,清朝更是进一步加大了对新疆的协饷规模。从新疆
建省的 1884 年到宣统三年(1911)的 27 年,清政府给新疆的各种财政
援助和补贴资金高达 8000 余万两白银,平均每年 300 余万两,约占清
政府平均年财政收入的十三分之一。如此巨额的财政扶持资金,保障
了新疆地方财政的安全和地区经济社会的发展稳定。

总之,清朝对新疆的有效行政管理和协饷制度,开创了历史上规
模最大的发达地区对边疆地区的支援扶持政策制度。同时,清朝在
新疆建立行省制度,进一步加强了对新疆的行政管理,有效促进了新
疆的发展和稳定。

二、采用屯戍与开发结合,屯垦戍边, 稳定与发展新疆的战略措施

屯垦戍边是历代中央政府稳定和开发边疆、促进民族融合、保障
国家安全和地区稳定的成功重大战略决策。新疆地处亚欧大陆腹心
地带,是历史以来我国西北边疆的重要战略屏障,在国家安全和发展
战略中具有极其重要的地位。自汉代以来,屯垦戍边政策就成为我
国保障边疆稳定、国家统一、民族融合和地区安全的重要政策措施。
同时,屯垦戍边战略调动和发挥了边疆广大驻军的生产与开发作用,
使戍边与屯垦、驻防与生产、消费与开发相结合,不仅极大减轻了新
疆当地民众的各种负担,促进了他们生活水平的提高,而且有效促进

了新疆的开发与经济社会发展,推动了生产进步与技术传播交流。因此,有人说屯垦是千古稳疆兴疆之策是不无道理的。

西汉王朝时期,新疆(西域)开始纳入我国中原王朝的有效统治管辖之下。为减轻当地人民的负担,保障军需供应和来往官员、使团的食物供应,西汉王朝开始在新疆实行屯垦战略政策,开创了新疆长达两千多年的屯垦戍边政策。此后,西汉在新疆的屯垦及农业开发活动迅速兴起,规模日益扩大,西域经济迅速发展繁荣,大大加快了西域尤其是塔里木盆地的农业发展和社会进步。著名的楼兰古国,就是在此时成为西域南部的重要屯田区。农业垦殖活动在公元1—3世纪最为兴盛。楼兰绿洲面积显著扩大,耕地面积增加迅速,农业生产处于重要地位。同时,西汉王朝还在伊吾、车师、轮台、渠梨、居延、敦煌等地广泛屯垦,极大促进了这些绿洲区域的经济开发,取得了非常可观的农业产出,推动了西域的经济繁荣和社会稳定。总之,西汉的西域屯垦取得了良好的效果和非凡成就,不仅满足了当时屯垦士卒的生活需要,还有大量结余,推动了新疆的发展稳定。

东汉时期,伴随着东汉与西域关系的"三通",屯垦又一次在西域多地得到恢复发展。东汉首先在金满、柳中、伊吾、楼兰等地屯垦,后来随着西域形势的变化,又屯垦于精绝、高昌、车师等地,有效促进了这些地区的发展与技术进步。即使是到了魏晋南北朝中原地区处于分裂割据的混乱局面时期,在西域的屯垦开发活动仍然在继续进行。但由于受国力和社会政治环境所限,屯垦的规模有限,效果因此也远逊于汉代。魏晋在西域的屯垦,主要在楼兰、高昌、尼雅等地。317—376年,前凉在楼兰、高昌、海头设有屯垦。376—640年,前秦、后凉、西凉、北凉和高昌政权,相继在高昌屯垦,大约有屯军数千,屯

民几千户,①有效促进了高昌地区的发展与稳定,使之成为这一时期
及此后西域的重要经济区。

　　唐代是中国传统农业社会发展的又一个鼎盛时期。唐朝时期对
西域的屯垦开发,顺应社会发展和历史趋势,推动西域社会经济进入
一个全新的发展阶段。无论屯垦的规模、形式还是地域的分布,与此
前相比都有显著的扩大,对这一时期西域的政治、经济、军事及生态
环境产生了深刻的影响。

　　唐朝在逐步统一西域后,长期面对西突厥、吐蕃势力袭扰的严峻
形势,不得不长期在西域大规模驻军。为保证军粮供应,"凡军州边
防镇守,转运不给,则设屯田,以益军储"。② 唐王朝在天山南北大兴
屯垦,促进了西域屯垦的大发展和西域的经济社会发展进步。唐代
在西域以安西、北庭都护府为最高行政机关,都护府下设军镇。通过
军镇广泛开展军屯。其中,以安西都护府所辖的龟兹、于阗、疏勒和
焉耆四镇最为著名,在历史上被称作"安西四镇"。而龟兹排在安西
四镇之首,安西都护府驻地亦曾设于此。当时四镇共有驻军三万
人。③ 在和平时期,这三万将士有组织地进行屯田和放牧。唐朝对
屯田的管理非常严密,按照唐朝政府对屯垦的相关规定,每五千亩设
一屯。四镇中,龟兹驻兵屯田的面积最大,有"安西二十屯"之说。
按照每屯五千亩计算,唐朝在龟兹一地屯垦土地面积即达十万亩左
右,形成了当时西域最大的屯垦地域。

---

　　①　参见张安福:《历代新疆屯垦管理制度发展研究》,中国农业出版社 2010 年
版,第 108 页。

　　②　《唐六典》卷七"屯田郎中员外郎"条,中华书局 1992 年版,第 222 页。

　　③　参见苏北海:《西域历史地理》,新疆大学出版社 2000 年版,第 283 页。

　　唐代于阗（今和田），位于塔克拉玛干沙漠南沿，是丝绸之路南道上的重镇。唐朝以此为基地进行屯垦。此外，作为丝绸之路中道和南道会合之地的疏勒镇，驻守着三千名唐朝士兵，屯田面积也在三万多亩。而他们屯戍的营地在历史上称作"疏勒七屯"。此外，北庭都护府统领的瀚海军有一万二千人，天山军五千人，其屯田的面积也应当不在少数。[①] 唐代在西域的长期屯垦，不仅大大消除了大量军费开支有可能对当地民众产生的沉重负担，并且显著增加了西域的耕地面积。同时，通过屯垦更加充分高效地优化配置利用当地的水土光热资源，有效维护和扩大了西域的绿洲面积，使龟兹、疏勒、于阗所在的今库车、喀什、和田等地成为南疆地区的主要绿洲。此外，唐代还在北庭、柳中、伊吾等地广泛开屯。其屯垦规模、范围以及管理组织等都大大超越了前代，达到了历史上西域屯垦开发的新高峰。而且随着屯垦的迅速发展，民屯也开始不断涌现，推动了屯垦的历史进步与发展，进一步促进了西域经济社会的发展稳定。

　　元朝时期，虽然主持朝政的是蒙古游牧贵族，但他们仍然根据历史经验和从实际出发，在西域地区大兴屯垦，并取得了显著成效。早在蒙元初期，在成吉思汗的倡导下，畏兀儿人哈剌亦哈赤北鲁及其子月朵失野讷，就率领唆里迷六十户移屯别失八里以东荒芜之独山城，仅用六年时间，就将独山城荒芜之地变为"田野垦辟，民物繁庶"[②]的区域，使得"太祖西征还，见田野垦辟，民物繁庶，大悦"。[③] 此后，元

---

　　① 参见《旧唐书》卷四十《地理三》，中华书局 1975 年版，第 1646—1647 页。

　　② 《元史》卷一百二十四《哈剌亦哈赤北鲁传》，中华书局 1976 年版，第 3047 页。

　　③ 《元史》卷一百二十四《哈剌亦哈赤北鲁传》，中华书局 1976 年版，第 3047 页。

政府开始在西域大兴屯田,进一步促进了西域地区绿洲农业经济的
发展壮大和商贸的繁荣。如元政府分别在别失八里(今新疆吉木萨
尔县)、哈密力(今新疆哈密)、斡端(今新疆和田)、滕竭儿(今新疆
阜康)、曲先(今新疆库车)等地广泛屯田。史载,至元二十三年
(1286),元朝派遣"侍卫新附兵千人,屯田别失八里,置元帅府,即其
地总之",①"以别失八里汉军及新附军五百人屯田合迷玉速曲之
地",②至元二十四年(1287)十二月,元政府又"发河西、甘肃等处富
民千人往阇鄽地,与汉军、新附军杂居耕植"。③ 为保障屯田的顺利
进行,至元二十七年(1290)正月,元世祖下诏"给滕竭儿回回屯田三
千户牛、种",④至元二十九年(1292),"就襄阳给曲先塔林合剌鲁六
百三十七户田器种粟,俾耕而食"⑤。这就进一步推动了西域绿洲农
业经济的发展壮大,推动了西域天山南北绿洲农业经济的发展繁荣。

在蒙元朝大兴屯垦、扶持鼓励西域发展稳定的推动下,到了元朝
初年,西域绿洲农业经济得到快速恢复和发展,人民生活得到改善,
西域经济社会呈现出一片繁荣稳定景象。例如在至元八年(1271),
元廷考虑"赦往畏兀儿地市米万石",⑥至元二十年(1283),西域向
元朝"进佳禾,同颖九穗、七穗、六穗者各一"⑦。可见当时西域地区
不仅农业经济产出已相当可观,而且还出现了品种优良、特色鲜明的
农作物。而马可·波罗经过天山以南的莎车、斡端等地时,看到的亦

① 《元史》卷六十三《地理志六》,中华书局1976年版,第1569页。
② 《元史》卷十四《世祖本纪十一》,中华书局1976年版,第302页。
③ 《元史》卷十四《世祖本纪十一》,中华书局1976年版,第303页。
④ 《元史》卷十六《世祖本纪十三》,中华书局1976年版,第333页。
⑤ 《元史》卷十七《世祖本纪十四》,中华书局1976年版,第360页。
⑥ 《元史》卷七《世祖本纪四》,中华书局1976年版,第134页。
⑦ 《元史》卷十二《世祖本纪九》,中华书局1976年版,第257页。

是"百物丰饶"、"居民植有葡萄园及林园"等景象。① 这些都表明，在蒙元时期西域天山南北经济日益发展繁荣，社会日趋稳定和平。

清朝统一新疆后，为稳定和发展新疆经济社会，又一次兴起了大规模的屯垦开发活动。统一之初，新疆土地荒芜、耕牧俱废、人口锐减、劳动力短缺、人民生计困难。自乾隆二十六年（1761）开始，清政府将大兴屯垦、发展新疆经济、满足人民基本物质生活需求作为主要目标，大规模发展新疆屯垦，有力地促进了新疆的农业开发与经济发展。据统计，从乾隆二十六年至四十五年（1761—1780）在清政府的鼓励和倡导下，大约有 5 万余人进入新疆参加屯垦和耕种生产。② 在大兴屯垦的同时，新疆各地开始不断出现"耕屯日辟，种艺日饶"③ 的繁荣景象。同时新疆农业的作物种类、经济产出也日益丰富，史载当时新疆"百谷园蔬之属，几于无物不有"④。这就推动了新疆农业乃至整个社会经济的加快发展，也为新疆进一步实现突破性发展和长治久安奠定了前期基础。而随着新疆绿洲农业规模、社会经济水平的空前发展提高，有效促进了新疆的经济社会由最初的生存生产型向正常的经济社会生活转型，新疆再次成为各族人民向往的家园乐土。

清朝后期，由于处于帝国主义列强对中国及新疆的侵夺的不利时代，新疆的社会稳定和人民生活受到严重威胁。特别是阿古柏入

---

① 参见［法］沙海昂注：《马可波罗行纪》第一卷，第五二章《鸭儿看州》、第五三章《忽炭州》，冯承钧译，中华书局 2004 年版，第 152—154 页。

② 参见成崇德：《清代西部开发》，山西古籍出版社 2002 年版，第 69 页。

③ 傅恒等：《钦定皇舆西域图志》卷四三《土产》，清乾隆四十七年（1782）武英殿刻本。

④ 傅恒等：《钦定皇舆西域图志》卷四三《土产》，清乾隆四十七年（1782）武英殿刻本。

侵和沙俄趁火打劫,使新疆一度陷入被侵占的险恶境地。为反对外来侵略、收复并稳定新疆,在内忧外患的恶劣环境中维持生存,就更加需要大力进行屯垦开发,发展新疆经济,维护社会稳定。对此,清军在收复新疆的过程中,即已开始开展屯垦生产。一面作战,一面从事屯垦开发和绿洲农业生产,一定程度上解决了粮食供应问题。新疆复归后,以左宗棠为代表的清朝大员又转军屯为民屯,将军屯土地归还原主,或将军屯开垦的土地让与民户耕种。经过一段时期的屯垦开发,新疆的绿洲农业、社会经济得以初步恢复。而伴随着农业的恢复和发展,新疆的手工业和商业等经济活动也渐渐兴盛,最终推动了新疆社会经济的恢复和发展进步,新疆民生的改善和社会稳定进步,促进了新疆近代经济体系的形成。

　　总之,历代王朝根据新疆特殊的地理环境与社会经济发展状况,以屯垦开发政策为主要战略举措,通过在新疆大力举办军屯、民屯等方式,既保障了新疆驻军与防卫力量的军需供应,减轻了当地人民的负担,又推动与带动了新疆农业、商业等经济的开发与发展,促进了新疆社会的进步和民生的改善,民族的团结与社会稳定。

第三节　国家政策扶持是新疆发展繁荣稳定的前提

　　自古以来,新疆就以其独特的战略地位、多样的文化和丰富的物产闻名于世。但由于新疆特殊的绿洲经济特点以及相对封闭的地理环境,导致新疆的经济发展、社会进步受到诸多因素的严重制约。例如分散且规模狭小的绿洲经济,缺乏内在有机联系,难以形成集聚优势,严重影响新疆区域经济规模的扩大和竞争力提升。而同时新疆又处于亚欧大陆腹心地带,战略地位极其重要,各种外部影响和敌对势力的渗透难以避免。因此,仅仅依靠新疆自身的努力,显然难以应对其内部外部的各种挑战。因此,只有在国家强有力的各种政策扶持推动下,才能不断推进新疆经济社会的发展进步,才能促进新疆的繁荣稳定和长治久安。

一、新疆在我国的重要战略地位,决定了 国家必须高度重视新疆的发展稳定

新疆自古以来就是我国的西北战略屏障,在国家经济与安全战略中具有举足轻重的地位。因此,从西汉起,国家就将新疆纳入我国的有效管辖范围,并通过设立西域都护府、屯垦戍边等措施管理、经营与开发新疆。在此后长达两千多年的历史长河中,我国对新疆的治理开发一直绵延不断,创造了一个又一个辉煌和奇迹。随着历史的发展,时代的变迁,人们对新疆战略地位的认识不断深化,形成了一整套完整的新疆战略地位理论体系。

特别是近代以来,随着西方列强对我国侵略的加深和对新疆的觊觎蚕食,新疆的战略地位重要性进一步被凸显。例如晚清重臣左宗棠在力排众议,决议收复新疆时就曾指出:重新疆者,所以保蒙古。保蒙古者,所以卫京师。[①] 直接指出了新疆战略地位与国家安危存

---

① 参见罗正钧:《左宗棠年谱》,岳麓书社 1983 年版,第 329 页。

亡的重大关系,使处于内外交困的清政府也不得不下定决心举全国之力收复和经营建设新疆。民国时期,伴随着日本法西斯的步步紧逼,我国的国家安全面临着前所未有的危机和挑战。在这一背景下,新疆的战略后方、国际交通中枢以及屏障地位更加突出,当时不少有识之士进一步指出新疆战略地位的极端重要性和发展稳定新疆的紧迫性。例如,当时爱国人士就指出和呼吁"要巩固新疆,一定要开发西北,开发西北,即所以巩固新疆,并且是为全中国开一生路"①,表明新疆作为我国的战略大后方,巩固和发展新疆具有极端重要性和关键保障作用。另外,有识之士还从新疆的战略位置、物产以及与西北乃至全国的重要关系方面来论述新疆的重要战略地位。"惟在今西北诸省,处地最要,出产最饶,有关中国前途至深且巨者,当首推新疆,新疆存则中国安,新疆失则中国危。盖新疆者,中国西北之屏藩也。屏藩若撤,西北即亡,秦、陇、青、宁,难图安枕。果尔,则沿海既不堪守,边腹又不能保,所谓泱泱大国,尚有立足地耶?"②同时,新疆还具有"连蒙跨藏,不特为我国西北之屏障,且为亚洲之中原,而又系欧亚交通之要道也"③的重要国际交通中枢地位。这些都表明,随着国际局势变化,新疆的战略地位不仅没有被减弱,其重要性反而进一步加强。因此,无论是清政府还是民国政府,都高度重视新疆的发展稳定工作,并先后实施了在新疆设立行省、协饷援疆、大兴屯垦、修建改善新疆以及西北的交通状况等重大措施,并取得了显著成效。

---

① 褚民谊:《新疆事件与开发西北》,《新亚细亚(新疆与回族专号)》1933 年第 5 期。

② 吴绍璘:《新疆概观·绪论》,仁声印书局 1933 年版,第 2 页。

③ 黄慕松:《我国边政问题》,西北导报社 1936 年版,第 15—16 页。

新中国成立后,鉴于新疆的重要战略地位,党和国家先后在新疆设立了维吾尔自治区以及新疆生产建设兵团,并从各个方面全力扶持和促进新疆发展。经过六十多年的努力,新疆的面貌发生了翻天覆地的变化,经济社会发展实现了历史性跨越。在新的历史时期,新疆的战略地位随着国际战略格局的演变、中亚局势的发展而再次备受关注。同时,新疆丰富的战略资源,在我国东联西出、西向开放中的重要战略中枢地位,也使得新疆在我国现代化建设和国家安全中扮演着日益重要的角色。例如,新疆石油、天然气资源是我国陆上最有远景开发的地区,新疆石油资源总储量约达 500 亿吨,占我国总储量的三分之一以上。天然气资源总量约为 13 万亿立方米,居于全国首位,并通过西气东输工程供应全国十数省的天然气需求。新疆煤炭预测储量达 1.82 万亿吨,占我国预测储量的 40%。此外,新疆的有色金属等矿产资源储量也极为丰富。总之,新疆所拥有的大量战略资源,不仅是我国现代化建设的重要资源基础和保障,也是我国国家安全的可靠依托和支撑。因此,新时期新疆极为重要的战略地位决定了新疆的发展稳定是关系我国战略全局和国家安全的头等大事。

综上所述,新疆的战略地位历来十分重要,并且随着时代的发展和国际局势的变化,其重要性更为加强。当前,它不仅是占全国国土面积的六分之一的最大省份,而且是我国对外开放的重要门户和我国战略资源的重要储备区。在现代化建设中,丰富的战略资源是我国经济发展的重要支点,对确保我国的可持续发展能力具有重大战略意义。同时,新疆又是多民族聚居区和毗邻多国的边疆省区,面对周边地区日趋复杂的形势,新疆在全国发展和稳定中的战略地位更加突出。因此,新疆所具有的特殊重要战略地位,决定了国家必须高度重视新疆的发展和稳定工作,必须通过各种政策扶持措施,加快实现新疆的跨越式发展和长治久安,这不仅是党中央、国务院从全局和战略高度作出的重大决策部署,也是新疆实现长期发展稳定、民族团结、社会和谐的必然要求。

二、新疆特殊的绿洲经济特点,决定了需要国家政策扶持才能实现新疆的可持续发展

众所周知,从西汉中央政府在新疆设立西域都护府起,新疆就正式纳入了我国版图。在西汉至新中国成立以来的两千多年中,由于新疆地处边陲以及特殊的绿洲经济特点,远离国家政治、经济、文化中心,加上自然条件比较恶劣,因此新疆的社会经济发展一直相对落后。对此,在不同历史时期,我国都对新疆实行轻徭薄赋、财政扶持、大兴屯垦等政策扶持措施,来降低新疆绿洲经济发展的成本,帮扶新疆实现经济社会的快速发展。

(一) 新疆绿洲分布分散且经济规模狭小,发展成本高,短期内难以自我快速发展

新疆虽然面积辽阔,但由于干旱的气候条件,绝大部分地区被沙漠、戈壁、石山覆盖,真正适合人类生产生活的地域即绿洲并不多;而且多数绿洲都被沙漠、戈壁等分割隔绝,导致每块绿洲不但规模小,而且相对封闭。因此也就导致新疆的绿洲经济具有较大的封闭性,人们的生产、分配、交换、消费等各种物质生产活动和生活都是在各

个绿洲内部进行,例如一些绿洲长期以来主要以农业或畜牧业为主,形成了自给自足的经济生产方式。同时,绿洲与绿洲之间相距遥远,交通不便,经济交流的成本高,难以形成统一的大市场和集聚优势。例如据测算,新疆首府乌鲁木齐到全国各省会城市的平均距离达3760公里,距东部最近的连云港的铁路里程3651公里,距北京3774公里,距上海4079公里。同时在新疆境内绿洲之间的距离也较长,如乌鲁木齐与全疆13个地州中心城市平均运距为742公里,相当于全国铁路运输的平均运距。各地州到所属县(市)平均公路里程为155.3公里,是全国公路里程平均运距的2.9倍。这些数据表明,新疆绿洲的分散特点是制约新疆经济发展的重要因素。

具体来看,新疆绿洲主要分布在塔里木、准噶尔两大盆地周缘地带、谷地内,十分分散,集中连片规模较大的绿洲很少。绿洲之间互相被荒漠隔离,近者相距数十公里,远者相距达上百甚至数百公里。甚至一个县也是由数个乃至数十个绿洲组成,如皮山县主要由十片绿洲组成。如果再加上小绿洲,多达50多片。据调查,新疆面积在2万亩以上的人工绿洲就有200多片。这就造成了绿洲经济非常分散,严重制约经济发展的有机联系与规模扩大、竞争力提升,形成产业集中与集聚优势。而分散的绿洲经济由于规模偏小,无法实现模经济,因此效益难以提高。如新疆工业按产值密度计算,仅为全国平均水平的十二分之一。加上绿洲经济产品向外运输线长,运输成本高企,导致绿洲经济的利润大幅降低,竞争力减弱。另外,由于绿洲之间在资源基础、经济规模、地理区位、发展起点等方面的差异,造成新疆不同区域经济发展水平与人民生活水平的差距明显,而随着市场经济的发展,这种差距还有进一步扩大的趋势。

因此，新疆分散且规模狭小的绿洲经济特点，决定了新疆经济发展的成本高，自我经济积累和发展能力提升更加困难。而改善新疆的交通状况、发展各项社会事业、加快基础设施建设等却由于绿洲的分散性特征而困难倍增，所需要的巨额投资和人才、技术等都是新疆自身极其有限的绿洲经济所无法承担和支撑的。因此，在这些方面，必然需要国家的大力政策扶持和强有力的投资与援助建设，才能解决新疆发展所面临的各种瓶颈制约难题，推动实现新疆的发展稳定。

（二）历史经验表明，缺失了中央政权的强有力经营扶持，新疆根本谈不上发展稳定

历史经验表明，汉、唐、清时期中央政权对新疆大力扶持和有效经营，推动了新疆的历史发展和社会进步。而元代以后至清朝统一新疆前，新疆在长达数百年的历史中，游离于中央管辖之外，缺失了中央政权的强有力经营扶持，导致这一时期新疆陷于经济凋敝、政治混乱、社会动荡、民生困苦的黑暗深渊，这不能不说是历史给予我们的最深刻教训和启示。

首先，在这一时期，由于缺失了中央政权的强有力经营扶持，新疆在面对气候变化等自然灾害时无能为力，造成经济状况严重恶化乃至迅速衰退。例如当元代之后新疆气候转入干燥寒冷的冰期后，新疆的经济社会发展开始受到较大影响和制约，绿洲农业生产规模显著缩小，游牧经济不稳定性增强，导致新疆乃至中亚陷入严重的经济衰退和政治动荡之中。新疆政局十分混乱，游牧部落征战、劫掠不已，人民生活苦不堪言。北疆地区的农业经济几近消失，到处是残垣断壁，荒城废墟。如果当时有中央政权的强有力经营扶持，既可以保证新疆政治经济的相对稳定,还可以迅速引进栽植优质耐寒耐旱作物品种,加强同中原等先进地区技术、物资的交流,是可以降低乃至克服自然环境变化造成的不利影响,实现新疆经济社会发展稳定的。

其次,新疆绿洲的生态、资源状况决定了它在应对自然、社会等危机时的脆弱性。众所周知,新疆的生态环境极为脆弱,各个绿洲分散孤立,其经济产出和规模都非常有限。而在自然灾害、外敌入侵等不利因素出现时,必然对新疆的绿洲经济、社会造成极大负面影响。但仅仅依靠新疆当地的人力物力是很难迅速有效应对这种灾难性变化的。例如大型水利灌溉工程的建设、作物新品种的培育推广等都需要技术、人力物力的大量投入,而这些仅靠当地有限的绿洲农业经济是难以承担的。因此,只有依靠强大的中央政权的有力扶持与支撑,新疆当地才能快速有效应对各种危机,渡过发展与稳定的种种难关。而在这一时期,由于缺乏中原王朝的这种强大力量支撑,导致新疆的政治经济极为混乱,新疆当地政权既无法给社会经济尤其是农业经济的发展提供稳定的环境,更不能以有效措施促进经济恢复与发展,而只能以战争、掠夺、征税等方式满足统治阶层的需求。这就使得这一时期新疆社会经济发展呈现出严重衰退的局面,并且在较长的时间内都难以恢复发展。

最后,新疆绿洲生态、资源的状况也表明在当地无法形成真正强有力的地方政府。新疆绿洲分散而相对孤立,其上的经济规模总体有限。而绿洲之间的相对隔离给交通、贸易、信息传递、抗灾等带来极大困难,这给地方政府的行政管理等带来极高成本。因此,有限且分散孤立的绿洲经济状况,难以支撑一个强有力的地方政府的运行。即使在某些阶段这种绿洲经济发展水平相对较高,高昂的管理运行成本也会以沉重的赋税负担严重制约经济的持续发展。因此,只有在强大的中央政权的经营管辖与大力扶持推动下,才能真正推动新疆绿洲经济的长期稳定发展。因为,只有强大的中央政权,才有经济、技术、军事等实力保障新疆绿洲社会经济的可持续发展和应对各种危机。

第三章 民国时期(1912—1949)新疆发展稳定状况与国家政策扶持

民国时期,由于国家更加积贫积弱,无力给新疆等边疆地区提供必要的安全和治理保障,更无法给这些地区的发展提供强有力的资金、技术、人才等政策扶持援助,这就给了列强觊觎侵略以可乘之机和地方军阀乘机割据自立,进而造成新疆的发展稳定状况较之晚清更加趋于恶化。这一时期,新疆不仅财政枯竭、经济停滞、社会事业发展极为缓慢,而且政局动荡、战乱频发,各族人民连起码的生存条件都难以保障。因此,这一时期新疆发展稳定的严重不利状况与国家的贫弱无力、难以提供强有力的政策扶持措施有着重要关系。

第一节 民国时期新疆经济社会发展稳定状况评析

清朝灭亡以后,我国进入了以民国时期为代表的旧中国社会。由于这一时期国际国内局势的深刻变化,对我国的政治、经济、社会发展产生了重大影响。这一时期,我国国力相比晚清更加积贫积弱、内忧外患也更为严峻。中央政权更迭频繁,地方军阀各自为政,中央政府既缺乏掌控全国的能力和实力,更无力为新疆等边疆省区提供强有力的发展扶持和安全保障,导致新疆的发展稳定形势空前严峻。而外国势力趁机蠢蠢欲动,争相角逐在新疆的势力范围,进一步严重侵蚀和动摇了新疆经济发展、社会稳定和地区安全的根基。这一时期,新疆"双泛"思潮滋生蔓延,社会矛盾日益严重,经济凋敝不断加重,社会动乱接连爆发,使处于内外交困的新疆社会,发展稳定形势常常处在危险的边缘。

一、外国势力觊觎不断,侵略加深, 严重影响新疆发展稳定

民国时期,国内战乱纷争不断,中央政权相比清王朝更加积贫积弱,不但根本无力为边疆发展提供强大的支持,而且连基本的边防安全也无法提供。因此,导致列强趁机蠢蠢欲动,加快加深了对新疆等边疆地区的觊觎侵略。在新疆,先后有沙俄、苏联、英、美、日、土耳其等国以各种方式向新疆渗透扩张,严重影响到新疆的发展稳定大局。

历史以来,作为亚洲枢纽和心脏的新疆,自古就是东西方交流的要冲和战略要地。近代以来它更成为列强觊觎和掠夺的对象,除俄、苏、英、日等国在新疆争夺利益和势力范围外,由于地理、民族、宗教等多方面的联系,土耳其、阿富汗等国也卷入这一角逐的大漩涡中。此外,德、法、美甚至瑞典等国,虽然与新疆相距遥远,但也因种种缘由企图染指其间。致使民国时期的新疆自始至终处于列强的争夺之

中,伴随列强势力的此消彼长,新疆社会也因之受到很大影响,甚至出现动荡和危机。

具体来看,沙俄及其后的苏联,凭借其地缘优势对新疆的掠夺侵害最为严重,对新疆发展稳定的影响也最为巨大。早在清代,随着沙俄的日益扩张,新疆就已逐步成为其觊觎侵略的对象。沙俄土尔克斯坦总督库罗巴特金在给沙皇尼古拉二世的信上曾露骨地说:"改变与中国的边界,是如此的迫切需要。从汗腾格里峰(天山山脉的第二最高峰)和天山向符拉迪沃斯托克(海参崴)画一条直线,我们的边界将缩短四千俄里,而固勒扎(即伊宁)、蒙古北部、满洲北部将并入俄罗斯帝国。"①由此我们不难看出沙俄侵略新疆的巨大野心。整个晚清,沙俄即通过种种不平等条约和侵略手段从新疆掠夺土地达数十万平方公里。到了民国初期,沙俄更是通过其特权不断非法发展俄侨,把我国新疆大批居民变为俄国侨民,试图以此改变新疆的主权属性,严重威胁到新疆的社会稳定和地区安全。

此外,沙俄还在新疆制造了一系列侵略活动。1912年俄军企图强行攻占喀什噶尔,并策动阿尔泰地区的分裂活动。俄国"更想乘机攫取阿尔泰及新疆省,使中亚细亚与外蒙及西伯利亚联成一气。此是帝俄政府之大企图。如此计划成功,不特新疆陷于灭亡,即中国西北之藩篱,亦完全被撤,内蒙、甘、陕边患立至"。② 十月革命后,1918—1920年又有大批被苏联红军击溃的白俄军和难民闯入新疆。20世纪20年代苏联农业集体化时,大批对苏维埃政权充满敌意的

---

① 北京大学历史系:《沙皇俄国侵略扩张简史》,人民出版社1976年版,第163页。
② 曾问吾:《中国经营西域史》,商务印书馆1936年版,第513页。

富农也涌入新疆,这些都使新疆的安全和稳定受到严重威胁。

盛世才上台主新之后,为借助苏联的力量战胜对手和巩固其在新疆的统治,不惜出卖新疆利权给苏联,这为苏联加速控制新疆的政治、经济、军事提供了极大便利。当时,"新疆伊犁边境,门户洞开,经济交通,完全操于苏俄之手"。① 随着苏联在新疆经济贸易中占有压倒性优势地位,苏联实际上已经控制了这一时期新疆的经济命脉。正如拉铁摩尔所言:"对外贸易是新疆的官吏和商人所必须的,在对中国内地的贸易日渐衰落,对印度的贸易不能增加的情况下,新疆就和外蒙古一样,不可避免地在经济上成为苏联的一省。"②不仅苏联对新疆的经济控制日益达到顶峰,而且苏联对新疆行政、商务乃至主权的影响也更为严重。《苏联对新疆之经济侵略》中记载:(新疆)省政府财政厅及各地方行政机关皆驻有俄顾问,不经俄员签字,不能动支一文;新疆商务完全为苏联所独揽。③

英国是除沙俄、苏联外对新疆觊觎侵略、危害新疆发展稳定的又一列强。早在晚清,英、俄即为争夺中亚势力范围而相互竞争。英国自然不会放过新疆这一在中亚地区占有重要战略地位的地带。到了民国时期,新疆孤悬塞外,中央政府鞭长莫及,无力经营西向,这给了英国更有利的可乘之机。英国不仅凭借其特权,通过驻新疆总领事馆以不正当手段大肆发展侨民,以扩大在新疆的势力和影响,如在杨增新时期,英国就按照其单方面提出的办法进行侨民登记,"以后南

① 居正:《东北沦陷中之西北边陲问题》,《西北问题》1933年第5期。
② [美]拉铁摩尔:《中国的亚洲内陆边疆》,唐晓峰译,江苏人民出版社2008年版,第136页。
③ 参见"中华民国"外交部编:《苏联对新疆之经济侵略》,1950年,第138—139页。

疆各地英国乡约所属的英侨登记,专由英国总领事调查发票,和中国地方官无干",而且还直接参与了1933年"东突厥斯坦伊斯兰共和国"成立等严重分裂新疆的活动。英国还认为:"苏联完全控制由吉尔吉特和奇特拉尔通往印度的山口,形成了对印度的威胁,这是不可想象的。除非有机会并且利用该机会,支持一个友好的穆斯林国家,这在威胁变成现实前留下的时间很少"①。此外,英国还通过贸易、传教等方式对新疆进行渗透和控制,其对新疆发展稳定的潜在危害,不亚于俄国。

此外,民国时期土耳其、日本等国也以各种手段加大了对新疆的渗透破坏。以土耳其为例,土耳其虽然与新疆相距遥远,也少有经济往来,但其对影响新疆近现代发展稳定的"东突"思潮和势力的产生却作用巨大。而"泛伊斯兰主义"和"泛突厥主义"在新疆的泛滥与土耳其关系更为密切。此外,土耳其人还参与了民国新疆分裂政权"东突厥斯坦伊斯兰共和国"的很多实施计划,可见:"土耳其对新疆的影响之大,持续之久,都远远超过我们的一般想象。"②而日本在民国时期也不断觊觎新疆,妄图获得非法利益。"据传日僧山本藏太郎、町井猪正、太和清正三人,借传教为名,潜匿吐鲁番,多方作反宣传,想在新疆造成第二伪国,而尤在极力联络回民,扩充实力。新省的回民,故不会听从日人的宣传,可是日人在新疆势力的膨胀,国人实难忽视的。"③可见,土耳其、日本对新疆的觊觎危害也不容忽视,

---

① IOR:Letter, from H, M.5 Government to Government of India November 23, 1933.

② 许建英:《近代土耳其对中国新疆的渗透及影响》,《西域研究》2010年第4期。

③ 赵镜元:《新疆事变及其善后》,《新中华》1933年第10期。

其对新疆发展稳定形势的影响也不可低估。

二、疆内财政枯竭,政局动荡,动乱频发,
严重威胁新疆发展稳定

民国时期,由于此前清朝中央政府的协饷断绝,新疆的财政状况极其困难,不仅无力维持整个行政机构的运作和庞大的军费开支,更谈不上支持新疆的经济发展与各项社会事业建设。这就导致新疆政局长期不稳,国防军事力量衰弱不堪,经济与社会发展停滞不前,并进而引发严重的社会动乱与民族仇杀,严重影响新疆的发展稳定。

(一) 民国新疆财政枯竭,导致纸币滥发,金融混乱,无力支持发展稳定

民国时期,内地军阀混战,民国政府根本无力从财政等方面支持新疆。而由于种种原因,历史上新疆财政长期无法自立。因此,历代中央政府均以某种方式给新疆一定的财政扶持。至清代,清中央政府对新疆的财政扶持逐渐作为一项制度固定下来。从新疆建省的1884年到宣统三年(1911)的27年,清政府给新疆的各种财政补贴高达8000余万两白银,平均每年300余万两,约占清政府平均年收入的十三分之一。如此巨额的财政扶持资金,保障了新疆地方财政的安全和地区发展稳定,也使新疆财政表现出对中央财政的强烈依赖性,形成了"未尝一日不仰颐待哺也"①的局面。

---

① 林竞:《新疆纪略》,载甘肃省古籍文献整理编译中心编:《中国西北文献丛书二编》,西北民俗文献第六卷第三辑第27册,线装书局2006年版,第9页。

辛亥革命后,作为新疆财政"命脉"的数百万两协饷断绝,这对于新疆财政,无疑是一个致命的打击。到 1911 年底,各省欠新疆协饷银达 655.8 万两,而到 1913 年欠饷共达 1141.8 万两左右。① 可见,随着清朝垮台民国建立,不仅前清欠新疆协饷已成泡影,而新时期的协饷更是无从谈起。而随着新疆财政陷入枯竭,财政赤字十分严重。据统计,1913 年至 1914 年,每岁收支差额(亏空)即达 500 万至 600 万元之间。② 为了解决财政入不敷出的问题,使军政各项得以正常运作,主政的杨增新不得不采取整顿财政、发行纸币、增加赋税等措施来解决财政危机。虽然取得了一定效果,但始终不能从根本上解决财政枯竭问题。而整个民国时期的新疆,始终受到财政枯竭问题的困扰。这不仅直接引发了新疆行政管理运行的困难和危机,而且迫使新疆当局不得不依靠滥发纸币、增加赋税等方式获取财源,进一步造成新疆金融状况的恶化和经济凋敝、民生艰难,从而不断侵蚀新疆发展稳定的社会经济基础。

民国二年,鉴于新疆财政极度困难,北洋政府曾核准年协新疆 60 万元银洋(塔城 12 万,伊、新各 24 万),主要由新疆省中央专款(27 万),与官产变值(10 万)两项就近抵拨,因此除塔城外由中央国库支出给新疆的财政扶持为数甚少。而此时由于新疆危机四伏,内忧外患接连不断,军费等支出急剧增加,例如民国元年新疆陆军费用岁出预算为 1598682 元。民国二年,由于战事频繁,军费

---

① 参见张大军:《新疆风暴七十年》,(中国台湾)兰溪出版社 1980 年版,第 1862—1863 页。

② 参见张大军:《新疆风暴七十年》,(中国台湾)兰溪出版社 1980 年版,第 1863 页。

预算数已骤增至 5579534 元,导致新疆财政更加入不敷出,"财政困难,已达极点"①。此后,新疆军费不断增加,每岁入不敷出之赤字数也逐年增加。据统计,"由民元(1912)至十六年(1927)度止,(共积欠)六千余万元,合四千余万两"②。为应付财政危机和庞大的军政开支,主政新疆的杨增新迫不得已以发行新疆纸币的办法弥补财政赤字,"以石印机用俄国普通纸料,印制新式纸币……至三年(1914)秋,共印行六百二十三万余两",算是解了燃眉之急。而发行纸币对于新疆财政的至关重要作用,正如 1915 年杨增新在电呈民国政府的《请筹款收回纸币文》中所说:"新疆孤悬万里,欲维持新疆,必先维持纸币。若纸币全失信用,其中即含有异常之危险。"③

但是,简单依靠滥发纸币的方式只能暂时缓解财政危机,却不能从根本上解决新疆的财政与发展问题,反而造成了日益严重的通货膨胀和民生问题。如 1932 年,全疆收入不足 748 万元,而支出却高达 5200 万元。支出超出收入的 7 倍以上。"二十年度,为全部岁入之七倍"。④ 而在金树仁主政新疆的短短五年内,由于军费猛增,新疆省政府的财政亏空累计竟达 1.62 亿元。⑤ 新疆财政支出的猛增,

---

①　杨增新:《报新疆实业厅成立建设一切情形文》,《补过斋文牍》(甲集下),载于逄春、阿地力·艾尼主编:《中国边疆研究文库初稿·西北边疆卷一(第 1 册)》,黑龙江教育出版社 2016 年版,第 91 页。

②　曾问吾:《中国经营西域史》,商务印书馆 1936 年版,第 633—635 页。

③　杨增新:《电呈请筹款收回纸币文》,《补过斋文牍》(壬集上),载于逄春、阿地力·艾尼主编:《中国边疆研究文库初稿·西北边疆卷一(第 3 册)》,黑龙江教育出版社 2016 年版,第 1034 页。

④　董庆煊、穆渊:《新疆近二百年的货币与金融》,新疆大学出版社 1999 年版,第 216 页。

⑤　参见新疆社会科学院历史研究所:《新疆简史》第三册,新疆人民出版社 1980 年版,第 105 页。

给各族人民带来了沉重的负担,致使"民穷财尽,人不聊生"。① 为弥补巨额的财政亏空,主政新疆的金树仁不得不用滥发纸币的方法来弥补,于是印钞机"昼夜加工赶印纸币,仍不应急,复印 3 两、5 两大票以资应付,致使新疆进入财政恐怖时期",②甚至达到"支出额则以印刷额之多寡为断"③的荒唐地步。短短几年,新疆纸币发行量猛增到 2 亿两以上,引发严重的通货膨胀,纸币贬值达 1200%,甚至到后来严重到票价不够工本费用的程度。

总之,民国时期新疆的财政状况,在协饷断绝的情况下,以发行纸币等短期行为,勉强维持军政等的开支和运作,以维持新疆行政暂时的运行和表面稳定。但是,这些措施是建立在滥发纸币、通货膨胀和加大对新疆各族人民压榨的基础上的,不可能从根本上解决新疆的财政危机和发展问题。正因为如此,民国时期新疆政局动荡,金融混乱,社会动乱时有发生。

(二) 民国新疆政局动荡,腐败流行,导致社会动乱不断,难以发展稳定

民国时期,由于缺乏强大的中央政权对新疆的经营和扶持,导致新疆处于军阀自立的游离状态。新疆政局长期不稳,先后有杨增新、金树仁、盛世才等军阀主政新疆。由于这些人物素质各异,行政理念不同,因此人为造成了新疆各项政策措施的差异。再加上民国时期

---

① 《新疆各族联合会给南京政府的电文》,1933 年 4 月 13 日,藏于新疆社会科学院历史研究所图书资料室。
② 曾问吾:《中国经营西域史》,商务印书馆 1936 年版,第 692 页。
③ 李天炽:《新疆旅行记》,《大公报(天津)》1934 年 7 月 2 日。

新疆内外交困的危险处境,导致新疆政局动荡加剧,官吏腐败流行,各种危机时有爆发。同时,由于财政困难又缺失强大中央政权的支持,新疆地方军队装备极差,衰弱不堪,根本无力保障新疆的发展稳定环境。

民国初期,新疆即开始出现局势动荡、政局不稳的情况,当时新疆内有伊犁、哈密起义,以及南疆哥老会四处戕官,外有沙俄趁火打劫,出兵阿勒泰、制造科布多事件等,导致新疆社会动荡,人心浮动,政局不稳。杨增新为维持其统治,不得不采取各种政治、经济手段来应对,甚至以暗杀等残酷手段消灭政敌和潜在威胁,从而使新疆统治集团内部矛盾不断激化,最终他本人也在政变中被刺杀身亡。金树仁是继杨增新之后新疆第二任主席兼边防督办。主政后,他虽试图有所作为,也尝试进行了一系列改革与整顿,但由于当时新疆复杂严峻的内外部条件限制,最终以惨败告终。金树仁本人执政能力不高,对新疆错综复杂的民族宗教等问题缺乏深入分析,导致"一味以行政、武力等强制手段来解决,从而导致民族矛盾日益复杂和尖锐化"。① 再加上他举措失当,纵容亲信结党营私,横征暴敛,导致贪污成风,社会影响极坏。例如,在他主政时期,"一切行政,唯金崔之言为决,然此诸人皆贪婪横暴,无恶不作。故施行诸政,乖谬百出"。② 而这样贪污腐化,与民争利的官吏腐败行为,严重败坏了当时的社会风气,使当时新疆"吏治大败,民生憔悴",③严重动摇了民众对政府

---

① 娜拉:《民国新疆地方政府对游牧民族的统治政策》,《中国边疆史地研究》2008年第1期。

② 张大军:《新疆风暴七十年》,(中国台湾)兰溪出版社1980年版,第2728页。

③ 曾问吾:《中国经营西域史》,商务印书馆1936年版,第540页。

的信任和拥护。严重的社会危机也因之不可避免地即将爆发。

很快,由于金树仁政府在哈密实施改土归流政策中的严重失误,导致哈密民怨沸腾,社会危机一触即发。当时政府竟然规定:收回的王府土地,维族农民继续耕种的,要补交 1930 年的田赋,不愿耕种的土地,作为荒地交由甘肃汉族农民耕种,并免交两年田赋,其种子、农具、耕牛等由维族农民无偿提供。失地的维族农民被迫另行垦荒,但又必须照旧纳税,这种严重露骨的民族不平等赋税政策,使哈密"回民大愤"。① 而驻军哈密的师长刘希曾更是"残暴贪婪,每借端向维民强行采办军需,交纳军马,增加捐税,稍有不遂,立予鞭挞屠杀,无所不用其极",②从而最终引发了哈密农民起义。很快起义与动乱就蔓延到全疆各处,酿成了极其严重的社会动乱和破坏。"向日之商业精华,遂成一片焦土",③"杀人不下数十万"。④ 再加上马仲英等军阀借机企图据有新疆,使新疆战乱更甚,社会动荡更为严重。例如马部败退,途中"伏尸遍行,目不忍睹"。⑤

分裂分子则乘机大肆鼓吹"双泛"等思想,煽动民族仇杀,声称"杀死一个卡甫尔(异教徒,指汉人),就为宗教立一份功;杀死九个卡甫尔,死后能升天堂",⑥给新疆的社会稳定和民族关系造成了极为严重的后果。1933 年 11 月,分裂分子在新疆喀什成立"东突厥斯

---

① 曾问吾:《中国经营西域史》,商务印书馆 1936 年版,第 596 页。
② 张大军:《新疆风暴七十年》,(中国台湾)兰溪出版社 1980 年版,第 2737 页。
③ 冯有真:《新疆视察记》,世界书局 1934 年版,第 51 页。
④ 曾问吾:《中国经营西域史》,商务印书馆 1936 年版,第 596 页。
⑤ 吴蔼宸:《新疆纪游》,商务印书馆 1936 年版,第 31 页。
⑥ 金国珍:《马全禄制造民族仇杀的罪恶活动》,《乌鲁木齐文史资料》(第五辑),新疆青年出版社 1983 年版,第 78 页。

坦伊斯兰共和国",这是民国时期新疆在内忧外患下出现的首个分裂政权。虽然其存在的时间只有短短几个月,但其危害却是深远的。① 此后,利用外部势力支持战胜对手、上台主新的盛世才,虽然暂时稳定了新疆局势,但由于其军阀本质和新疆积贫积弱、矛盾错综复杂的现状,他不可能从根本上解决新疆的发展和稳定问题。

总之,民国时期新疆政局动荡,腐败流行,导致新疆社会动乱不断,发展稳定形势岌岌可危。这不仅是由于各种外部势力渗透加剧、蠢蠢欲动的缘故,更是新疆内部政局动荡,腐败流行,导致经济凋敝、民生困苦、社会动荡的结果,再加上分裂势力的借机蛊惑煽动,进一步加剧了对新疆社会稳定与和谐发展的破坏。

(三) 民国新疆财力困难,军纪败坏,军力衰弱,无力保障发展稳定

强大的军队是保障国家和地区安全的基本保障,同时也是维护地区和平、实现社会稳定发展的基础力量。因此,是否拥有一支强大的军事力量,对一个地区或国家的发展稳定至关重要。而这对处于严重内忧外患的民国时期的新疆来说,其作用和意义更是不言而喻。但是,由于种种原因,如财政困难,没有中央政权的支持等,导致新疆地方军队装备低劣、军纪败坏,军力极为衰弱,根本无力保障新疆的发展和地区稳定。

首先,新疆地域辽阔,境内民族众多,绿洲分散孤立的格局使得需要较多数量的军队分驻各地,而新疆漫长的边境线也需要相当数

---

① 参见马大正:《新疆历史发展中的五个基本问题》,《学术探索》2006年第2期。

量的边防军力驻守。因此,新疆首先需要一支数量充足的军队。但是,由于民国新疆经济凋敝,财政极为困难,又没有中央政府的大力扶持,导致新疆根本无力供养这样一支军队。对此,主政新疆的杨增新曾进行仔细计算:"每兵月饷四两二钱,加以服装食粮医药各费,每兵岁费约六十两,新疆赋税收入岁仅三百二十余万两,人民仅二百三十余万,每人约岁担负一两五钱,竭穷民四十人之脂膏,始足充一兵之岁费。"[1]因此,杨增新打消了扩充军队的念头,在新疆维持一支数量严重不足,装备、训练极差的残破之军。从数量上看,当时新疆"堂堂中华第一大省实有兵员不足一万名"。[2] 而当时驻守新疆首府要地迪化(今乌鲁木齐)的蒋松林第一师所能指挥的老弱残兵不过二三百名。[3] 可见当时新疆军力之薄弱不足。

有鉴于此,金树仁上台后,深感"新疆孤悬西陲,幅员广远,种族纷杂,文化简陋,交通滞阻。强邻英、俄眈眈虎视,防务稍疏,立召危亡。安内攘外,皆赖军队以为维持"。[4] 因此,他积极扩充军队,并增加兵饷,士兵月饷由票银六七两增至八九两以至十两。[5] 同时,花费巨资购买新式枪炮武器乃至飞机,试图以此来建立一支听命于己的强大军队。但是,由于新疆经济本就凋敝、民生日益困苦,加上军队破败已久、积习难改,人才缺乏,因此其努力不但收效甚微,反而由于加重了人民负担而激起全疆动乱。他所努力建设的军队也在动乱面

---

① 杨增新:《补过斋日记》卷12,1921年上浣刻本,第21页。
② 包尔汉:《新疆五十年》,文史资料出版社1984年版,第96页。
③ 参见包尔汉:《新疆五十年》,文史资料出版社1984年版,第96页。
④ 谢彬:《新疆游记》,新疆人民出版社1990年版,第301页。
⑤ 参见新疆社会科学院历史研究所:《新疆简史》第三册,新疆人民出版社1980年版,第99页。

前无所适从,不堪一击,根本没有维护社会稳定和地区安全的实力和能力。正如时人所说:"金氏对军队稍加整顿,力施新政、购枪炮、置飞机,表面上似有革新之象,但以人才缺乏,兵质太腐,新式武械多不能运用,故实力空虚如故也。"①而此后的盛世才则干脆倒向苏联,借助苏联的军事力量来维护其统治。虽然获得了暂时的稳定局面,但这种借助国外军事力量的做法只能使新疆沦为苏联的实际附庸。所以当苏联转向支持三区革命时,新疆的局势立刻逆转。因此,民国新疆没有一支强大的军事力量,是其发展稳定局面难以保障的重要原因。

其次,从民国新疆军队的装备和训练上来看,当时军队装备极差,训练无法保障,严重影响到军队的素质和战斗力。杨增新主政时期,虽然新疆军队的武器装备破烂不堪,大炮奇少,"又皆旧式,几若废物";除五六千支较好的步枪、马枪外,"余皆旧物,不适射击"。但迫于财力拮据,民生困苦,他无力也没有向国外购买军械、枪弹。所以为应付激烈的战事所需,杨增新不得不一再向中央请求援助武器弹药。即使像伊犁这样在全疆军事地位至关重要的边防重镇,杨增新也无力增兵添弹,如驻守该地的杨飞霞曾多次请求增设行政机构、补充部队官兵缺额,添募新军。但这些建议都遭到杨增新的驳斥。②这种危险局面虽然在杨增新的高超政治手腕下一再被化解,但终非长久之计,也不可能真正解决保障新疆发展稳定的军力问题。因此,随后的金树仁、盛世才才不得不通过扩军、更新装备乃至依靠外力来维护统治,但最终都未能成功。

---

① 曾问吾:《中国经营西域史》,商务印书馆1936年版,第618页。
② 参见伏阳:《试论杨增新主政新疆时期的"弱兵政策"》,《西域研究》2001年第2期。

同时,由于士兵军饷不足,生活困苦,民国新疆军队放任士兵出外营生。这就使得军队纪律极为涣散,训练难以严格进行,军力自然衰弱不堪。特别是杨增新时期,其部队各营连的士兵一到春夏农忙季节,十之七八出外打工营生,从事诸如当雇工、种鸦片、割草砍柴、编制筐篓等农活以取得额外收入。直到秋冬之际,才再行归队,偶尔训练一下,也是走走形式,于军力提高毫无作用。有时归队者较少,则另行招募人员入伍。这样,新疆军队的实际数量与素质自然更加难以保证。而这又给了军队长官贪污腐败的大好机会,"盖新疆军队之长官,饷给甚微,除有极少数例外者,大多不得不吃空额,以资抵补。起初也因情出不得已,故隐约其事,而为数亦微。久之,遂相习成风,公然作弊,殊可叹也"①。这样就进一步败坏了军纪,使军队的战斗力更加不堪。而由于军纪败坏,装备残破,兵员低劣,当时的新疆军队被时人讥笑为"军纪废弛,恶习深痼,老壮不一,衣履破烂,新疆人民呼为乞丐军"②,完全丧失了给新疆民众提供安全保障和稳定环境的能力。

最后,由于军队腐败、军纪败坏,还造成了军队屯垦的荒废,并造成了一定的生态破坏。如斯坦因第四次在新疆考察时就看到,"我们绕着农田的南侧走了 3 英里多,这些农田看上去全都荒芜了,能看到的人也不过十来个。整个卡克里克(若羌县)的破败相暴露无遗,那是一支千人多的军队在这里驻屯 3 年多所造成的恶果"。③ 而屯

---

① 林竞:《新疆纪略》,载甘肃省古籍文献整理编辑中心编:《中国西北文献丛书二编》,西北民俗文献第六卷第三辑第 27 册,线装书局 2006 年版,第 236 页。
② 伏阳:《试论杨增新主政新疆时期的"弱兵政策"》,《西域研究》2001 年第 2 期。
③ 王冀青:《斯坦因第四次中国考古日记考释》,甘肃教育出版社 2004 年版,第 417 页。

垦的荒废反过来又势必加重新疆民众的负担,军队的军需自给能力等也将因此大打折扣。新疆军队的战斗力和维护发展稳定的能力进一步受到制约和削弱。

三、疆内经济凋敝,教育卫生落后,民生艰难,
严重制约新疆发展稳定

民国时期,由于新疆财政困难,滥发纸币,金融混乱,再加上赋税繁重,动乱不断,导致新疆经济凋敝,百姓困苦,"百姓之穷,甲于他省"。① 而教育卫生等事业也因之发展严重滞后,不仅导致民生更为艰难,而且也难以为新疆的长远发展稳定提供人才、技术等支撑。

首先,新疆金融混乱,纸币滥发,无法为经济发展提供相应金融支持。新疆自伊犁辛亥革命爆发后,就开始出现迪化政权与伊犁政权对峙的局面。即使在杨增新统一新疆后,新疆的伊犁、迪化、喀什依然各自发行货币(称为省票、喀票等),而沙俄卢布也在新疆大量流通。这样严重影响了新疆地区的货币统一,造成了商品流通的障碍。再加上这些纸币都存在严重滥发的倾向,更加造成了金融和市场的混乱。同时,落后的交通也成为制约民国新疆商贸流通、经济发展的重要障碍。当时的交通仍然主要沿用清王朝的驿站体系,主要使用驮运等传统落后运输方式。更为不幸的

---

① 杨增新:《呈整顿新疆吏治情形文》,《补过斋文牍》(甲集上),载于逄春、阿地力·艾尼主编:《中国边疆研究文库初编·西北边疆卷一(第1册)》,黑龙江教育出版社2016年版,第42页。

是,当时新疆通往内地的交通运输,漠北通道在外蒙事变后于民国十年(1921)被封锁,而漠南的甘新、新绥道道路遥远,路况复杂,使运输成本大增。

民国时期,英国与沙俄等凭借特权在新疆大肆渔利,控制了新疆的商贸等经济活动。同时他们又拒不纳税,严重制约了新疆的经济发展,扰乱了市场环境。此外,受英、俄等包庇的华商,亦拒不纳税,成为影响新疆税源和经济管理的又一漏洞,加重了新疆财政在协饷断绝后的困难和经济秩序的混乱。鉴于以上弊端,民国以来,杨增新多次向中央陈述与沙俄交涉,修改中俄条约的必要性,"此等最不平等之国际税法……即请正式与俄使严重交涉,先行废弃暂不纳税字样,及早改订税则,免致一误再误。亦属边局之福。倘再仍前因循坐失机会,致使无识华商希图免税,相率投入俄籍,其害伊于胡底"。[①]但是,软弱无力的中央政府在面对西方列强的时候,很难有所作为改变这一不利状况。伴随着列强经济渗透与掠夺的加深,民国新疆的经济日益凋敝,基本丧失了自我发展能力,也就没有能力支撑新疆教育卫生等事业的发展。

更为严重的是,由于民国中央政府更迭频繁,实力虚弱,新疆的发展稳定无法从中央政府得到资金、技术、人才等方面的支持,导致新疆的教育卫生、民生疾苦无法得到国家的强力支持。以教育为例,民国初期新疆教育极其落后,由于资金、师资等严重不足限制,"全省岁用学款不过十万元,是一省教育尚不及内地一大县,一县教育尚

---

① 杨增新:《电覆院部修改中俄条约暂不纳税字样文》,《补过斋文牍》(庚集二),载于逄春、阿地力·艾尼主编:《中国边疆研究文库初编·西北边疆卷一(第2册)》,黑龙江教育出版社2016年版,第833页。

不及内地一大村"。① 对此,杨增新不得不以"学堂毕业之人日多一日,仕途竞争之风亦日甚一日,天下大乱,必由于此"②这样貌似合理的理由来搪塞视听。虽然后来杨增新也建立了一些如俄文法政学堂、医校等现代新式教育,然而,由于资金、师资等严重缺乏,以及担心新疆民智之渐开,不利于新疆稳定及自身的统治,导致新疆的教育事业迟迟得不到发展进步。

金树仁上台以后,在"开办教育,疏通民智"的口号下,试图发展新疆的教育事业,开办了新疆少数民族教育和女子教育,并先后派人到德国和蒙古留学,送学生到祖国内地去求学,此时的新疆教育比起杨增新时期略有起色。据统计,民国十八年(1929),全疆有初等小学 122 所,学生 5477 人;民国十九年(1930),小学增至 148 所,教师251 人,学生 6855 人;民国二十年(1931)小学 153 所,教师 279 人,学生 7160 人。尽管如此,根据这个统计数据,新疆能够享受教育的学龄儿童仍仅占全疆学龄儿童人数的 3%左右。③ 此后到民国后期,虽然新疆也先后开办了如俄文法政学堂、新疆学院等高等院校,但由于政局动荡,战事频繁,教育状况甚至出现倒退。如到 1947 年,"当时新疆已无经济建设可言,教育文化等其他事业也停滞不前,甚至还在倒退。如新疆学院……1947 年只有学生 20 余人"。④ 总之,民国新疆社会经济的落后难以支撑完善的教育体系,落后的教育长期没有

① 杨增新:《呈明新疆教育困难请以教育厅长兼政务厅长文》,《补过斋文牍》(甲集下),载于逄春、阿地力·艾尼主编:《中国边疆研究文库初编·西北边疆卷一(第 1 册)》,黑龙江教育出版社 2016 年版,第 89 页。

② 杨增新:《补过斋日记》卷 17,1921 年上浣刻本,第 33 页。

③ 参见陈慧生、陈超:《民国新疆史》,新疆人民出版社 2007 年版,第 238 页。

④ 陈慧生、陈超:《民国新疆史》,新疆人民出版社 2007 年版,第 450 页。

根本改变。教育的缺失、人才的匮乏又直接影响新疆的政治、文化、经济、外交等多个方面,抑制了新疆更长远的发展。

而在卫生方面,由于新疆经济落后,人才缺乏,缺医少药,不能为新疆广大各族民众提供基本的医疗卫生救助和服务,导致严重的瘟疫流行等问题。例如,民国时期,"新省瘟疫盛行,医治无方,以致人民死亡,相继约计不下千数百人……推原其故,实缘医术不良,死于病者十之三,死于医者十之七"。① 而新疆瘟疫横行,几达五六年之久,死亡率甚高,十室九空,田园荒芜。从民国元年起,瘟疫开始流行于南疆和田、于阗等地,"人民因疫死者,每县多则数万人,少亦万数千人,并有全家传染死绝者"。② 因当时缺医缺药,瘟疫蔓延到喀什葛尔、伊犁、迪化等地。杨增新对此束手无策,任其流行,坐视蔓延。当于阗县知事赈济灾民时,杨增新大发雷霆:"天灾流行,疫疠亦属常事,应由地方人民自行集资建醮,以迓天和,何得开支公款?"③对于设立医科专门学校,他更是公开反对,称:"若按部章设立医科专门学校,则规模宏大,功课繁多。新省地处边荒,不惟无此专科教员,亦难筹此巨大经费,殊非救急之法。"事实表明杨增新的"行政以民生为要务"纯属谎言。④ 这些都表明民国新疆由于经济落后,财政困难,人才缺乏,无力发展完善的医疗卫生体系,保障民众的基本健康服务。

---

① 杨增新:《呈为新疆设立医学传习所文》,《补过斋文牍》(甲集下),载于逢春、阿地力·艾尼主编:《中国边疆研究文库初编·西北边疆卷一(第1册)》,黑龙江教育出版社2016年版,第94—95页。

② 杨增新:《呈报选派医生分赴南疆医病并拟在省城组设医学研究所文》,《补过斋文牍》(甲集下),载于逢春、阿地力·艾尼主编:《中国边疆研究文库初编·西北边疆卷一(第1册)》,黑龙江教育出版社2016年版,第87页。

③ 陈慧生、陈超:《民国新疆史》,新疆人民出版社2007年版,第188页。

④ 参见陈慧生、陈超:《民国新疆史》,新疆人民出版社2007年版,第189页。

而在新疆教育卫生落后、民生极为艰难的同时,主政新疆的军阀们却大肆搜刮,积累了巨额财富。例如金树仁根本不重视新疆各民族的民生疾苦,而是通过各种手段横征暴敛,搜刮民脂民膏。就其本人来说,他将搜刮来的数百万元存于天津的同盛会,甚至将数百万银圆铸鼎存于德国的柏林。① 而他治下的新疆民众的民生状况却是物价飞涨,民不聊生。政府对此熟视无睹,漠不关心,最终酿成叛乱。"这次叛乱的原因,是由于当地米贵和缺米长达一年之久。官府自一开始就知道这点,但不愿采取任何措施降低米价。他们很清楚在这种情况下法律和职责要求他们怎么办。他们就是不顾老百姓,让老百姓挨饿。"②可见当时新疆民生困难乃至毫无保障,再加上官吏的冷漠与无所作为,必然加剧社会矛盾和不稳定性,进而激发叛乱等社会动乱。而继金树仁之后主政的盛世才,其贪婪腐败也不亚于前者。离开新疆时,"盛世才去秋离新来渝,除三次使用军用飞机装运彼之珍宝外,其亲戚党羽离新时尚调运卡车 187 辆辇载"。③ 可见其搜刮掠夺的新疆社会财富何其庞大。

总之,民国时期新疆的发展稳定形势,已到岌岌可危的地步,不仅各种外部势力的渗透加剧,蠢蠢欲动,而且新疆内部经济凋敝、民生困苦、社会动荡,给分裂势力以可乘之机,严重影响到新疆的社会稳定与经济发展。对此,新疆地方政府虽曾试图改革相关政策以期发展和稳定新疆,但碍于其实力与国内外局势,最终却多是事与愿违

---

① 参见新疆社会科学院历史研究所:《新疆简史》第三册,新疆人民出版社 1980 年版,第 132 页。

② 费正清、费维恺:《剑桥中华民国史》(下卷),中国社会科学出版社 1994 年版,第 33 页。

③ 张大军:《新疆风暴七十年》,(中国台湾)兰溪出版社 1980 年版,第 6046 页。

或无所作为。

第二节　民国时期中央政府对新疆的
主要政策措施及其效果

新疆（西域）自汉代纳入我国版图以来，历代中央政府都对新疆制定了一系列政策措施。特别是以汉、唐、清代为代表的我国古代王朝鼎盛时期，通过中央政权的强力支持和积极经营，取得了有效维护新疆地区稳定、促进新疆经济社会发展的辉煌成果。民国时期，上承清王朝倾全国之力收复新疆、建立行省、大力扶持发展新疆的巨大努力，因此民国中央政府虽然积贫积弱，但也不遗余力地制定和出台了一系列相应政策，以期促进新疆等边疆地区的发展稳定。当然，由于当时各种因素的制约影响和条件所限，这些政策最终的效果十分有限，甚至只能停留在纸面上，没有取得预期的效果。

一、倡导民族平等政策，但实施软弱无力，收效甚微

新疆地处欧亚交汇之地，境内民族众多，而且多数少数民族跨境而居。由于历史的原因和阶级统治者的错误政策，各民族之间隔阂和矛盾在历史上时有发生，严重影响着新疆的社会稳定。而社会稳定是任何国家或地区发展所必须具备的基本前提，新疆的这一状况，也必然影响到它的发展进步进程。清朝统一天山南北后，对新疆各民族实行因俗而治的政策。例如对维吾尔族实行伯克制，对蒙古各部落实行

札萨克制。而对率先归附清朝,参与平乱的吐哈两地维吾尔贵族则特授王公爵位和札萨克称号,这些制度虽然具有典型的封建落后色彩,但由于尚能适应当时的新疆社会发展状况,因此一直延续至清末。

民国建立,作为我国第一个具有近代意义的资产阶级共和国,民国政府宣称"中华民国人民一律平等,无种族宗教之区别,共和政体,五族一家,回民未可歧视"。在我国历史上第一次提出了各民族享有平等地位权利的方针,具有极其重要的历史进步意义。在民国中央政府这一政策的感召下,主政新疆的杨增新也一再宣称他治理新疆是"惟抱定大同宗旨,化种族之意见,以保地方之和平,万不能稍有偏倚致滋流弊"①。应该说,无论民国中央政府的民族平等政策,还是新疆当地最高统治者杨增新对这一政策的理解,都比较符合近代民族平等的观念,具有历史进步意义。同时,杨增新还进一步认识到,只有把这一政策落到实处,与少数民族真诚相待,推心置腹,才能得到他们的信任和拥戴。否则,在当时新疆复杂的国内外局势下,极易导致民族分裂倾向的发生。正如他所说:"新疆至于今日其情形已极危险,须将各种族人民揉成一团,不使心生外向"②,"倘回缠不乐为用,或用之而不能推诚,则必至为外人用"。③

---

① 杨增新:《电呈招用回队理由文》,《补过斋文牍》(甲集上),载于逄春、阿地力·艾尼主编:《中国边疆研究文库初编·西北边疆卷一(第1册)》,黑龙江教育出版社2016年版,第28页。

② 杨增新:《咨覆财政部新疆向未征收杂税文》,《补过斋文牍三编》(卷一),1934年刻本,载于逄春、阿地力·艾尼主编:《中国边疆研究文库初编·西北边疆卷一(第5册)》,黑龙江教育出版社2016年版,第1946页。

③ 杨增新:《电呈新疆回队用命情形文》,《补过斋文牍》(甲集上),载于逄春、阿地力·艾尼主编:《中国边疆研究文库初编·西北边疆卷一(第1册)》,黑龙江教育出版社2016年版,第35页。

但是,由于民国中央政府更迭频繁,全国政治军事形势极为混乱,导致其民族平等政策根本无法实施。而在实际中民族压迫、歧视行为却时有发生,屡见不鲜。如南京国民政府虽然宣称秉承中山先生遗志,但其民族宗教政策却实际上演变为具有民族偏见和政治压制的不平等政策。当时政府甚至不承认回族应有的民族地位,只将其视为"有特殊生活习惯的公民"或"信回教的汉人",导致回民办的伊斯兰师范学校,教育部门不予备案,强迫更名为"伊斯兰教经学研究社"。这种实际上的民族不平等政策以及政治压迫、经济剥削严重伤害了民族关系和民族感情,也使中央政府的形象遭到严重破坏。而对于新疆来说,由于受民国大环境的影响,自然也难免造成当政者对民族政策认识的轻视甚至错位。

而杨增新之后主政新疆的金树仁,他的家乡甘肃一带,由于统治阶级的民族歧视和压迫政策,连年汉回两族仇杀、战争,双方死亡不下二十万人。[1] 这使得金对民族关系产生了严重的错误估计和判断,因此,他认同和采纳"回民有反对者,割耳断舌,切指刎足,以示威武,甚至死尸悬诸城首街衢,以示恐怖"[2]这样的暴力恐怖政策也就在所难免了。最终,由于对以哈密维民为代表的民族同胞采用不平等的土地赋税等政策,导致全疆陷入严重动乱,并进一步造成民国时期新疆民族矛盾更加尖锐,民族仇杀愈演愈烈,民族关系一落千丈,汉族遭到毁灭性的屠杀。"惜二十年变乱大演种族仇杀之惨剧,

---

① 参见张大军:《新疆风暴七十年》,(中国台湾)兰溪出版社 1980 年版,第 2730 页。

② 张大军:《新疆风暴七十年》,(中国台湾)兰溪出版社 1980 年版,第 2729 页。

汉人死者不计其数,南疆方面汉人几将绝迹!"①这就更使得各民族间互相猜疑,防卫心理不断加剧。而盛世才为维护自己的独裁统治,更是对各族人民加强监视,对潜在的威胁或民族宗教人士不惜监禁乃至屠杀。据统计,新疆各阶层被盛世才投入监狱者达10多万人,被惨遭杀害者在5万人以上。②

这样,由于事实上的民族歧视、政治压迫乃至严重的民族防范与仇杀,必然导致在新疆中央权威的丧失与中华民族向心力的严重下降。而这又给了敌对势力和"双泛"思潮以可乘之机,导致民国时期新疆"双泛"思潮大肆蔓延,民族分裂分子甚嚣尘上,国际敌对势力步步紧逼,时刻妄图侵吞分裂新疆,构成对新疆发展稳定的严重威胁和隐患。例如,民国初期,阿合买提·卡马尔在伊犁开办学校,就公开宣传"我们的祖先是突厥,我们的祖国是土耳其"③等泛突厥思想,煽动民族分裂,严重危害新疆民族团结和社会稳定。对此,杨增新对分裂势力非常警惕,并颁发《训令各属查禁外人充当回缠阿訇文》等禁令,以制止"双泛"流毒在新疆的传播。但是,由于"杨将军的政策是黑暗政策,天山南北到处是贪官污吏,吮吸老百姓的血汗,不给老百姓办一件好事。想给老百姓做事的人,在新疆是站不住脚的。新疆没有一所像样的学校,文化教育不发达,这都是杨将军的愚民政策造成的。杨将军利用新疆民族复杂,用制造民族间的仇恨来巩固他

---

① 曾问吾:《中国经营西域史》(下编),上海书店1989年版,第585页。
② 参见白振声主编:《新疆现代政治社会史略》,中国社会科学出版社1992年版,第344页。
③ 包尔汉:《包尔汉选集》,民族出版社1989年版,第128页。

个人的地盘。……如此下去，新疆的前途是十分危险的"。① 杨增新的努力不可能真正取得成功，而新疆的"双泛"思潮、分裂活动依然是此起彼伏、蠢蠢欲动。

二、推行边疆开发政策，但国家积贫积弱，成效有限

民国时期，由于中央政府积贫积弱，虽然出台了多项边疆发展政策如垦荒、筑路、发展实业等，但由于战争不断，国家缺乏雄厚的经济实力实施边疆发展政策，更无力支持推动新疆发展。加上新疆经济落后，民生凋敝，社会动荡，政局不稳，导致新疆自身也缺失发展能力。因此，民国中央政府虽然出台了不少边疆发展政策，但由于各种原因，这些政策都难以实施，新疆也没有因此获得真正的发展和稳定。

新疆地处我国西北内陆，其地"连蒙跨藏，不特为我国西北之屏障，且为亚洲之中原，而又系欧亚交通之要道也"②，具有极其重要的战略地位。同时，新疆"惟在今西北诸省，处地最要，出产最饶，有关中国前途至深且巨者，当首推新疆，新疆存则中国安，新疆失则中国危"。③ 在我国的物产和经济方面也具有重要的地位。但是，由于新疆地处偏远，关山阻隔，新疆与内地的交通一直十分落后和困难。到民国时期，这一不利状况仍未得到改善，严重制约新疆与内地的商贸往来和经济交流。而只有改善交通，才能促进新疆与内地的资源、人才等流通，从而促进新疆经济发展和社会稳定。

---

① 包尔汉：《新疆五十年》，文史资料出版社 1984 年版，第 102 页。
② 黄慕松：《我国边政问题》，西北导报社 1936 年版，第 15—16 页。
③ 吴绍璘：《新疆概观·绪论》，仁声印书局 1933 年版，第 2 页。

民国初期,孙中山先生即提出包括新疆在内的西部交通等开发计划,指出:"非先有此种交通、运输、屯集至利器,则虽全具发展实业之要素,而亦无由发展也。"①尤其是铁路的建设与边疆地区发展稳定更加紧要,更是刻不容缓,孙中山先生曾这样描绘:"今后将敷设无数之干线,以横贯全国各极端,使伊犁与山东恍如毗邻;沈阳与广州语言相通;云南视太原将如兄弟焉。追中国同胞发生强烈之民族意识,并民族能力之自信,则中国之前途,可永久适存于世界。"而"完成目前之铁路计划,即所以促进商业之繁荣,增加国富,市场因以改良而扩大,生产得籍奖励而激增。尤其重要者,则为保障统一之真实,盖中国将列于世界大国之林,不复受各国之欺侮与宰割"。②但是,由于时局动荡,民国政府根本无力进行如此大规模的铁路建设,而孙中山先生的宏伟设想只能成为一种美好梦想。

即使是公路交通的建设,也因民国财力等困难重重而无力进行。如北洋政府时期,中央政府曾打算支持修建从绥远到新疆的归(绥)古(城)公路,交通部对此进行了估算:"由归化至古城,其间5000余里,所有治路费平均每里至少需要300元,共需150万元。购车费每辆约1.6万元,假定300辆,则需480万元。设站费平均每50里一站,约计100站,每站2000元,共需20万元,总计需650万元。"③最终因中央财政困难等原因而无力举办。

---

① 孙中山:《中国实业如何发展》,《孙中山全集》(五卷),中华书局1985年版,第134页。

② 孙中山:《中国之铁路计划与民生主义》,《孙中山全集》(二卷),中华书局1982年版,第491页。

③ 杨增新:《咨覆交通部归古汽车应从缓办文》,《补过斋文牍续编》(卷一),载于逄春、阿地力·艾尼主编:《中国边疆研究文库初编·西北边疆卷一(第4册)》,黑龙江教育出版社2016年版,第1375页。

此后，南京国民政府时期，蒋介石虽进一步认识到："今日政治与经济力量之开拓，乃以交通为首要之前提。凡我交通未达到之区域，事实上易为化外独立之地方……故交通之开发，乃治国经邦第一要务。"①当时国人也一再呼吁："西北国防之空虚，政治文化之不前进，经济之枯滞，民生之困敝，实由于交通不发展之故。"②因此，南京国民政府开始重视西北地区的经济开发与交通建设等，而且特别重视交通建设的先导作用，如提出移民垦殖及其他各种经济建设，须以交通建设并减免移民来往之交通费为首要，③并制定和作出了一系列建设西北交通的提案决议。随着日本侵华的深入，国民政府还组织人员进行实地考察，拟定详细计划，除将各省旧有路线加以修治外，还新建了总长约 13250 公里的十条公路，包括西伊线、西汉线、包兰线等，有效改善了新疆周邻西北地区的交通状况。鉴于新疆的重要战略地位，国民政府还成立了新疆建设委员会，编制《新疆建设计划大纲草案》，但由于国民政府的式微和新疆地方军阀的阻挠，计划未能得到很好的实施。

随着民国时期国内外局势的严重恶化，日本帝国主义侵略的步步紧逼，国人和民国中央政府对新疆等边疆地区的开发发展关注日益加强。为了救亡图存，开发新疆、开发西北受到国人更为广泛而深切的关注。研究西北开发的学术团体不断涌现，专论西北问题的刊物层出不穷，赴西北考察的团体和个人不绝于途。而由于新疆的战

---

① 秦孝仪:《总统蒋公思想言论总集》(卷 12)，(中国台湾)"中央"文物供应社 1984 年版，第 105—110 页。

② 《开发西北舆论选登》，《开发西北》1934 年第 6 期。

③ 参见《国民党第四次全国代表大会决议案》，《中华民国史档案资料汇编第五辑第一编》，江苏古籍出版社 1994 年版，第 336 页。

略地位日益突出,引起了更多国人对新疆的格外关注。如当时有识之士即指出开发新疆、西北对全国的重要性。"要巩固新疆,一定要开发西北,开发西北,即所以巩固新疆,并且是为全中国开一生路。"①而新疆之所以发展迟滞,变乱迭起,都与背后隐藏的帝国主义列强的险恶用心有关。② 而只有开发发展新疆,才能确保我国的西北地区安全,才能最终保障国家安全。"盖新疆者,中国西北之屏藩也。屏藩若撤,西北即亡,秦、陇、青、宁,难图安枕。果尔,则沿海既不堪守,边腹又不能保,所谓泱泱大国,尚有立足地耶?"③

　　鉴于新疆和西北在全国的重要战略地位,从南京临时政府、北洋政府到南京国民政府,都先后不遗余力制定出台了许多移民实边的政策和开发西北、新疆的措施,如南京临时政府的《殖边银行则例》,北洋政府的《边荒承垦条例》,南京国民政府的《移民实边案》、《边疆移垦办法大纲草案》等,都体现了对开发发展新疆的重视。抗战时期,更是从政界到学界都希望把西北建设成为国家安全的后方基地,期望新疆经济快速发展,推动西北经济的发展。南京国民政府通过的有关开发西北的各种决议为数甚多。而当时无论是政府还是国人都一致认为应当全面开发边疆,通过大力举办屯垦、改善交通等方式加强新疆等边疆省区,应对列强侵扰的能力。"东北与西北及西南之开发,关系中国全民族之生存,自苏俄环绕新疆境外铁路完成及其与西伯利亚铁路接轨以后,对华侵略

---

　　①　褚民谊:《新疆事件与开发西北》,《新亚细亚(新疆与回族专号)》1933年第5期。

　　②　参见郭维屏:《南疆事变与帝国主义侵略新疆之分析》,《西北问题研究季刊》1934年第1期。

　　③　吴绍璘:《新疆概观·绪论》,仁声印书局1933年版,第2页。

势成常山之蛇,西北形势更属危急,屯垦事业应即举办。"①对此,在南京国民政府实际掌控新疆之后,即陆续制订了开发大西北的计划,1946年3月国民党六届二中全会通过《对于边疆问题报告之决议案》,提出加强边防的经济文化建设,应加拨专款责成各该主管机关拟定实施方案,迅速进行。

但是,由于种种原因,这些政策、号召和计划基本没有最终得到实施。首先,由于外患严重以及国内局势动荡,民国中央政府无暇顾及新疆,中央政权更无力支持新疆经济开发与发展。因此计划只能停留于纸面,更不要说进行长远的开发经营与全面扶持了。而在新疆这样以绿洲为基础的经济社会中,"建立并维持灌溉制度所必需的水利工程,要想完全由私人完成是不可能的,无论他是怎样一个富足的地主,水利工程必定要由国家经营"。② 因此,没有中央政府的大力扶持,新疆的开发和发展只能是一句空话。其次,在中央政权不稳乃至更迭频繁的民国时期,中央缺乏对边疆地区的有效控制和治理,导致新疆处于实际的割据状态。新疆地方政权内部秩序混乱、斗争激烈,掌权者为自身之权力不惜一切代价,采用暗杀、战争乃至出卖新疆利权、投靠外国的做法以维持其统治,并不止一次导致出现全疆的社会动荡和民族仇杀。在这种局面下,新疆经济发展缺乏稳定的环境,更没有政府统一的规划和持续的政策支持。因此,新疆经济的衰败、民生的艰难、社会的混乱是必然的。

---

① 中国第二历史档案馆编:《中华民国史档案资料汇编》(第一编政治一),江苏古籍出版社1994年版,第179页。

② [美]拉铁摩尔:《中国的亚洲内陆边疆》,唐晓峰译,江苏人民出版社2008年版,第29页。

总之,在民国时期,虽然国家提倡民族平等,并出台了一系列开发和发展边疆的政策措施。但由于民国时期,中央政权软弱无力,国家积贫积弱,这些政策措施都难以得到落实和实施。导致其效果十分有限,没有起到促进新疆发展和稳定的效果。而另一方面,缺失了中央的强力经营与治理,新疆不可避免地陷入地方军阀争夺的漩涡。军阀们为其个人利益,不惜挑动民族对立乃至民族仇杀,严重破坏了新疆经济发展的社会环境。正如包尔汉在《新疆五十年》中所言:几个世纪以来,这里的统治者都在(新疆)各族人民中间制造矛盾,挑拨各族关系,使他们互相敌视,一旦有事,和平居民不免遭到迫害或屠杀。所以居民们不得不追随他们认为可以寄托的武装,流转各地或困守在城堡里。[①] 在这种情况下,新疆的发展和稳定自然无从谈起,国家的政策措施也不可能得到落实和获得成效。

第三节　民国时期新疆发展迟缓、社会动荡与国家政策扶持缺失

历史上,历代王朝对新疆的经营治理,虽然各有特点,但都以中央政府的强大国力为后盾。以积极经营、大力扶持、驻军屯垦等为方式稳定新疆局势,发展新疆经济,减轻当地负担。因此每当中央王朝政治失序,国力衰退,无力继续大力经营新疆,新疆即陷入混乱失序与发展停滞的不利局面。民国时期,国内政治纷乱,中央权威失落,

---

① 参见包尔汉:《新疆五十年:包尔汉回忆录》,中国文史出版社1994年版,第138页。

国家积贫积弱,对新疆的政策扶持再度缺失,加上外国势力趁机对新疆的渗入加深,新疆社会政治更趋动荡,局势严峻。因此,民国时期新疆发展迟缓、社会动荡与国家政策扶持缺失紧密相关。

一、国家财政扶持断绝对新疆发展的严重影响

清朝统一新疆后,鉴于新疆发展稳定的实际需要,不断给新疆以财政、屯垦等政策扶持,尤其是不惜举全国之力,以协饷支持新疆发展。乾隆年间,由于新疆社会安定,虽然军政费用开支较少,清政府每年仍拨给新疆协饷达210余万两。新疆建省后,鉴于各项开支有所增加,清政府即大幅度增加给新疆的协饷数额,年均拨款额高达336万两,约占清政府年财政收入的十三分之一左右。即使到了清政府行将垮台、困难重重的清末,光绪三十年(1904)给新疆的协饷扶持仍高达298万两。宣统年间,由于新疆分担庚子赔款40万两,清政府给新疆的饷银有所下降,但仍有240万两之巨。通过每年数额巨大的协饷扶持,清政府有效维持了在新疆的统治,促进了新疆的发展和社会稳定。

但是,到了民国时期,此前由国家扶持新疆的协饷基本断绝。而此时的新疆危机四伏,内忧外患接连不断,军政费用急剧增加,如民国二年军费预算数达5579534元,导致新疆财政极度困难,严重入不敷出,"财政困难,已达极点"①。但是,财政作为维持一个地区或国

---

① 杨增新:《报新疆实业厅成立建设一切情形文》,《补过斋文牍》(甲集下),载于逄春、阿地力·艾尼主编:《中国边疆研究文库初编·西北边疆卷一(第1册)》,黑龙江教育出版社2016年版,第91页。

家行政与军事等运行的基本前提,又必须设法解决。特别是在除旧布新、百废待兴的民国建立之初,财政的重要性更是不言而喻。正如时任新疆督办的杨增新所言"共和肇造,待理百端,财政所关,尤需筹备",但困难在于"现在各省停解协饷,来源已竭",而新疆"行政各费在在需财,非就地筹划,殊难撑支危局",因此杨增新试图通过自力更生、就地筹款的方式解决新疆的财政危机。①

但是,由于新疆地处偏远,工商业发展落后,想要就地筹款解决财政问题谈何容易。无奈之下,杨增新及其之后主政新疆的军阀走上了滥发纸币、加重赋税征收的涸泽而渔的短期行为,给新疆经济发展造成了十分不利的深远影响。如杨增新除继续征收粮、草等正赋外,还千方百计征收各种"苛捐杂税",以增加财政收入。据1916—1917年到新疆考察印花税的谢彬记载:"新省杂税杂捐,名目不下数十种,除契税、牙税、当税、斗秤税外,尚有牲税、牧税、年租金、皮毛税、火印税、拿生税、过境税、洗羊毛捐、皮张变价、水磨课、水碓课、旱磨课、油磨课、葡萄秤税、蚕茧税、蚕茧行用、油税、油籽税、门市捐、山价捐、地价捐、肉价捐,及其他种种名目。"②税目之繁多,民众负担之重,由此可见一斑。

杨增新通过整顿财政,大幅增加赋税,使新疆财政收入有了大幅度的增长,正如他在1915年6月《电呈新疆赋税已重请从缓议加文》中所说:"民国成立,增新适承其乏,深知岁协为难,不能不就地筹划,于赋税之可加者,无不百计搜罗,兼之剔除中饱,涓滴归公,两三

---

① 参见陈延琪:《杨增新是如何缓解新疆财政危机的》,《新疆社会科学》1989年第1期。

② 谢彬:《新疆游记》,上海中华书局1936年版,第329页。

年来收入岁有增加……较诸开省之初,收入所加,将及四倍,较诸宣统三年收入所加,亦及一倍。虽无加赋之名,隐有加赋之实。"①但即使如此,仍然难以满足当时新疆庞大的军政开支,甚至赤字依旧惊人。如1913—1914年新疆每年财政亏欠在500万至600余万元(折银300万至400万两)左右。② 这样,民国时期,新疆民众赋税负担已极为沉重,而新疆地方财政却依旧捉襟见肘。这不仅使新疆各项事业发展缺乏财政的支持鼓励,也使得经济发展成本不断上升,而民众日益困苦,严重制约新疆的长远发展和稳定。

金树仁时期,由于扩充军队,新疆财政更加困难。为筹措财政资金,苛捐杂税更是不可胜数,加上各级官吏趁机中饱私囊,极力搜刮民膏,使本已穷困不堪的民众,更难以承受如此盘剥压榨。民生憔悴最终导致新疆爆发哈密农民起义,进而演变为民族仇杀,新疆局势全面失控,动乱更使社会财富顿减,民不聊生,经济发展陷入严重停滞和倒退,新疆的发展和稳定根本无从谈起。盛世才时期,新疆民众的赋税负担仍旧没有丝毫减轻。据统计,1944年新疆直接税如军马赋、五一税、户口税、粮草税等达22种之多,此外还在牧区强迫牧民征献军马。③ 这些繁重的赋税,加重了民众的负担,加剧了民众的贫困,民不聊生的境遇增加了社会的不稳定因素,严重阻碍了新疆的发展进步。

---

① 杨增新:《电呈新疆赋税已重请从缓议加文》,《补过斋文牍》(壬集下),载于逢春、阿地力·艾尼主编:《中国边疆研究文库初编·西北边疆卷一(第3册)》,黑龙江教育出版社2016年版,第1044—1045页。

② 参见张大军:《新疆风暴七十年》,(中国台湾)兰溪出版社1980年版,第1863页。

③ 参见王拴乾:《走向21世纪的新疆》(经济卷),新疆人民出版社1999年版,第73页。

总之,由于没有国家的财政扶持等措施,导致新疆财力困难,赋税沉重,使新疆民生困苦,经济发展成本上升,进一步制约了新疆经济、社会的长远发展。而同时由于民国时期,新疆"百姓之穷,甲于他省",①民穷则容易导致"乱机隐萌",必然影响到新疆的社会稳定。如民国八年(1919),和田维吾尔民众即因赋税沉重而爆发反抗政府的事件,在北疆牧区,哈萨克牧民为躲避繁重的赋税"不得不东逃西散,自蹈流离",使北疆社会不稳定因素增加。因此,民国时期国家财政扶持断绝对新疆发展的严重影响是不容忽视的,这也是历史的宝贵经验教训。

二、国家资金、技术和人才等扶持缺失
对新疆发展的严重制约

民国时期,国内军阀割据,战乱纷争,局势动荡,始终没有形成一个对全国具有绝对控制力的强大中央政府。例如在北洋军阀统治的短短17年,共产生过5个大总统,1个临时执政,1个大元帅,44届内阁,二十几名国务总理。② 政局之混乱可见一斑。而南京政府时期,派系林立、政令依旧难以统一。同时,内忧外患严重,国家积贫积弱。因此,无论是北洋政府还是南京政府,都不可能在国家层面上给新疆发展提供强大的资金、技术和人才等方面的扶持。而另一方面,民国

---

① 杨增新:《呈整顿新疆吏治情形文》,《补过斋文牍》(甲集上),载于逄春、阿地力·艾尼主编:《中国边疆研究文库初编·西北边疆卷一(第1册)》,黑龙江教育出版社2016年版,第42页。

② 参见韦庆远:《中国政治制度史》,中国人民大学出版社1989年版,第465页。

时期新疆与中央政权也只是名义上的行政隶属关系,新疆地方军阀割据一方,中央鞭长莫及,政治不统一,经济更无从谈起。①

民国初期,内地军阀混战,中央政府无力扶持新疆发展。致使新疆各种问题困难皆需自己解决,财政更是入不敷出,杨增新向中央报告时称:新疆已至山穷水尽地步。② 但是,当时国内政局动荡,南北对峙,中央自顾不暇,根本无能力帮助新疆解决各种危机,反而甚至需要新疆的帮助。如当时沙俄强行驻军和移民阿尔泰,北洋中央感到鞭长莫及,呼应不灵,遂决定改变阿尔泰由中央直辖的体制,划归新疆直接统辖。③

为解决财政危机和经济发展所需资金问题,新疆迫不得已自行发行纸币。但由于缺乏统一管控和国家信用担保,导致纸币滥发贬值,物价飞涨。而"欲维持新疆必先维持纸币",否则"即难收拾",杨增新提出由中央拨款注入资金,逐渐收回新疆所发行的省票,"每年能收回百数十万,公家有收回之举动。此项纸币即可增涨价值"。④但主政的北洋政府,财政拮据,自身难保,根本无力实施如此庞大的资金支持措施。此后,鉴于纸币信用问题关乎新疆的发展稳定大局,1934年1月19日新疆省政府再次请求南京国民政府,希望用中央银行的钞票兑换省票,以整顿新疆财政金融。电称:"由中央国库筹措现

---

① 参见蒋超群:《国民政府三十年代西北开发中的垦殖业》,《青海社会科学》2003年第1期。

② 参见张大军:《新疆风暴七十年》,(中国台湾)兰溪出版社1980年版,第1861页。

③ 参见陈慧生、陈超:《民国新疆史》,新疆人民出版社2007年版,第37页。

④ 杨增新:《电呈请筹款收回纸币文》,《补过斋文牍》(壬集上),载于逢春、阿地力·艾尼主编:《中国边疆研究文库初编·西北边疆卷一(第3册)》,黑龙江教育出版社2016年版,第1034页。

洋一千万元,拨给新疆省政府整理财政,并分配于教育、实业、交通诸要政之需,仍以新疆全省关税作抵,分期归还。"但南京国民政府内外交困,自顾不暇,以"核与全国财政会议决议取缔各省擅设银行发行纸币案抵触,自难照办,并请由中央银行借拨一千四百四十万元,以作该行新币兑换准备金一节,更属无此办法"的理由加以拒绝。

这样,民国时期新疆由于缺乏资金以及技术和人才,致使近代交通业、工业发展缓慢,设施十分简陋。1920年以前,新疆甚至没有公路设施,交通基本依靠清代遗留的驿站系统和古代传统运输方式。由于财政困难又无中央扶持,杨增新不得不先后拒绝了借外债修筑新绥(绥远)公路和集资修筑张家口至迪化公路客运等建议。① 而杨增新修建的库车至和田的道路,只能是一条设有驴站和马站的传统道路,由迪化到和田需一个月左右的时间。1920年,新疆才修建了第一条可以通汽车的公路,随后能够通行汽车的公路也仅增加到5条干线,分别为迪化至伊犁、塔城、古城、喀什、哈密。金树仁上任之初整修了迪化至古城、迪化至吐鲁番、古城至星星峡等公路。但这些公路十分简陋,客运车次少,不定期等,难以改观这一时期疆内整体的交通落后状况,更无法与内地相比。当时"新疆交通迟滞,不第欧美各国所无,即在本国行省之中,亦属鲜有"。②

盛世才在依靠外部势力稳定新疆局势后,也着手公路等交通建设,汽车数量、运输货物量因此都有一定增加,但这并没有改变新疆落

---

① 参见杨增新:《咨覆交通部归古汽车应从缓办文》,《补过斋文牍续编》(卷一),载于逢春、阿地力·艾尼主编:《中国边疆研究文库初编·西北边疆卷一(第4册)》,黑龙江教育出版社2016年版,第1375页。

② 谢彬:《新疆游记》,上海中华书局1923年版。

后的交通面貌,与内地交通仍旧相差甚远,而疆内很多地方仍依靠牲畜为交通工具。如当时喀什到迪化驼运需耗时两个月,严重抑制了新疆经济的发展。国民党时期,尽管张治中非常重视新疆交通,制订建设计划,但由于新疆局势动荡,国民政府日薄西山,交通依然处于困境之中。"1940年代末,全疆仅有营运汽车300辆,而能使用的不到1/3。"①

同时,由于新疆政局动荡,社会动乱时有发生,致使交通发展受到较大影响,动乱亦使车辆无法通行。如1933年成立的新绥汽车公司,由绥远通车至迪化,对改善新疆与内地的交通具有重要意义。但由于金树仁时期新疆动乱,新绥交通断绝三年,"去年绥省府派代表乘新绥汽车赴新与新省当局商洽通车办法,在新滞留经年,终以战事关系及各方面之阻力,无结果而返"。至于邮电通讯,民国时期,还基本上沿用清末以来新疆的电报、邮政,总局在迪化,另有多个分局,而且管理混乱,异常腐败,②也无法有效为新疆的信息传播交流、经济发展和商贸往来提供服务。

再看工业与商贸等方面,由于没有中央在资金、技术、人才等方面的支持,再加上苏联等大国乘机侵入新疆,掠夺控制新疆经济资源,导致新疆工业发展滞后,商贸严重依赖苏联。如至1949年,"全疆工业总产值(按当年价格计算)仅有0.95亿元,只占工农业总产值的4.2%。在3.29万个生产单位中,城乡个体占99%,各类企业仅占1%"。③同时,恶劣的社会与经济发展环境使本就数量不多的近代纺织企业纷纷倒

---

① 周泓:《民国新疆社会研究》,新疆大学出版社2001年版,第206页。
② 参见谢彬:《新疆游记》,上海中华书局1936年版,第134—135页。
③ 王拴乾:《走向21世纪的新疆》(经济卷),新疆人民出版社1999年版,第59页。

闭,传统手工纺织业也濒临绝境,至1949年全疆仅有小型纺织企业和手工作坊45家,纺织工业产值仅有2309万元。[①]

在商贸方面,以新疆丝、棉等贸易为例,和田生丝产量1942年为7000担,均出口苏联。1943年由于新苏关系恶化,和田产量降为2000担,且无销路。1943年,吐鲁番棉花种植面积较往年减少了一半,产量由上年6.7万担下降到2.3万担。而进口苏联的商品也断绝,生活物资奇缺,商人囤积货物,高抬物价。各商店缩小营业,市场萧条,商品奇缺。[②] 国民党时期,新疆粮食、肉食等大量减产,民众"日日在闹粮食的恐慌,日日在闹油盐的缺乏,市民最低限度的温饱都不可得",商贸和经济服务社会和民生的作用严重下降,新疆的发展和稳定也就失去了物质基础。

在人才方面,由于缺失中央政府的强力经营管理和扶持引导,新疆各类人才极度缺乏,不仅严重影响到新疆工农交通等行业和教育、卫生等事业的发展,更造成新疆管理、行政的极度低下和腐败横行。"新省地居边远,贤者罕至,则吏才难得;布哈错居,风俗偷惰,则民智难开;田野久荒,赋税极薄,则财用难裕;强邻密迩,交涉纷繁,则边患难防。"[③]而新疆地方官员"多自万里而来,其来既难,归亦不易。一旦得官,即以缠回为鱼肉,横征暴敛,为全国所无……今新疆知事在任者多搜括民财,卸任者多亏空公款,人人有日暮途穷之思想,无

---

① 参见王拴乾:《走向21世纪的新疆》(经济卷),新疆人民出版社1999年版,第60页。

② 参见厉声:《新疆对苏(俄)贸易史》,新疆人民出版社1993年版,第497页。

③ 王学曾:《补过斋文牍序》,《补过斋文牍》,载于逄春、阿地力·艾尼主编:《中国边疆研究文库初稿·西北边疆卷一(第1册)》,黑龙江教育出版社2016年版,第22页。

非孳孳为利,饱则思飏……不知联络百姓"。①

总之,纵观民国时期,由于没有国家在资金、技术、人才等方面的大力扶持,致使新疆经济凋敝、发展迟滞、民生困苦,严重影响到新疆的发展稳定形势。

三、国家对新疆管理经营严重不足对 新疆发展稳定的严重后果

民国时期,中国没有建立起一个真正意义上完全统一的、强大的中央集权政府,国内四分五裂,中国陷入了一种无序的社会状态。这一时期,军阀割据,各派系为了争夺中央统治权及维护自身利益,战争不断,使社会经济雪上加霜。资金的缺乏,中央政府的弱势状态,使其根本无力顾及地处西北边陲的新疆,更谈不上强有力的行政管理和经营开发。这就使得民国时期国家对新疆的管理经营总体缺失,导致新疆政局动荡,发展稳定主要维系于军阀个人的能力素养。而对于处在内外交困、内忧外患的新疆来说,仅靠地方军阀的能力和努力显然是难以保障其较长时期的发展稳定的。这也是民国时期新疆社会动荡、发展迟滞的重要成因。

"自清朝开辟西域,以迄改建行省,历次大军西征的军费和承平时期协饷之所耗,中原金钱花在新疆的,早已不可胜数。中原对新疆的负担如此其重,倘若一旦掌握不住,那么外有强邻之虎视,内有外

---

① 杨增新:《呈整顿新疆吏治情形文》,《补过斋文牍》(甲集上),载于逄春、阿地力·艾尼主编:《中国边疆研究文库初编·西北边疆卷一(第1册)》,黑龙江教育出版社2016年版,第42—43页。

蒙古的狠贪,只怕此意大好河山即将沦于异族之手"。① 因此,新疆的发展稳定与国家的大力扶持经营是分不开的。随着民国时期国家对新疆的这种大力扶持缺失,民国新疆整体的发展稳定形势自然更为严峻,民国中央政府的权威也因此受到严重削弱,中央政府对地方事务的影响也更加微弱。而这又给了"双泛"思想泛滥和分裂势力蔓延渗透以可乘之机,严重影响新疆的发展稳定。

这样,在缺失国家层面的大力扶持和有效管理经营的情况下,民国时期新疆地方的实际控制者的能力素养、施政观念、措施对新疆发展稳定的影响就迅速凸显。虽然在内外交困的处境下,他们努力的收效往往受到很大影响,但在别无选择的情况下,他们的积极应对、尽力争取仍然具有稳定新疆局势、推动区域发展的重大意义。以杨增新时期为例,杨增新统治新疆时期,他竭力为稳定新疆社会秩序、维护社会经济的发展作出努力,虽然受到新疆地区本身的民族、宗教、交通状况等影响,更受到俄、英等帝国主义势力在新疆角逐的限制,以及他本人能力认知水平的制约,但仍取得了一定的发展成就。

特别是从 1911 年至 1918 年间,在他的积极推动和努力下,新疆大兴屯垦、兴办实业,取得了难能可贵的成绩。如从 1911 年至 1918年,全疆耕地面积净增 140 多万亩,粮食产量由 1915 年的 660 多万石增加到 1918 年的 800 多万石,基本达到了民食、军食自给自足,缓解财政困难,安置游民,稳定社会的目的。② 同时,积极兴办实业,认

---

① 白振声主编:《新疆现代化政治社会史略》,中国社会科学出版社 1992 年版,第 103 页。

② 参见王夏刚、朱允兴:《试论杨增新的民本思想》,《兰州大学学报》1998 年第 3 期。

为"实业不兴,破国亡家必由于此"①,"窃维开拓利源,首在振兴实业"。② 同时,他也意识到这也是解决新疆财政困难的重要途径。"新疆财政困难已达极点。欲期财政充实,端资实业以开源……财政实业互有密切关系,去一不可者也。"③因此,他积极鼓励发展实业,为新疆兴办了一批实业企业。最后,他还通过奖励垦荒等方式解决游民的生计问题,并指出新疆长治久安与民生之间的重要关系。"新疆地广人稀,藉旷土以安插游民,实为对症之良药。游民各有产业,将渐变为土著,而地方秩序可以维持,而无破坏之心,久安长治必由于此。"④因此,在他的积极努力下,新疆渡过了民国初期协饷断绝、内外交困的极其困难境地,并取得了一定的发展稳定成就。

但是,随着杨增新被刺身亡,他的努力和政策措施也随之戛然而止。新的新疆主政军阀金树仁由于能力低下,任人唯亲,对新疆发展稳定形势缺乏准确判断,导致其在许多问题上"一味以行政、武力等强制手段来解决,从而导致民族矛盾日益复杂和尖锐化"。⑤ 再加上他任人唯亲"一切行政,唯金崔之言为决,然此诸人皆贪婪横暴,无

---

① 杨增新:《补过斋日记》卷 5,1921 年上浣刻本,第 64 页。

② 杨增新:《呈报吐鲁番开办模范纺织工厂文》,《补过斋文牍》(丁集下),载于逢春、阿地力·艾尼主编:《中国边疆研究文库初编·西北边疆卷一(第 1 册)》,黑龙江教育出版社 2016 年版,第 96 页。

③ 杨增新:《呈报新疆实业厅成立建设一切情形文》,《补过斋文牍》(丁集下),载于逢春、阿地力·艾尼主编:《中国边疆研究文库初编·西北边疆卷一(第 1 册)》,黑龙江教育出版社 2016 年版,第 91 页。

④ 杨增新:《训令各县开渠垦荒安插游民文》,《补过斋文牍》(丁集下),载于逢春、阿地力·艾尼主编:《中国边疆研究文库初编·西北边疆卷一(第 1 册)》,黑龙江教育出版社 2016 年版,第 391 页。

⑤ 娜拉:《民国新疆地方政府对游牧民族的统治政策》,《中国边疆史地研究》2008 年第 1 期。

恶不作。故施行诸政,乖谬百出",①甚至还出现了民谣所唱的"早上学会河州话,晚上便把盒子挎"的任人唯(乡)亲极端现象。最终,20世纪30年代初期由于在哈密实行改土归流政策中严重失误,"新任官僚贪婪压榨,更甚于回王时代,民失所望,转成怨恨"②,最终引发了哈密农民起义,引起全疆动乱。这样,新疆再次由治而乱,最后演变为全疆的大动乱、大仇杀,社会处于崩溃的边缘,给全疆社会经济、民族感情等造成了极其严重的破坏。据统计,到1933年,因连年战乱仅造成荒废的耕地就达6800000亩之多。③

此外,战乱使村庄化为废墟,民众不堪其苦,战乱后"头堡村,这个村子,现在除了一堆黄土以外,什么也没有剩下……二堡,村子里只剩下少数几栋房屋了,除此之外,整个低洼地的部分都被夷为平地了。一个人,甚至连一条狗都没有见到"。④"我们看到了一片可怕的荒废了的土地和一些被彻底掠夺了的人民。"⑤整个新疆陷入"民穷财尽,人不聊生"⑥的极端困难境地。对此,除金树仁个人的严重失误与举措失当外,也与国家层面上的管理经营完全缺失不无关系。

---

① 张大军:《新疆风暴七十年》,(中国台湾)兰溪出版社1980年版,第2728页。

② 张大军:《新疆风暴七十年》,(中国台湾)兰溪出版社1980年版,第2735页。

③ 参见新疆社会科学院历史研究所:《新疆简史》第三册,新疆人民出版社1980年版,第221页。

④ [瑞典]斯文·赫定著:《马仲英逃亡记》,凌颂纯、王嘉琳译,宁夏人民出版社2003年版,第50、51页。

⑤ [瑞典]斯文·赫定著:《马仲英逃亡记》,凌颂纯、王嘉琳译,宁夏人民出版社2003年版,第208、209页。

⑥ 《新疆各族联合会给南京政府的电文》,1933年4月13日,藏于新疆社会科学院历史研究所图书资料室。

正如金树仁在《关于中原多事中央对于西北措施恐难实施给王仲英的电》中所说:"中央对于西北,虽积极进行,但中原多事,闽桂纷扰急切,恕难实施。"①另外,金树仁曾拟就了一个在新疆境内修筑公路的庞大计划,南京国民政府虽对此"明令嘉奖",但决议"缓办"。②因此,正是在这两方面不利因素的作用下,造成了 20 世纪 30 年代初期新疆严重的发展稳定危机。

而在苏联的强势支持下主政新疆的军阀盛世才,依靠苏联给予的大量的资金、技术援助,迅速稳定了新疆局势,并在短期内使新疆社会经济有所恢复发展。在这里,苏联扮演了从国家层面上给新疆大量资金、技术、人才乃至军事方面支持援助的角色。虽然在客观上有效维持了新疆的发展稳定形势,但却致使新疆政治经济上严重依附于苏联,严重威胁到我国的主权。而在苏联势力被驱离新疆后,盛世才发展稳定新疆的能力迅速下降。

总之,由于民国时期国内政局动荡,中央政府在国家层面上无法给新疆发展稳定提供强大的资金、技术、人才等支持,更不能为新疆提供强有力的全面管理和经营开发服务,导致新疆发展稳定主要维系于当地军阀的个人能力素养乃至国外势力的支持。而由于主政新疆的军阀能力素养各有不同,所面对的内外部环境不断变化,造成新疆的发展稳定形势难以得到有效保障,不时陷入动荡与混乱之中,严重制约新疆社会经济的发展和民生改善,致使民国时期新疆发展迟滞,社会动荡,民生艰难。

---

① 金树仁:《关于中原多事中央对于西北措施恐难实施给王仲英的电》,藏新疆档案馆 1931 年—政 2—2—1083—138。

② 买玉华:《金树仁主政新疆五年述评》,《新疆社会科学》2011 年第 5 期。

第四章　新中国成立后至改革开放前（1949—1978）新疆的全新发展与国家政策扶持

新中国成立后,伴随着人民解放军进军新疆与新疆和平解放的实现,新疆的历史翻开了崭新的一页。在党和国家的高度重视和亲切关怀下,新疆的经济社会发展、民族关系等都进入了一个全新的历史发展时期,取得了前所未有的全面改善和历史进步。同时,国家先后通过各种政策扶持措施,全方位扶持推进新疆经济社会的快速发展,各民族生活的改善和各项社会事业的进步,促进了新疆的全新发展和全面发展稳定。

第一节　新中国成立后国家政策扶持新疆全新发展与民生改善

新中国的成立与新疆和平解放,开启了新疆历史发展的新纪元。从此,新疆各族人民摆脱了旧中国受压迫受奴役的历史,走向了全新的各民族平等、团结、共同发展繁荣的社会主义康庄大道。在党和国家的关怀与全面政策扶持下,新疆经济社会发展焕然一新,各族人民翻身当家做了主人,民生状况得到极大改善。

一、新中国成立前新疆经济发展的
极端落后与民生凋敝

新中国成立前,新疆长期处于历代反动政府的统治压迫之下,经济停滞凋敝,发展极为落后,人民生活困苦不堪。在农业方面,落后腐朽的封建农奴制处处可见,广大农牧民生活在封建王公、领主、伯克的残酷剥削压迫之下,生产方式极为落后原始,根本谈不上有什么做人的权利和尊严。长年辛苦劳作的果实大部分被剥削殆尽,只能过食不果腹、衣不蔽体的悲惨生活,民生之艰难甲于全国。据统计,1949年全疆人均粮食仅为195公斤,棉花仅1.17公斤。在工业方面,新疆由于经济极为落后,极度缺乏资本、技术等发展工业的条件,致使新疆几乎没有现代工业,连一寸铁都不能生产。当时新疆省会迪化只有一个小小的发电厂,伊犁有一个始建于清代的皮革厂,全疆仅有作坊式工业企业363个,且大部分处于停业半停业状态。[①] 因此,新疆工业发展极为落后,绝大部分工业品需要依靠进口才能解决。这就导致新疆工业品价格长期居高不下,严重影响制约各族人民的生产生活。例如当时要用797公斤小麦才能换到一匹白布,100多公斤小麦才能换到一把坎土曼,一

---

① 参见中共新疆维吾尔自治区委员会党史研究室:《中共新疆地方史》第一卷,新疆人民出版社1999年版,第134页。

只绵羊才能换到一块砖茶。① 而落后的交通状况也是制约新疆发展的又一重要因素,当时新疆没有铁路,公路通车里程极为有限,交通运输还主要依靠落后的马车、驮运等方式。

新中国成立后,国家根据新疆、西藏等民族地区经济发展极为落后、民生状况极为艰难的现实,先后出台了一系列经济扶持政策措施,其内容涵盖财税、贸易、金融、扶贫、扶持人口较少民族发展等政策措施,切实体现了党和政府对扶持少数民族地区发展繁荣的高度重视和部署安排。其实质是党和国家调动特殊的资源,扶持、帮助少数民族地区发展经济及文化、教育等各项社会事业。随着这些经济扶持政策的实施,极大地促进了新疆经济社会的发展和民生的改善。

二、新中国成立后在国家财税、贸易等扶持政策推动下新疆财力增强经贸全新发展

(一) 财政扶持政策

财政扶持政策对于发展新疆等民族地区社会经济、恢复促进生产发展、缓解地区财政紧张状况具有重要作用。新中国成立初的20世纪50年代,面对新疆等民族地区经济十分落后、人民极其贫困、财政非常困难的情况,我国在民族地区实行"财政补助"的照顾政策,对此,国家于1955年设立了"民族地区补助费"。60年代进一步发

---

① 参见中共新疆维吾尔自治区委员会党史研究室:《中共新疆地方史》第一卷,新疆人民出版社1999年版,第134页。

展为实行"财政适当照顾,必要补助"的照顾扶持政策,即国家预算每年安排一笔少数民族补助费作为民族地区特殊性开支专款,民族自治地方的上年结余资金和当年预算执行过程中超收分成收入,都留归民族自治地方安排使用。① 这有效增加了新疆的财政能力。

同时,为适应民族地区经济文化事业发展的需要,国家又于1964 年设立了"民族地区机动金",并实行提高民族地区财政预备费设置比例等扶持政策。1964 年 2 月 7 日,财政部颁布《财政部关于计算民族自治地方百分之五机动资金的具体规定》,国家每年按照上年的经济建设事业费、社会文教事业费、行政管理费及其他事业费(不包括基本建设拨款和流动资金)的支出决算数,另加 5% 的机动金,用于经济建设、社会文教、行政管理和其他事业支出。另外,国家还明确规定民族地区财政应有一定范围的自主权,地方财政收支结余上缴中央、不足部分由国家补助,同时国家还发放生产补助费、卫生补助费、社会救济费及无息贷款等补助专款。从 1968 年起,国家财政实行收支两条线的管理办法,对民族地区财政支出仍然给予必要的支持,并设置补助专款照顾民族自治地方经济和文化事业发展需要。总之,这一时期国家对民族地区实行了较为优惠的多种财政扶持政策,这些扶持政策的实行为新中国成立初期缓解民族地区的财政困难、恢复生产和经济发展发挥了重要促进作用。

(二)税收优惠政策

新中国成立后,国家长期通过税收优惠政策扶持新疆等少数民

---

① 参见张丽君等:《中国民族经济政策回顾及其评价》,《民族研究》2010 年第4 期。

族地区经济的发展,并根据区域特点与民族特色以及地区经济发展特征,采取不同的税收优惠政策,以达到减轻民族地区经济负担、加快促进其发展的目标。如为加快民族地区基础产业农牧业的发展,国家从 20 世纪 50 年代即开始实行对民族地区农牧业的轻税政策,对生活困难的民族地区减征农业税,并一直延续实行至今。具体来说就是对民族地区农业长期实行"依率计征、依法减免、增产不增税"的轻税政策,对牧业采取轻于农业和城市的税收优惠政策,对边疆民族地区实行减免工商税及税收负担轻于内地的税收照顾政策。这些轻税政策的实行,对新疆生活贫困的少数民族农牧民来说,非常有利于休养生息,发展生产,改善民生。70 年代末,国家对民族地区实行税收减免和优惠税率照顾政策,对边境县和自治县乡镇企业免除工商所得税 5 年,对民族八省区基建企业降低成本,对实行民族贸易三项照顾地区的供销社免征所得税,民族用品手工业企业所得税也实行定期减征。

(三) 贸易照顾政策

为扶持民族贸易的发展,早在 1951 年第一次全国民族贸易会议上,国家就确定了对民族贸易企业实行价格补贴,特殊供应偏紧的商品实行计划供应,对部分商品实行价格补贴的民贸照顾政策。1952年全国民贸工作会议进一步确定,国家对民族贸易企业暂不规定上缴利润,民族贸易企业资金来源 80% 由国家投资,20% 由银行贷款解决。[1] 1963 年国家开始实行利润留成照顾(利润留成为 80%,一般

---

[1]　参见张丽君等:《中国民族经济政策回顾及其评价》,《民族研究》2010 年第4 期。

企业为50%)、自有资金照顾(批发与零售企业自有资金为50%和80%,不足部分由财政拨补)、价格补贴照顾(城乡同价,对边远地区送货给予运费补贴)的民贸"三项照顾"政策。同时,为满足少数民族生产生活特殊用品的需要,国家不仅确定了16个大类、4000多个民族用品品种,而且还实行建立专门生产基地、优先保证生产资金和原材料供应、减免税收、低息贷款、运费补贴等照顾政策。例如今新疆和田地区当时每年即获得400万至500万的民族特需用品补贴和照顾,有效保障了和田地区的民族特需用品供应。

(四) 援助支边政策

新中国成立后,党和国家根据新疆、西藏和边远民族地区革命和建设的需要,陆续制定了一系列有关援疆、援藏和支边的相关政策措施。通过保障支边人员的相关待遇和给予特别补贴,积极选派了大批干部和各类专业人才到新疆、西藏及边远民族地区工作,使我国民族地区的社会主义民族关系不断得到巩固和发展,有力促进了这些地区的经济发展和民生改善。例如,新中国成立初期的五六十年代,在党和政府的大力倡导下,我国掀起了支援边疆、建设边疆的热潮。众多青年和有志之士怀着"到祖国最需要的地方去"的信念,投身到边疆民族地区的建设中。仅到新疆的人数就有百万之众,其中上海知识青年就有10万人。他们大多在新疆工作长达40年以上。为新疆的建设和发展作出了巨大贡献。到20世纪80年代,随着国家对民族地区发展与援助的更加重视,各民主党派和全国工商联开展了对民族地区的经济咨询服务和智力支边活动。此后,援助支边政策逐步发展为大规模的对口支援政策。

总之,在上述国家民族经济扶持政策的推动下,新疆经济不仅迅速得到恢复,而且开创了有史以来经济迅速发展的新高峰。到改革开放前,新疆不仅实现了工农业的快速发展,涌现出了乌鲁木齐、克拉玛依等大中型现代化工业城市,而且一大批中小城市和现代工业企业如雨后春笋般出现。工业特别是重工业初具规模,农业生产正在向机械化、现代化不断迈进,在国家政策扶持与各族人民的努力下,一个又一个经济发展奇迹在新疆诞生。例如北疆出现了大片棉花种植,打破了北疆不能种植棉花的神话。克拉玛依油田成功建成,兰新铁路顺利通车,各族人民的生活状况前所未有地得到改善,民族特殊用品、商品大量及时供应。这些都表明,只有在党和国家的关怀领导下,在一系列扶持政策的推动帮助下,新疆才能获得有史以来的全新发展和全面进步。

三、新中国成立后新疆在国家民族发展政策 扶持下政治、人口、社会事业极大进步

新中国的成立是我国历史发展的新纪元,从此一个人民当家作主,各民族平等团结、共同发展繁荣的新时代出现在世人面前。同时,也开启了新疆跨越式发展和长治久安的序幕。面对自古以来新疆各民族长期受压迫奴役的历史,以及新疆政治、教育、社会事业极其落后的困境,国家迅速出台了一系列民族发展扶持政策,全面推动新疆等民族地区的政治进步,教育、人口等社会事业的发展。

（一）实施促进实现民族当家作主和共同发展的民族干部培养选拔政策

民族干部的培养选拔任用，是实现各民族当家作主和共同发展繁荣的重要前提和有效途径。新中国成立初期，针对新疆等民族地区迫切需要发展稳定的现实，毛泽东就明确指出："要彻底解决民族问题，完全孤立民族反动派，没有大批从少数民族出身的共产主义干部，是不可能的。"①周恩来也多次强调"培养少数民族干部是今后的一项重要任务"②。因此，在老一辈党和国家领导人的亲切关怀指导下，我国的民族干部政策通过照顾性的干部培养和选拔方式，迅速建立起一支能够与社会发展相适应的民族干部队伍，有效促进了新疆等民族地区的经济发展与社会进步，并以此来实现民族区域自治，维护和平衡各民族之间的利益关系，从根本上促进各民族平等团结和共同发展，实现共同繁荣。为此，国家先后出台了一系列具体相关扶持与照顾措施，来帮助促进少数民族干部的培养成长。

首先，在民族干部培训学习中，实行经济资助、公费待遇。新中国成立后，对各民族学院、各民族干部学校和各民族干部训练班的学生，均按照供给制待遇。同时，对考入高等学校的少数民族学生，也一律公费待遇。而对于少数民族中学，除公费待遇的民族中学外，还在一些指定的中学设立民族学生的公费名额。这些都为少数民族参加干部培训和接受正规教育保障了相关待遇问题，解除了他们的经

---

① 《毛泽东文集》第六卷，人民出版社 1999 年版，第 20 页。
② 钟世禄等：《中国共产党在边疆少数民族地区执政方略研究》，云南人民出版社 2010 年版，第 33 页。

济负担和后顾之忧。这对于经济相对贫困落后的新疆各少数民族来说,意义重大,有助于他们迅速摆脱经济束缚,积极参加学习培训和提高政治文化素质。例如,在上述政策的支持推动下,仅在新疆地方干部培训学校,从 1950 年 3 月到 1951 年 8 月两期即培训毕业 13 个民族的学生 1382 人,同时还有在校学员 1450 人。[①]

其次,为加快少数民族中高级干部的培养步伐,国家在中央党校、中央民族学院开办新疆班、西藏班,专门为新疆与西藏自治区培训中高级民族干部。同时,在民族干部选拔录用等方面采取照顾优先政策,如新中国成立初期实行优先选拔民族地区当地干部群众等政策。例如,新中国成立后,仅在新疆阿克苏地区,在改造乡村政权中就培养提拔了 3350 多名当地干部群众。[②] 而在干部选拔任用实行公务员统一招考制度后,党和政府仍然采取在公务员招考录用中对民族考生实行降分照顾政策,以及在企事业单位干部招收中优先吸纳少数民族人员政策等。在这些扶持政策措施的促进推动下,我国的民族干部队伍迅速发展壮大,民族干部人数持续快速增长。据统计,全国少数民族干部 1949 年仅为 4.8 万人,到 1966 年已发展到 80 万人;改革开放后,到 1988 年进一步发展为 184 万人,2006 年又进一步增加到 291.5 万人。[③] 而随着民族干部队伍的迅速发展壮大,我国各民族当家作主和民族平等正在加速实现。

---

① 参见刘荣:《中国共产党民族干部政策研究》,社会科学文献出版社 2010 年版,第 101 页。

② 参见汪峰:《西北各族人民两年来在毛泽东旗帜下团结前进》,《民族政策文献汇编》,民族出版社 1953 年版,第 135 页。

③ 参见刘荣:《中国共产党民族干部政策研究》,社会科学文献出版社 2010 年版,第 103、123、133 页。

此外,在干部名额与构成比例上重点向民族干部倾斜,增加民族干部比例,扩大民族干部队伍,如少数民族人大代表、政协委员名额照顾政策等。例如,新疆各级民族自治地方的政府主席、州长、县长,均由实行区域自治民族的公民担任。截止到2010年,在自治区人民代表大会代表中,民族代表的比例都高于同期少数民族人口在新疆总人口中的比例约5个百分点。① 在历届全国人民代表大会的新疆代表中,民族代表所占名额的比例都在63%以上,均高于同期在新疆人口中所占的比例。②

总之,为促进少数民族地区的发展,党和政府在民族干部选拔录用、教育培训等方面采取了诸多扶持照顾政策,以帮助少数民族地区加快培养民族干部,从而为保障少数民族广泛积极参与行使本民族管理与国家管理的权利奠定了政治基础和组织保障。六十多年来的实践经验一再表明,党的民族干部政策高度重视培养、教育和使用民族干部,充分体现了党实现民族平等、共同发展和民族区域自治的宗旨。以新疆为例,六十多年来,在党的民族干部政策指引下,新疆少数民族干部人数由和平解放初期的3000人左右,增加到1955年自治区成立时的4.7万人,再到现在的33.8万人,是解放初期的112.8倍,占全区干部总数的52%。少数民族专业技术人员达到25.6万人,占全区专业技术人员总数的56%。③ 这

① 参见新疆维吾尔自治区统计局编:《新疆统计年鉴2010》,中国统计出版社2010年版,据第92、604页数据计算所得。
② 参见刘荣:《中国共产党民族干部政策研究》,社会科学文献出版社2010年版,第173页。
③ 参见杨发仁:《新疆党的执政能力与民族工作研究》,新疆人民出版社2009年版,第24页。

些都无可争辩地表明了党大力培养民族干部,实现民族平等和共同发展繁荣的不懈努力。

（二）实施促进实现民族发展繁荣与多样性保护的民族人口扶持政策

新中国成立后,国家结合新疆等民族地区社会、经济、资源、环境和人口等实际状况,以马克思主义人口理论为基础,制定出台了特殊的照顾性少数民族人口政策,切实体现了党和政府高度重视民族多样性的保护和各民族发展繁荣。对此,除 20 世纪 50 年代初在全国进行了大规模的民族识别工作外,还实事求是地制定了一系列扶持少数民族人口、卫生等发展的政策措施,充分体现了党和政府高度重视和尊重少数民族的生存权和发展权,并切实以"保护为主"作为少数民族发展繁荣的基本原则方针。因此,在新中国成立初期,鉴于当时少数民族人口相对较少,且受到经济十分落后、卫生条件严重匮乏的民族发展制约,政府投入了巨大的人力、物力、财力改善其医疗卫生条件,恢复和发展生产,提高民众生活水平,鼓励扶持少数民族迅速发展人口。在这些措施的帮扶推动下,少数民族人口获得了较快增长。据统计,自 1964 年起至 20 世纪 80 年代初,我国少数民族人口平均增长率为 3.8%,而汉族仅为 1.3%,①少数民族人口大大超过汉族人口的增长速度。

即使在我国开始实行计划生育政策后,对少数民族仍然实施有别于汉族的照顾性计划生育政策。例如,从时间上看,少数民族基本

---

① 参见国务院人口普查办公室、国家统计局人口和社会科技统计司编:《中国2000 年人口普查国际研讨会论文集》,中国统计出版社 2005 年版,第 510 页。

上从 20 世纪 80 年代初开始实行计划生育政策,而汉族在 70 年代就已经开始。从生育数量上看,汉族一般只允许生育一个子女;而少数民族除人口在千万以上的民族外,一般都允许生育两个子女,有的民族和地区还可以生育三个甚至四个子女,在一些人口较少民族中乃至不实行计划生育。此外,在婚育年龄上也有所照顾和放宽,如部分省区的少数民族法定初婚年龄比汉族低两岁等。因此,即使在我国实行严格的计划生育国策后,仍然坚持照顾少数民族人口发展的政策。

总之,我国的民族人口政策体现了党和政府对少数民族发展繁荣的高度重视和关怀,充分反映了党和政府维护和保障少数民族的根本利益的决心,极大促进了少数民族的发展繁荣。以新疆为例,多年以来,新疆少数民族实行有别于汉族的生育照顾政策,在生育子女数、初婚年龄等方面享有特殊照顾和宽松政策,极大地推动了新疆少数民族人口的发展繁荣。1949 年新疆少数民族人口为 404 万人,到 2009 年已经增加到 1316.94 万人。①

(三) 实施促进实现民族现代发展与素质提升的民族教育扶持政策

教育是一个民族振兴的基石,是民族发展进步和提升素质的关键所在。正因为此,教育公平是社会公平的重要基础。但是在新中国成立以前,由于国家积贫积弱和民族压迫政策,导致我国的教育特别是民族地区教育发展举步维艰,根本谈不上什么教育公平。以多

① 参见新疆维吾尔自治区统计局编:《新疆统计年鉴 2010》,中国统计出版社 2010 年版,第 92 页。

民族聚居的新疆为例,"杨增新治新时期(1911—1927),新疆全省教育经费每年仅为 10 万余元,全省只有迪化、伊犁有中学,各县仅有一两所公立小学,学生人数很少,更谈不上民族教育。到新中国成立前夕,新疆也仅有一所规模很小的高等学校和 11 所中等专业技术学校,而全疆中学仅有 9 所"①。因此,其结果是"那时,绝大多数青少年得不到入学机会,学龄儿童入学率只有 19.8%,目不识丁者达 90%以上"②。新中国成立后,党和政府非常重视教育特别是民族地区教育的发展。针对民族地区地理位置偏远、人口居住分散,经济发展滞后、社会发展程度较低以及文化教育十分落后且面临重重困难的状况,决定采取特殊照顾与扶持的民族教育发展政策,政府投入大量资金,培养壮大民族师资力量,积极建设改善民族教育基础设施,以加快促进民族教育发展和教育公平。经过多年努力和发展,我国的民族教育发展取得了辉煌成就。以新疆为例,到 2009 年底,新疆已有高等院校 32 所,中等学校 1832 所,小学 3651 所,学龄儿童入学率达到 99.41%。③

同时,为使少数民族学生能够有更多机会接受高等教育,正视在历史发展过程中所形成的地区、民族差异,我国在教育招生上对民族学生采取放宽标准、优先录取等照顾政策。早在 1950 年首次制定的高等学校招考规定中,就明确提出:兄弟民族学生"考试成绩虽稍差,得从宽录取"。同时,在各民族学院先后开设民族预科班,在其

① 朱培民:《新疆与祖国关系史论》,新疆人民出版社 2008 年版,第 380 页。
② 朱培民:《新疆与祖国关系史论》,新疆人民出版社 2008 年版,第 380 页。
③ 参见新疆维吾尔自治区统计局编:《新疆统计年鉴 2010》,中国统计出版社 2010 年版,第 547、554 页。

他部分高等学校、中等专业学校和成人高等学校相继举办相当数量的民族预科班。预科教育对提高少数民族学生的文化基础知识,使更多的少数民族学生进入高等院校学习起了很大的推动作用。1953年至1961年间,高等学校招考新生又规定对少数民族考生实行"同等成绩、优先录取"原则。1962年8月2日,教育部与中央民委共同下发了《关于高等学校优先录取少数民族学生的通知》,进一步作出特别规定:少数民族学生报考全国重点高等学校和其他一般高等学校,除继续实行"同等成绩、优先录取"外,对报考本自治区所属高等学校的少数民族学生,可以给予更多的照顾。即当考试成绩达到教育部规定的一般高等学校录取最低标准时,即可优先录取。此后直到改革开放前,一直沿用与此大致相同的"照顾优先"的录取办法。改革开放后,国家继续实行放宽标准与降分照顾政策,同时大力发展民族班、民族预科班教育。总之,在以上教育扶持照顾政策措施的推动下,大大加快了少数民族人才的培养步伐,有效提升了各民族的现代化水平和科学文化素质。

总之,新中国成立后,为扶持推动新疆等民族地区的全面快速发展和社会进步,保障各民族当家作主和现代化发展,党和政府先后出台了一系列民族发展扶持政策,有效推进了新疆的全新发展和社会全面进步,实现了新疆的快速发展稳定。而随着党的民族发展政策经过数十年的发展完善和全面实施,对少数民族及地区的发展产生了巨大积极作用和深刻影响。从政策实施的效果来看,在保障少数民族的发展权利和机会平等方面起到了至关重要的作用。"从中国政府有系统地制定、实施民族(发展)优惠政策以来,这里的少数民族在社会发展和经济建设方面,都取得了有目共睹的进展。"①

第二节　驻疆人民解放军与新疆军区生产
兵团助力新疆全新发展稳定

新疆的和平解放,为新疆的全新发展和进步稳定提供了有利前提。但是,面对新疆长期发展落后、经济凋敝的困境,如何才能迅速打开局面,发展生产,改善民生? 对此,党和国家不仅先后出台了一系列扶持政策措施,还通过号召驻疆人民解放军继承发扬优良传统,积极投入生产建设,以及成立新疆军区生产兵团等重要举措,来切实减轻新疆当地民众负担,推动新疆生产发展和经济建设,助力新疆全新发展和进步稳定。

一、驻疆人民解放军的大生产运动及对
新疆各项事业发展的推动

作为多民族聚居地区的新疆来说,和平解放之初,政治经济局势十分复杂棘手。对此,驻疆人民解放军在党的领导下,充分发挥人民军队战斗队、工作队、生产队的优良传统,当即展开组织、宣传、生产等各项工作,并取得了显著成效,有力推动了新疆各项事业的发展进步和社会稳定。

---

① 纳日碧力戈:《现代背景下的族群建构》,云南教育出版社2000年版,第132页。

（一）创建新疆各级党组织和政权机构

驻疆人民解放军利用自己的组织优势,发挥工作队的作用,动员和组织各族人民群众积极参与到新新疆的建设中来,大力吸收各民族中的先进分子入党,为尽快在各地建立起党的各级组织和政权作出了重要贡献。据不完全统计,从 1950 年 1 月开始,人民解放军即逐步抽调干部战士 8000 余名,支持新疆各地区政权建设和民主改造,逐步建立起县以上各级人民政权。同时在组织农会的基础上,通过民主选举,逐步建立起区、乡人民民主政权。而随着各级人民民主政权的建立和有效运行,为此后新疆的全新发展和各项事业进步提供了有效保障。同时,针对新疆和平解放之初匪患猖獗,叛乱时有发生等严重影响新疆各族群众生命财产安全和社会稳定的严峻态势,驻疆人民解放军不仅果断出击,迅速平叛,并为防止潜匿反动分子报复群众,沿途留驻部队以保护群众生命、财产安全,并号召干部战士募捐和节约粮食,救济受害群众,从而迅速维护了新疆社会稳定,保障了各民族人民群众生命财产安全。

（二）发展农业生产

驻疆人民解放军继承和发扬南泥湾精神,发挥生产队的作用,不仅积极参加和支援农业生产,而且创办了一大批军垦农场,直接推动了新疆农业生产的发展和技术进步。中华人民共和国成立之初,为恢复和发展生产、稳定新生的人民政权,中央人民政府人民革命军事委员会就决定组织军队参加农业生产。1949 年 12 月 5 日,毛泽东主席签发《军委关于 1950 年军队参加生产建设工作的指示》指出:

"中华人民共和国的军队在和平时期,在不妨碍军事任务的条件下,应有计划地参加农业和工业的生产,帮助国家的建设工作。……因此,人民革命军事委员会号召全军,除继续作战和服勤务者而外,应当担负一部分生产任务,使我人民解放军不仅是一支国防军,而且是一支生产军,借以协同全国人民克服长期战争所遗留下来的困难,加速新民主主义的经济建设。"①根据党中央的命令,驻疆人民解放军于1950年春开始,即着手开展了大规模的农业大生产运动。1950年1月新疆军区发布大生产命令:"全体军人一律参加劳动生产……不得有任何军人站在劳动生产战线之外。……必须发动十一万人到开垦种地的农业生产战线上去。"②并要求部队生产要有长期考虑,有计划地建设军垦农场。这样,驻疆人民解放军兴修水利、开荒播种的农业大生产运动和创办军垦农场的活动就在全疆广泛展开了。

在极其艰苦的环境下,人民解放军发扬优良传统,节衣缩食,用节省下来的军费和物资,购买和自制生产工具,积极投入垦荒和农业生产。在天山南北的亘古荒原上开垦出一片片良田沃土,为新疆农业发展和技术进步作出了不可磨灭的贡献。驻疆人民解放军1950年当年即开荒96万亩,播种83.5万亩,生产粮食3290万公斤、棉花37.9万公斤、油料186.5万公斤,年末畜禽存栏18万头,无论蔬菜、肉食和粮食,都实现了自给和部分自给。③ 这不仅解决了驻疆部队

---

① 《毛泽东文集》第六卷,人民出版社1999年版,第27页。

② 新疆维吾尔自治区地方志编纂委员会、《新疆通志·生产建设兵团志》编纂委员会:《新疆通志》(第37卷),新疆人民出版社1998年版,第1105页。

③ 参见新疆生产建设兵团史志编纂委员会、《新疆生产建设兵团农业志》编纂委员会编:《新疆生产建设兵团农业志》,新疆生产建设兵团出版社2007年版,第17页。

近20万人的军需供应难题,也对稳定新疆经济、减轻各族人民的负担发挥了重要作用。同时,随着军队大生产取得初步成效,如何进一步扩大军垦生产规模、建设高水平军垦农场和提升生产的技术水平,也开始提上议事日程。

1951年在驻疆人民解放军六军党代会上,王震同志明确提出:军队要有计划地建设新式农业生产,购置农业机械,向现代化的农场发展。随后新疆军区在制订的《三年(1950～1952年)建设工程计划书》中提出:在农业方面,除了保证部队所必需的粮食、蔬菜、水果、油料外,逐步扩大棉花、甜菜、烟草等工业原料的生产;建立农业机械化集体农庄,以示范于农民。同时,在农业生产中逐步引进现代化机械设备和使用新式农具,这不仅有利于减轻农业生产劳动强度,提高农业生产率,也有利于引领新疆农业向机械化、现代化方向发展。

此后,随着1952年农业部颁布《国营农场组织规程》、《国营机械农场农业经营规章》、《国营机械农场建场程序暂行办法》等规章制度,进一步推动和规范了新疆军垦农场的发展壮大。到1952年底,驻疆人民解放军已建立军垦农场27个,耕地面积达到166.95万亩,粮食总产近5万吨,棉花0.33万吨,油料0.49万吨,牲畜存栏49万头。[1] 到1953年军垦农场进一步发展到35个,其中农场28个(机耕农场4个),牧场7个。[2] 到此时随着军队农业生产的迅速发展,不仅解决了部队的用粮问题,而且还有部分盈余粮食支援地方发

① 参见《新中国五十年——新疆生产建设兵团卷》编辑委员会:《新中国五十年——新疆生产建设兵团卷》,中国统计出版社1999年版,第380—386页。
② 参见新疆生产建设兵团史志编纂委员会、《新疆生产建设兵团农业志》编纂委员会编:《新疆生产建设兵团农业志》,新疆生产建设兵团出版社2007年版,第17页。

展,这对于新疆的经济发展和社会稳定无疑起到了重要作用。正如
1952年毛泽东主席在《中共中央关于西藏工作方针指示》中指出的
那样:"我王震部入疆,尚且首先用全力注意精打细算,自力更生,生
产自给。现在他们已站稳脚跟,取得少数民族热烈拥护。"①可见,驻
疆人民解放军大规模的农业生产活动和取得的显著成绩,切实减轻
了当地各族人民负担,支援和引领了新疆农业发展,其重要作用不仅
是有目共睹的,而且得到了党中央的高度评价。

(三) 开展水利建设

　　驻疆人民解放军发扬艰苦奋斗的优良作风,在极端艰苦的条件
下兴修了一系列水利工程,有效改善和解决了农业生产急需用水问
题,为新疆农业灌溉和农田水利事业发展作出了卓越贡献。众所周
知,新疆属于温带大陆性干旱气候,降水稀少,气候十分干燥,因此新
疆的农业生产严重依赖水利灌溉。而兴修水利,建设水利工程,无疑
是扩大农业灌溉面积、发展农业生产的关键前提条件。但在以往,由
于种种原因,新疆水利工程兴修缓慢,原有工程破败不堪,严重影响
到各族人民的生产生活。对此,驻疆人民解放军不畏艰辛,从1950
年早春即开始投入紧张的水利工程建设工作。例如,为保障当年农
业灌溉用水的需要,1950年2月21日,在春寒料峭中,王震等人民
解放军高级将领即身先士卒,率领广大解放军官兵展开了整修乌鲁
木齐和平渠的水利工程建设。经过3个月的艰苦努力,基本实现了
赶在春种前完成整修和平渠的第一期工程的目标,新增灌溉面积

---

①　《毛泽东文集》第六卷,人民出版社1999年版,第226页。

3.6万亩。这是解放军在新疆最早兴建、最早完工的大型水利工程，也是人民解放军以实际行动向新疆各族人民表明：人民解放军不仅是维护边疆稳定、巩固国防的威武之师，更是自力更生、全心全意为各族人民群众服务的仁义之师。

此后，随着驻疆人民解放军大生产运动的开展和兴起，自1950年下半年起，驻疆人民解放军集中力量先后进行了多项大规模的水利工程建设。这一时期先后完成的重要水利工程有：乌鲁木齐红雁池水库、米泉八一水库及灌渠、哈密红星一渠、新源卡普克河东西干渠、焉耆解放一渠及二渠、阿克苏胜利渠、五家渠猛进水库、库尔勒十八团大渠、玛纳斯蘑菇湖水库、玛纳斯河东西干渠、前进渠等，并疏浚了旧有伊犁皇渠等大型水利工程。为完成上述水利工程建设，据统计，从1950年到1953年，驻疆人民解放军累计投资近3300万元，以及无数解放军官兵的艰苦努力和辛勤汗水。最终实现兴修水利工程干渠82条、水库8座，有效灌溉面积达到200万亩。这些水利工程的兴修，不仅满足了人民解放军工农业生产用水的需要，而且惠及周边各族广大人民群众，切实改善和保障了他们的生产生活用水。

（四）创建工业和建筑业

驻疆人民解放军节衣缩食，为建立新疆现代工业和建筑业作出了重要贡献。众所周知，新疆是我国面积最大的省区，地域极为辽阔，各种资源非常丰富，但由于旧中国的腐败无能，无力给新疆发展现代工业以实际支持，导致新中国成立前的新疆工业发展极为落后，无法给人民发展生产和提高生活水平提供必要的支撑。新疆和平解放后，驻疆人民解放军针对这一情况，通过自觉节减军费、节衣缩食等方式积累投资资金,积极创办了新疆的第一批现代工矿企业,为新疆现代工业的发展奠定了重要基础。1951年2月,新疆军区在制订的《三年(1950~1952年)建设工程计划书》中,明确提出在工业建设方面,要从重工业的钢铁、水泥、电力及迫切需要的轻工业如纺织、面粉、制糖等做起,全面发展新疆的工业。① 但发展现代工业,所需投资巨大。对此,驻疆人民解放军除使用中央给予的一定数额投资外,其余部分主要依靠发扬人民解放军的优良传统,通过各种方式从军费中节约减省资金,积少成多,投资发展新疆工业建设。为此,人民解放军广大官兵以大公无私的奉献精神,艰苦奋斗,通过大幅度节减棉被、军服、粮食、津贴等方式,节省出巨额资金投入工业建设。据记载当时新疆军区直属部队每人每天节约口粮、菜金、津贴、军服等分别达供给标准的26%、60%、50%和50%以上,平均每人一年节约积累的资金即达91.2元左右。同时,广大官兵以空前的建设热情和自己的无私劳动投入工业建设。

　　这样,通过上述多种方式,人民解放军积累了大量资金投入到工业建设中。1951—1952年,人民解放军节约积累的资金,占当年工业建设投资总额的80%。到1952年底,仅投入到乌鲁木齐(迪化)地区的工矿建设资金总额就达8162万元,迅速建立起一大批现代工矿企业,极大改变了当地现代工业发展严重不足的面貌。而据相关统计,从1950年到1953年,驻疆人民解放军先后开工建设的工矿企业达76个,到1953年底工业总产值达4257万元。这些新建的工矿企业主要包括:六道湾露天煤矿、乌拉泊水电站、水磨沟火力发电厂、

① 参见新疆生产建设兵团史志编纂委员会、《新疆生产建设兵团史料选辑》编辑部编:《新疆生产建设兵团史料选辑》第2辑,1992年,第88页。

苇湖梁火电厂、新疆第一水泥厂、新疆第二水泥厂、七一纺织厂、八一钢铁厂、十月汽车修配厂、八一面粉厂、木工厂等大中型工矿企业。这些企业以后都成新疆现代工业的重要支柱和核心骨干。此外,为了满足部队农副产品加工和工程建筑需要,各部队还先后建立了一批小型发电厂、轧花厂、碾米厂、面粉厂、砖瓦厂、被服厂、皮革厂、陶瓷厂、印刷厂等工业企业。

为配合工农业发展的需要,驻疆人民解放军在建立新疆现代工业的同时,又迅速抽调力量,组建解放军建筑工程部队,从而开启了新疆现代建筑业大发展的序幕。早在 1950 年 10 月为解决部队的营房建设问题,以及加快为发展工业建设和民用建设服务,驻疆人民解放军迅即抽调部队,组建成立了工程处,下辖工二团、水磨沟农六团、木工厂、砖灰厂、材料总厂等 8 个单位,员工总数达1.5 万人。1953 年 6 月,又进一步成立了军区建筑工程第一师,再加上全疆各生产部队建立的小规模建筑队伍,进一步壮大了驻疆人民解放军发展现代工程建筑业的力量,为新疆发展现代工矿企业和建成一批重要工程奠定了坚实基础。从 1950 年到 1953 年,建筑工程部队共建成房屋面积近 65 万平方米,先后为中苏石油公司和有色及稀有金属公司、民航公司、八一钢铁厂、六道湾露天煤矿、十月汽车修配厂、新疆水泥厂、七一棉纺厂、八一面粉厂、克拉玛依油田等重要工矿企业的创建提供了工程建筑支持。总之,新中国成立初期,驻疆人民解放军通过各种努力,节衣缩食,不畏艰辛,以大公无私的革命奉献精神,为新疆的现代工业和建筑业发展作出了不可磨灭的贡献。

(五) 发展交通运输和商业

驻疆人民解放军也通过各种努力,修桥铺路,兴办合作社和供销社,为新疆交通运输业的发展和商业贸易的改善作出了巨大贡献。

首先,在交通运输方面,新疆和平解放之初,由于旧中国遗留下来的交通运输线残破不堪,不仅公路里程十分有限,而且路况极差,道路坎坷不平,桥涵多有坍塌损毁,难以正常通车和保障物资运输。对此,为了恢复和发展新疆的交通运输,也为了保障重要物资的运输通畅,驻疆人民解放军于1949年底至1953年,相继组织各种力量对全疆主要交通线路进行了全面查勘、整修和新修,先后修复和新建了一系列主要公路线路和重要桥涵。例如,驻疆人民解放军军区工兵第一团于1949年12月起即用短短4个多月的时间,重修了玛纳斯河大桥,再次连通了因战火毁坏中断达5年之久的乌鲁木齐和伊宁、塔城等地的交通联系。此后,从1950年至1953年,驻疆人民解放军先后修复和新修了一系列主要交通干线,如表4-1所示。

表 4-1

年份	修复或新修公路	长度(公里)
1950	白杨河—喀什(修整)、喀什—于阗(修整)、新藏线新疆于田段(修建,后因火山活动改线)	398、707、171
1951	喀什—乌恰(修建)、喀什—吐尔格特(修建)、库尔勒—若羌以及奇台—富蕴等部分路段(修复)	111、151、841
1952	迪化—库尔勒(修建)、伊犁—和静(修建)	317、551
1953	伊宁—喀什河线(新修)、富蕴—土尔公—乌恰沟(新修)、巴音可洛提—康苏线(新修)、独山子—克拉玛依(新修)	49、42、83、137

　　此外,在修复和新修主要公路干线的同时,驻疆人民解放军还加快了现代运输力量的建设。1949年10月,在接收国民党起义部队运输车辆的基础上,人民解放军第一兵团组建了酒(泉)迪(化)运输司令部,共有各型汽车1562辆。此后,又增加了新疆境内原国民党部队的近400辆汽车和人民解放军二军运输处的100余辆汽车以及华东汽车一团的140辆汽车。到1950年6月酒(泉)迪(化)运输司令部改编为中国人民解放军新疆军区后勤部运输部时,下辖汽车数量总计达1800余辆(不包括部分无法使用被淘汰的汽车),还发展了一批汽车修理厂及运输组站。此后,这支现代化的人民解放军运输部队在新疆解放初期的生产恢复和经济建设中发挥了不可替代的重要作用,不仅圆满完成了全疆的主要物资运输任务,而且对稳定市场供需、满足各族人民生产生活急需等方面作出了重要贡献。到1953年1月,驻疆人民解放军又根据上级要求,将运输部所辖全部汽车的三分之一划归地方政府,直接支持和援助了新疆各地区现代交通运输业的发展。

　　其次,在促进商业发展方面,驻疆人民解放军通过发展军人合作社和建立供销机构,有效推动了新疆现代商业的发展和各族人民生活状况的改善。新疆解放之初,不仅商业十分落后,而且市场被少数资本家操控,导致商品奇缺,物价居高不下。不良商家却趁机囤积居奇,牟取暴利,不仅严重影响到市场秩序和商品流通,更给各族广大人民群众的生产生活造成了极为不利的影响。对此,为了发展生产,保障供应,维护市场稳定和满足各族人民群众的生产生活急需,驻疆人民解放军于1949年12月初即成立了生产合作社,各军、师、团相继设立了合作社和供销部门。合作社的资金主要来源于驻疆人民解放军广大官兵省吃俭用、节衣缩食省出的津贴以及部队供给费用结余积累形成的资金。1950年4月,为加强管理合作社的物资流通,保证物资供应,新疆军区又进一步成立了军直合作总社。同时,人民解放军所办的合作社到各地采购各种商品,不仅供给驻疆解放军各部,而且也供给当地各族人民群众急需的各种生产和生活物资,其价格则比市场价格普遍降低。此外,合作社还积极配合新疆国营贸易公司,收购农副产品,发展对外贸易。这样,驻疆人民解放军以合作社的方式,既保证了当时各种急需物资的供应,稳定了市场物价,又直接帮助各族广大人民群众解决了所需物资的燃眉之急以及农副产品的销售问题,有效改善了其生产生活状况。1953年,驻疆人民解放军又根据中央《关于整顿新疆财经工作的指示》的要求,将城镇中的军人合作社包括商品及工作人员全部移交新疆地方商业部门,直接以大量实物和人力等支援了新疆地方商业的发展壮大。总之,驻疆人民解放军所创办的合作社和供销机构,在发展新疆经济、保障物资供应、改善各族人民生产生活水平方面都发挥了积极作用。

（六）培养新疆建设发展急需人才与发展现代中高等教育

驻疆人民解放军依托原有基础,不断开拓创新,不仅培养了大批各类急需的建设人才,而且创办了一批高水平大中专院校,极大改变了解放之初新疆现代中高等教育极度落后的状况。新疆的和平解放,无疑为其经济建设和现代化发展提供了良好条件。但无论是现代工业建设还是其他行业的现代化发展,都需要大批相应的科学技术人才和高水平员工。而旧中国新疆的中高等教育极为落后,各族人民几乎没有机会接受良好的现代中高等教育,因此导致新疆解放之初不仅严重缺乏各类建设人才,而且更缺乏培养建设人才的现代中高等教育机构。对此,为解决生产建设中急需的大批各类专业人才,也为了迅速改变新疆中高等教育极度落后的面貌,人民解放军早在西进新疆的路上,就积极动员知识分子、青年学生踊跃参军,共同到边疆建设进步。人民解放军进驻新疆后,又派专人到内地招聘有志青年、知识分子来疆工作。同时从部队中抽调一大批知识分子充实到各建设部门中,发挥重要的核心骨干作用。

驻疆人民解放军依托部队学校的原有基础,积极开拓创新,通过不懈努力,相继建成一批中高等教育机构,形成一批有代表性的现代化高水平大中专院校,从而为新疆培养经济建设急需的大批人才奠定了坚实基础。例如,从 1951 年到 1952 年,驻疆人民解放军以原有的军队学校为基础,先后创办了卫生学校、工业学校、俄语专科学校和八一农学院。1953 年随着驻疆人民解放军决定将工矿企业移交地方,军区工业学校也同时将教师和部分学生划归到新疆地方大专院校、科研和工程设计等单位工作,直接支援了新疆教育、科研等工作的发展。1956 年驻疆人民解放军又将军区俄语专科学校合并到新疆学院,1958 年八一农学院也移交地方管理,这就进一步充实和推动了新疆现代高等教育的发展。与此同时,人民解放军还捐资出力,为迅速扩建和发展新疆学院(新疆大学前身)作出了重要贡献。新疆和平解放之时,由于新疆高等教育极为落后和校园基础设施残破不堪,新疆仅有新疆学院(当时叫新疆民族学院)一所高等学校,全校仅有学生 152 名。为有效改善校园基础设施状况,扩大和提升办学规模,1952 年驻疆人民解放军通过捐赠大批资金以及出动官兵数千人,加班加点奋战数月,很快以迅速竣工完成了扩建新疆学院的任务。当年秋季,新疆学院即扩大招生规模达 878 人,是解放之初的数倍,招收学生包括维吾尔、哈萨克、乌孜别克、柯尔克孜、塔塔尔、锡伯、达斡尔、蒙古、汉、满、回等 11 个民族。可见,驻疆人民解放军对新疆学院建设的大力捐助和扩建努力,直接促进了新疆学院办学规模的扩大与提升,也为新疆各族人民有更多机会接受高等教育创造了必要条件。

总之,新疆解放初期百废待兴,驻疆人民解放军继承和发扬人民军队战斗队、工作队、生产队的优良传统,通过各种努力,节衣缩食、艰苦创业、开拓创新,为新疆工农业的发展、交通运输业与商业的改善以及现代中高等教育的创办发展等方面都作出了卓越贡献,直接推动和支持了新疆的经济建设、社会进步和民族团结。

二、新疆军区生产建设兵团的成立发展
进一步促进新疆发展稳定

如上所述,新疆解放初期,驻疆人民解放军的大生产运动和各种建设努力,为克服当时新疆的财政经济困难,减轻新疆各族人民负担,并为新疆发展现代工农业建设和走上社会主义道路提供了重要前提条件。但是,新疆作为地处边疆、经济基础极为薄弱和区情极为复杂的多民族区域,其现代化发展和社会进步稳定无疑还需要长期的努力。因此,党和国家高瞻远瞩,为保障新疆的长远发展和长治久安,借鉴历史上屯垦戍边、实边兴边的成功经验,决定在新疆成立新疆军区生产建设兵团。这样既可以继续发挥人民军队在发展生产、维护稳定、巩固国防等方面的重要作用,又可以节省军费,以更灵活

积极的方式长期致力于经济建设,为新疆的经济发展和民生改善作出更大的贡献。对此,党中央和中央军委决定:将驻疆人民解放军一兵团(二军和六军)大部、五军大部、二十二兵团全部集体转业,于1954年成立了中国人民解放军新疆军区生产建设兵团。

生产建设兵团成立后,下辖南疆生产管理处、石河子生产管理处以及10个农业建设师和1个建筑工程师,此外还有1个建筑工程处、1个运输处及9个直属团和9个企事业单位,总人口约17.54万人。从其构成不难看出,生产建设兵团主要致力于工农业建设尤其是农业方面,而且基本形成了相对结构完整、分工明确的生产建设布局。这样,不仅有利于提高经济建设中的专业生产技术水平,特别是有利于发展区域性的现代化大农业生产技术体系,而且随着兵团经济的发展壮大和对地方帮扶力度的加强,其建设边疆、稳定边疆,不断推进新疆经济和文化发展的作用也开始日益得到凸显。例如到1965年,兵团当年的工农业总产值已达6.6多亿元,占新疆维吾尔自治区的三分之一,粮食不仅自给有余,平均每年还上交国家两亿多斤,而从兵团成立到1965年,国家共投资7亿元,兵团自己积累投资14亿元,上交国家税金8亿元,当时自治区那种经济繁荣、社会安定、民族团结、农牧民生活富裕的欣欣向荣的局面,至今还是令人难以忘怀。① 可见,随着生产建设兵团的快速发展壮大,其在新疆的经济发展繁荣、社会安定团结、农牧民生活改善等方面开始发挥越来越重要的促进作用。具体表现在以下方面。

---

① 参见王恩茂:《在庆祝新疆生产建设兵团成立三十周年暨"双先"代表大会上的讲话(一九八四年十二月二十一日)》,《党的文献》2004年第6期。

（一）推动新疆经济发展

生产建设兵团成立后在短短的二十多年中,不仅在天山南北的亘古荒原上大规模开荒兴农,兴修水利,植树造林,将昔日的戈壁荒原改造成适宜人居的田园沃土,而且在发展农业的同时,不失时机地大力发展当时新疆经济急需的现代工业、商业、交通运输业等,有效推动了新疆经济的全面发展和人民生活水平改善,为新疆经济社会的全面发展进步和民族团结夯实了物质基础。例如,在农业发展方面,到1966年底,仅仅经过十多年的努力,兵团即实现开垦耕地面积达1200多万亩,年产粮食72.03万吨、皮棉2.49万吨、油料1.45万吨、甜菜24.11万吨,保有牲畜208万头,还拥有拖拉机6775标准台,联合收割机1010台,载重汽车3628辆。[①] 同时,兵团在继承人民解放军大兴水利的基础上,进一步修建水利灌溉工程达一百多项,所修各类干支渠道总长度达5.4万公里,还兴建各类水库83座。

在工业方面,到1966年底兵团已有工业企业297个,到改革开放初进一步发展到有工业及交通运输等企业729个,生产各种轻重工业产品达一千多种。在商业方面,到改革开放初期兵团有独立商业企业66家,商业网点4800多个。在建筑工程方面,从兵团成立到改革开放初期,共累计完成建筑面积3591.38万平方米。总之,随着生产建设兵团经济的迅速发展壮大,其对促进新疆经济发展、社会进步和民生改善的作用日益重要。截至改革开放之初的1983年,"兵团共向自治区上交粮食五十七亿二千四百万斤,上交棉花九亿七千

---

① 参见《新中国五十年——新疆生产建设兵团卷》编辑委员会:《新中国五十年——新疆生产建设兵团卷》,中国统计出版社1999年版,第321—386页。

六百万斤,上交油料二亿七千九百三十九万斤,上交肉食四万九千九百四十六吨,为自治区的社会主义建设事业作出了重大贡献"。① 可见,新疆军区生产建设兵团的成立和发展壮大,继承了人民军队的优良传统,艰苦奋斗,自力更生,克服各种困难,有效促进了新疆工农业等现代经济部门的发展,为建设边疆、发展边疆作出了重大贡献。

(二) 促进新疆民族团结和各民族共同发展繁荣

自兵团成立以来,就通过各种方式,积极主动为新疆各族人民的发展服务,用切身行动和无数感人事迹赢得了新疆各族人民的称赞,有效促进了新疆民族团结和各民族共同发展繁荣。例如,兵团下属的170多个农牧团场绝大多数是在 1950—1955 年初建立的,为保证守边戍边任务的完成和维护各民族切身利益不受影响,兵团团场的设置大多数远离中心城市,选择生产条件和居住环境相对恶劣的风头、水尾、沙漠边缘区域。兵团不仅通过自力更生和艰苦创业,开垦了大量土地和发展了工交建商等经济部门,还通过各种方式,大力援助和无私帮助新疆各地区各民族进行经济建设。例如,兵团成立后,兵团党委即发布了《为各族人民大办好事的纲要二十条》,要求兵团从人力、物力、财力等方面支援地方建设发展。

经过短短 10 年的努力,到 1964 年,据相关统计,兵团已累计抽调支援地方工作的干部约 5000 人,为各族人民培养农业技术干部11000 多人,并将已开好的耕地 61 万亩无偿让予各族人民群众。1962 年"伊塔事件"发生后,兵团又抽调大批人力、物力无偿为各族

---

① 王恩茂:《在庆祝新疆生产建设兵团成立三十周年暨"双先"代表大会上的讲话(一九八四年十二月二十一日)》,《党的文献》2004 年第 6 期。

人民群众代耕、代种、代收土地达 200 多万亩。此外，兵团还赠送和交换农作物优良品种 2000 多万斤，赠送各种大小农具 5 万多件。另外，数十年来，兵团几乎每年都派出巡回医疗队为地方各族人民群众义务诊疗、防病治病，免费为各族人民群众医疗 100 多万人次，与各族人民建立了深厚的感情。此外，兵团还无偿为各族人民群众修建水渠 600 多公里，修建住宅、学校、医院等 3 万多平方米。同时，兵团还将投资修建的多项自用灌溉工程，大力支援地方农业灌溉总面积达 400 万亩，约占兵团全部灌溉面积的三分之一，直接帮助和解决了地方各族人民群众的生产生活用水问题，促进了其经济发展和生活改善，因此这些工程也被称为"两利工程"。

从 20 世纪 60 年代起，随着兵团自身经济实力的不断增强，兵团开始进一步全面帮助地方各民族人民群众发展经济文化等各项事业，如有计划地筹集专项资金，帮助地方规划和建设"五好新村"（好条田、好渠道、好林带、好道路、好居民点），坚持不断地帮助地方规划土地、修建水渠，支援机械、良种，建工厂，办学校，开诊所，送医送药，推广农业技术，培训大批技术人才等，做了大量有助于地方各族人民群众经济文化发展的好事实事。60 年代中期，兵团即帮助新疆地方 57 个县市的 87 个乡镇规划建设"五好新村"。从 1964 年到 1965 年，兵团又每年从自己的积累中拿出 800 万元用于支援地方建设。兵团各国营农场还经常不断地帮助各族农民改进生产技术，传授农技知识，推广增产经验。在这个过程中，兵团认真贯彻党的民族政策，深入、持久地进行加强民族团结工作的教育，用实际行动和无私奉献大大增强了兵地、军民和民族团结，显著促进了各民族生活水平的改善和共同发展繁荣。除此之外，50 年代和 70 年代中期，生产建设兵团进一步发扬革命奉献精神,先后将一大批通过节衣缩食修建的现代大中型骨干企业移交地方,有力地支援了地方的工业发展,使之成为新疆现代工业建设和发展的基础。80 年代后,兵团更是拿出上亿元资金帮助地方进行农田水利、交通、文教卫生等方面的建设。①

总之,新疆生产建设兵团成立后,继承了驻疆人民解放军的优良传统,在自力更生、艰苦创业、努力增强自身经济实力的同时,通过各种努力,以大公无私的奉献精神,为新疆各族人民的经济发展、生活改善和民族团结作出了重大贡献,以实际行动和切实努力增进了各族人民的友谊和团结进步,为新疆各民族的大团结和共同发展繁荣作出了卓越贡献。

(三) 维护新疆社会稳定和巩固边防

自兵团成立以来,就以屯垦戍边、巩固边防为宗旨,劳武结合,为新疆社会稳定和边防巩固作出了重要贡献。众所周知,新疆生产建设兵团既是一支建设边疆、维护民族团结的强大力量,又是一支安边固疆、维护社会稳定的重要力量。早在新疆和平解放之初,兵团刚成立时,生产建设兵团就曾积极参加新疆境内的剿匪平叛战斗,为新疆社会恢复稳定和边疆巩固作出了重要贡献。此后,到了 20 世纪 60 年代,随着中苏关系的恶化和 1962 年中印边境自卫反击战的爆发,给新疆的社会稳定和边防巩固带来了前所未有的挑战。特别是苏联借助其在中亚和新疆的广泛影响,大肆推行霸权主义,大搞颠覆破坏等侵略

---

① 参见杨发仁、杨振华主编:《新疆生产建设兵团改革与发展》,新疆人民出版社 1995 年版,第 64 页。

活动,甚至公然挑起边境武装流血冲突,严重威胁到新疆的社会稳定、边防巩固和各民族生命财产安全。对此,在反侵略与颠覆破坏斗争中,兵团始终以大无畏的气魄勇当大任,不辞劳苦,不怕牺牲,不仅圆满完成了上级交付的各项任务,迅速稳定了边疆社会形势和恢复了各项生产,还抽调大批有生力量,果断在长达1500多公里的边境沿线建设起58个边境团场,用兵团广大职工的青春、血汗和奉献精神筑起了边境线上纵深数十公里的国防屏障。而这对巩固西北边防和维护新疆社会稳定、保障各民族生命财产安全所发挥的长远作用难以估量。

1962年,随着中苏关系的恶化,苏联趁我国经济处于暂时困难时期,加速向毗邻中苏边境的伊犁、塔城等地区进行颠覆破坏活动。在苏联的诱骗煽动和拉拢配合下,新疆伊塔地区大量边民蜂拥外逃,并造成了当地严重的社会混乱局面,最终酿成严重影响社会安定和边防安全的"伊塔事件"。这就造成了当地自新疆和平解放以来最为严重的经济社会混乱和空前损失,并进一步影响到整个新疆的经济社会稳定和边防安全形势。

"伊塔事件"发生过程中,兵团发挥了迅速制止事态扩大、劝阻边民外逃和帮助稳定社会秩序等重要作用。在1962年5月初"伊塔事件"初露端倪时,兵团即迅速抽调人员奔赴边境地区,加强对重要关隘路卡的控制,多方劝阻受蒙蔽边民返回家园。为保卫边境各县人民政权,有效劝阻边民非法越境,加强边境的防卫力量作出了重要贡献。

"伊塔事件"发生后,兵团又按照党中央和周恩来总理的指示,对边民外逃遗留下来的农牧业生产和基层工作,实行"三代"(代耕、代牧、代管)工作,并加快沿中苏边界建立国营农牧林场带,以加强边防力量。从1962年5月11日起,即从农四、五、六、七、八、十师和兵团直属单位先后抽调选派干部810名、职工16750名组成"三代"工作队，并配备一批汽车、拖拉机和联合收割机等现代生产工具。①这对当地尽快恢复正常的社会秩序，恢复与发展农牧业生产，起到了至关重要的作用。1962年9月，兵团又在党中央和新疆维吾尔自治区党委的统一部署下，有计划、迅速地开始了大规模的边境农牧团场带建设。经过艰苦卓绝的努力，兵团在短时间内沿边境地区建立起一系列边境农牧团场，构成了特殊的国防前沿和生产基地，实现了在边境地区"种军事田"、"放政治牧"，有效遏制了苏联对我边境地区的蚕食和渗透，进一步发挥了兵团在新形势下的"工作队"和"战斗队"作用，成为稳定边疆社会和保障边境安全的重要力量。对此，毛泽东主席曾称赞道："新疆生产建设兵团有了情况能打仗，我看很有希望。"②此后，随着中苏边境冲突的频繁发生，兵团特别是其边境团场日益成为保障边境安全和当地社会稳定的重要力量。同时，兵团还组建了现役部队，加强了民兵建设，增强了后勤供应保障能力，进一步提高了维稳戍边能力。

为不断增强兵团的维稳戍边能力，在这一时期党中央和中央军委也给了兵团极大的支持。例如解放军总参谋部于1961年下半年调拨给兵团各种枪14333支，苏四三式八二迫击炮10门。③ 1962年10月18日，人民解放军总参谋部下发《关于新疆生产建设兵团值班连队的组

① 参见新疆生产建设兵团史志编纂委员会编：《新疆生产建设兵团大事记》，新疆人民出版社1995年版，第141页。

② 陈建中：《屯垦戍边铸伟业——党中央三代领导集体关怀、支持新疆生产建设兵团建设事业纪略》，《人民日报》1999年11月27日。

③ 参见新疆生产建设兵团史志编纂委员会编：《新疆生产建设兵团大事记》，新疆人民出版社1995年版，第166页。

编与装备等问题的规定》,基本解决了兵团民兵发展中的装备问题的经费问题。到 1963 年 5 月,兵团已完成 221 个值班连组建任务(计划为 300 个),装备了 144 个连。① 随着兵团武装力量的迅速发展,1964 年新疆维吾尔自治区党委工作会议决定,在必要情况下,兵团民兵可以成为地方部队兵团,甚至成为正规部队的野战兵团使用。到 1965 年底,兵团值班连队已发展到 446 个,民兵总数达到 5.1 万余人。② 另外,还有基干民兵连 189 个,共 35600 人。③ 此后到 1969 年,随着"珍宝岛事件"的发生和中苏边境武装冲突的升级,中央军委批准新疆兵团组建 50 个现役连队;同年 9 月,根据党中央和中央军委的指示,兵团又在各师组建了现役部队。至此,兵种实现了民兵与现役部队相结合,包括步兵、炮兵、骑兵、工兵、通信兵等多兵种的强大武装力量,进一步增强了其应对突发事件、维护社会稳定和边防安全的能力。对此,周恩来总理曾给予了充分肯定:"生产建设兵团既是生产队,又是工作队,又是战斗队。战斗方面以前抓得不紧,1962 年以后抓紧了。"④

综上可见,在 20 世纪 60 年代新疆边境局势日趋严峻的形势下,兵团在党中央和中央军委、自治区党委的领导下,勇往直前,果断出击,不仅迅速处置了"伊塔事件",圆满完成了"三代"工作,还抽调大批有生力量在漫长的边境线上建立了 58 个边境团场,同时不断增强

① 参见新疆生产建设兵团史志编纂委员会编:《新疆生产建设兵团大事记》,新疆人民出版社 1995 年版,第 148 页。

② 参见新疆生产建设兵团史志编纂委员会编:《新疆生产建设兵团大事记》,新疆人民出版社 1995 年版,第 177 页。

③ 参见李福生:《新疆生产建设兵团简史》,新疆人民出版社 1997 年版,第 173 页。

④ 《周总理在自治区党、政、军负责干部会议上的讲话》(记录稿),1965 年 7 月 6 日。

和发展维稳戍边武装力量,为这一时期新疆的稳定、发展和边境安全作出了巨大贡献。

(四) 人才培养和促进新疆现代教育发展

兵团继承了驻疆人民解放军兴办教育、为新疆培养各种急需人才的优良传统,并进一步使之规模化,为新疆培养和造就了一大批社会主义建设急需的各类人才,为新疆各项事业的大发展作出了不可替代的贡献。从历史传承上看,生产建设兵团是由人民解放军第一兵团主力为骨干,二十二兵团全部及第五军(原新疆三区民族军)大部组建而成。作为兵团骨干来源的人民解放军一兵团是一支具有光荣传统的革命英雄部队,因此,兵团从成立之日起就继承了人民解放军的光荣传统和优良作风,并在以后的屯垦戍边生产实践中进一步使之发扬光大。兵团所拥有的大批久经革命斗争考验的干部队伍,不仅具有严格的组织纪律和优良作风,而且在自力更生、艰苦创业的过程中身先士卒、以身作则,通过实际行动和无私奉献不断影响、教育其周围的人,因此从某种意义上来说,生产建设兵团本身就是社会主义教育的大熔炉。而随着兵团事业的迅速发展,大批转业战士和支边青年来到兵团,在生产实践中接受兵团这座大熔炉的熏陶、冶炼,成为技术过硬和素质较高的各行业人才。

同时,兵团还通过大力兴办各类学校,发展现代教育培养了大批经济建设各领域的高水平专业人才。据相关统计,到改革开放前,全兵团已建有小学 2062 所、中学 684 所,以及职业中学和中等专业学校 29 所,此外还有高等院校 4 所,形成了基础雄厚、体系完整,覆盖面广、现代教育与职业教育相结合的现代化完整教育体系。这不仅

有力促进了兵团职工子弟接受教育、培养成才的进程,而且由于兵团
各团场与各族人民聚居地交错相依,也极大方便了其子弟就近入学
接受优质教育,大大改善和促进了新疆各民族现代教育的普及和发
展。而在兵团大力兴办教育和教育迅速发展的推动下,兵团不仅满
足了其自身发展所需的各类急需人才,而且向新疆各地区输送了大
批各类急需专门人才。据相关统计,到20世纪80年代初,兵团已拥
有助理工程师以上科技人员14000多人。

总之,兵团成立以来,不仅继承了人民解放军的光荣传统和优良
作风,全心全意造福于新疆各族人民,而且通过艰苦创业、努力奋斗、
无私奉献,为发展新疆的经济、社会、教育、文化等事业作出了不可磨
灭的贡献。同时,在中苏交恶、边境冲突加剧的危急时刻,兵团不畏
艰险、迎难而上,用大无畏的革命精神和战斗勇气,为稳定新疆社会、
巩固西北边防、遏制敌方渗透发挥了不可替代的作用。无论是"三
代"工作还是边境团场带建设,以及大规模的民兵等武装力量建设,
兵团都始终冲锋在前,无怨无悔,甘于奉献,为增进新疆各族人民的
团结和保卫祖国西北边防挥洒着激情、热血与汗水。生产建设兵团
的辛勤付出、无私奉献和丰功伟绩,使之成为促进新疆经济发展、社
会进步和民族团结的强大物质力量和精神力量。

第三节　新疆全新发展民生改善
促进新疆进步稳定

新中国成立后,党和国家不仅确立了民族平等团结和民族区域

自治等大政方针,保证了我国各民族依法享有平等发展和当家作主的权利,而且还制定了一系列涉及少数民族权益的具体优惠性发展扶持政策措施,帮助促进各民族加快发展进步,尽快实现事实平等和共同繁荣。这些特殊优惠照顾政策的全面实施,极大促进了新疆的全新发展、经济腾飞、民生改善,促进了新疆出现前所未有的发展稳定大好局面,取得了举世瞩目的巨大成就。

一、民族区域自治全面实施,各民族当家作主, 新疆政治与民族关系根本改善

新中国成立后,新疆的全新发展首先集中体现在民族区域自治的全面实施和民族平等团结的根本实现,彻底改变了历史上民族压迫奴役、民族极端不平等的状况,从此各民族走向了平等团结、互利互惠的社会主义新时期。

众所周知,民族平等和民族团结是马克思主义处理民族问题的根本原则,是毛泽东民族理论的基石,也是党和政府民族扶持政策的重要基础。中国共产党自成立之日起就主张我国各民族一律平等和民族团结,并为实现这一目标而不懈奋斗。在此基础上,中国共产党通过长期的探索和经验总结,最终形成具有中国特色的民族区域自治理论和政策。民族区域自治是中国共产党解决我国民族问题的基本制度和根本政策,是马克思主义民族理论与中国具体实际相结合的伟大创造。从1922年中共二大宣言提出尊重边疆各族人民的自主权利,到新中国成立前后我国五大自治区的先后成立,中国共产党为此进行了长期的艰辛探索和不懈斗争。

　　1955年10月1日,新疆维吾尔自治区宣告成立,这是党和国家对新疆各族人民当家作主权利的实现与肯定,彻底结束了新疆历史上长达几千年的民族压迫、民族不平等的状况,开创了新疆社会政治、民族关系发展的新纪元,是新疆历史上具有里程碑意义的重大事件。从此新疆的经济社会发展、民族关系状况发生了翻天覆地的变化,推动了新疆的全面跨越式发展和长治久安。而新疆民族区域自治制度的确立和发展完善,对维护祖国统一、民族团结、社会稳定、边疆发展具有不可估量的意义。在近代历史上,由于阶级压迫与民族压迫,新疆曾多次发生社会危机,严重威胁祖国统一与边疆稳定,给新疆各族人民带来了深重灾难。而随着新中国民族区域自治制度的实行和新疆民族区域自治制度的实现,新疆先后建立了各民族区域自治单位22个,包括省级1个,即新疆维吾尔自治区;行署级1个,即伊犁哈萨克自治州;专署级4个,分别为巴音郭楞蒙古自治州、博尔塔拉蒙古自治州、克孜勒苏柯尔克孜自治州、昌吉回族自治州;此外,还有县、区、乡级民族自治单位17个。随着一系列民族区域自治地方的建立,各族人民真正感受到了翻身做主人的自豪和民族平等的实现,他们说:"过去我们少数民族都是低着头走路,过黑日子,如今我们才抬起头来,见了青天。""旧社会说猪毛擀不成毡,回回当不了官,你看在毛主席时代建立了回族自治区,不仅回族能当主席,而且还是由我们自己来选。"①

　　民族区域自治的实施,有利于新疆各民族的团结和共同进步,有利于抵制国内外民族分裂势力的蛊惑破坏,为我国及新疆各民族的

---

　　①　朱培民:《新疆与祖国关系史论》,新疆人民出版社2008年版,第261页。

共同发展繁荣和我国现代化顺利进行提供了重要保证。"因此,我们采取的是适合我国情况的有利于民族合作的民族区域自治制度。我们不去强调民族分离。现在若要强调民族可以分离,帝国主义就正好来利用。""在中国这个民族大家庭中,我们采取民族区域自治政策。是为了经过民族合作、民族互助,求得共同的发展,共同的繁荣。中国的民族宜合不宜分。"①而随着我国民族区域制度的不断发展,各项具体政策措施不断完善,国家给予自治区域的扶持、帮助、指导持续加大,有效促进了少数民族及地区的全面发展。特别是1984年《中华人民共和国民族区域自治法》的颁布和其后一系列相关法规的出台,用立法的形式明确规定和要求国家应扶持帮助民族自治地方的发展。如上级国家机关应帮助、指导民族自治地方经济战略的研究、制定和实施;国家制定优惠政策引导和鼓励国内外资金投向民族自治地方以及国家在民族自治地方开发资源、建设企业,应当照顾民族自治地方的利益等。

多年的发展实践也进一步证明,"民族区域自治是民族自治与区域自治的正确结合,是经济因素与政治因素的正确结合,不仅使聚居民族能够享受到自治权利,而且使杂居的民族也能够享受到自治权利……这样的制度是史无前例的创举。""我们的区域自治政策,利于合,利于团结,利于各民族的共同发展。"②因此,1997年党的十五大把民族区域自治制度与全国人民代表大会制度、党领导的多党

---

① 郝时远主编:《解读民族问题的理论思考》,社会科学文献出版社2009年版,第92、93页。

② 郝时远主编:《解读民族问题的理论思考》,社会科学文献出版社2009年版,第92、93页。

合作政治协商制度并列为我国的三大基本政治制度。我国共建立了
5个民族自治区,30个自治州,120个自治县,1256个自治乡。在全
国55个少数民族中,有44个建立了民族自治地方。民族区域自治
地方行政区域的面积占全国总面积的64%。① 这些都无可争辩地揭
示了党和政府对促进民族平等团结和自治权利的不懈努力。

　　总之,"民族区域自治制度,是我国的一项基本政治制度,是发
展社会主义民主、建设社会主义政治文明的重要内容,是党团结带领
各族人民建设中国特色社会主义、实现中华民族伟大复兴的重要保
证。在国家统一领导下实行民族区域自治,体现了国家尊重和保障
少数民族管理本民族内部事务的权利,体现了民族平等、民族团结、
各民族共同繁荣发展的原则……实践证明,这一制度符合我国国情
和各族人民的根本利益,具有强大生命力。"②因此,民族区域自治制
度是我国促进民族平等团结和共同发展繁荣的政治基础,是我国民
族扶持政策的立足点和重要制度保障。

二、新疆区域经济发展迅猛,民生
极大改善,推动新疆发展繁荣

　　新中国的成立和新疆的和平解放,这一历史性的伟大变革,为新
疆区域经济的恢复与发展提供了条件与机遇。再加上国家一系列扶
持政策的出台实施,更进一步调动了各族人民的生产积极性和热情,

---

　　①　参见朱培民:《新疆与祖国关系史论》,新疆人民出版社2008年版,第
264页。

　　②　朱培民:《新疆与祖国关系史论》,新疆人民出版社2008年版,第268页。

天山南北到处都是一片热火朝天的生产和开发场景。在各族人民的共同努力下,新疆经济呈现出前所未有的迅猛发展势头,工业、农业、交通运输等都获得了快速发展。到"文革"爆发前,虽然只有短短十多年的发展历程,但新疆的经济社会面貌已经完全焕然一新,各族人民安居乐业,民生极大改善。

新疆经济社会发展所取得的突出成就,引起了党中央、国务院的高度关切和赞许,得到了他们的肯定与祝贺。1965 年在庆祝自治区成立十周年的历史时刻,国务院特别发电文祝贺新疆自解放以来所取得的伟大成就。电文说"解放以来,新疆各族人民在党中央和毛主席的领导下,彻底废除了奴隶主、封建主的残酷剥削制度,实现了空前未有的民族大团结,完成了对农业、牧业、手工业和资本主义工商业的社会主义改造,促进了工业、农业、畜牧业、交通运输业及商业、教育、文化、卫生及各项事业的巨大发展。随着社会主义建设的发展,各族人民的物质生活得到显著改善"。① 事实也正是如此,新疆不仅在"一五"时期经济就得到了恢复发展,而且即使在"二五"时期遭受严重自然灾害等不利因素情况下,经济仍然获得了快速发展,不仅保障了本地区的经济增长、人民生活,而且还帮助周边省市渡过了难关。

例如,1962 年新疆农业总产值比 1957 年增长 21.9%,"二五"时期农业总产量累计比"一五"时期增长 26%,累计增产粮食 193.3 万吨。在三年严重自然灾害期间,新疆还支援国家粮食 3 万吨,支援甘肃粮食 1 亿斤和一批救灾物资。同时,收容、安置内地灾民 89 万余

---

① 中共新疆维吾尔自治区委员会党史研究室:《中共新疆地方史》第一卷,新疆人民出版社 1999 年版,第 393 页。

人以及 80 万支边青年。此外,"二五"时期棉花比"一五"时期累计增产 42%。牲畜存栏头数在 1961 年突破 2000 万头后继续发展,1962 年达 2129 万头,比 1957 年增加 420 万头。同时,农田水利、农牧业技术装备、生产条件大幅改善。在工业方面,1962 年工业总产值比 1957 年增加 1 倍,年均增长率达 14.5%。随着工业的快速发展,不仅极大地改变了新疆的经济产业结构,而且为其他产业的发展提供了强有力的装备支撑。

1963—1965 年是新疆经济社会发展最好的一个时期。新疆地区国民收入 1965 年比 1962 年又增长了 48.5%,比 1957 年增长 87%。三年期间国民收入年均增长 14%,是新疆历史上经济收入增长最快的时期,与之同时,1965 年新疆工农业总产值比 1962 年增长 54.4%,年均增长 15.6%。1966 年新疆虽然已经受到"文革"的冲击和影响,但经济发展仍保持了良好势头。全年完成总产值 46.19 亿元,比上年增长 12.34%,国民收入达到 24.1 亿元,比上年增长 11.4%。农业继续保持高速增长,产值比上年增长 9.55%。粮食实现大丰收,总产量达 66.47 亿斤,年增长高达 26.98%,棉花、畜牧业也都战胜了不利的气候等灾害,实现了一定的增产。多种农作物单产创造了当时最高纪录。在工业方面,新疆工业当年完成产值 15.48 亿元,比上年增长 25.11%,超额完成计划 20%。主要工业产品也创造了最高历史纪录。其中钢产量达到 6.5 万吨,比 1957 年增长 3.3 倍;原煤产量达到 463 万吨,比 1957 年增长 3.1 倍;发电量达到 6.65 亿度,比 1957 年增长 7.3 倍。随着经济的迅猛发展,新疆地方财政收入大幅增加。1966 年财政收入达到 5.2 亿元,而财政支出仅为 5 亿元,历史上首次实现财政收大于支,财政盈余平衡。

综上可见,在新中国成立以来的短短十余年间,由于废除了新疆旧的民族压迫奴役制度,开创了新的各民族平等团结、当家作主的社会主义制度。党和国家高度重视和全面开展对新疆等民族地区的各项政策扶持措施,极大地调动和发挥了各族人民投身于社会主义建设事业的积极性、主动性。在新疆各族人民的不懈努力下,新疆经济发展迅猛,工农业产值大幅提升,人民生活显著改善,各项社会事业出现前所未有的发展与改善,推动新疆的发展稳定、民族团结、社会进步出现前所未有的良好局面和美好景象。

三、新疆各族人民团结互助,共同
发展繁荣,促进新疆进步稳定

新中国成立以来,新疆各族人民在党的领导下,共同努力,齐心建设美好家园,逐渐形成了互帮互助、团结友爱、优势互补的优良传统。特别是以汉族为主体的新疆生产建设兵团,在这一时期,通过艰苦奋斗和无私奉献,进一步促进了新疆各族人民之间的团结互助和共同发展繁荣,为促进新疆进步稳定发挥了巨大模范作用。例如,早在解放初期,兵团就派出数千名干部参加新疆农村民主革命,帮助建立人民政权;培养科技人才,帮助地方各族人民开垦荒地,代耕、代种、代管、赠送优良品种和农机具,修建住宅、学校、医院等;同时认真贯彻党的民族政策,深入、持久进行加强民族团结工作的教育,增强了兵地、军民和民族团结。20 世纪 60 年代中期,兵团帮助新疆地方57 个县市的 87 个乡镇规划建设"五好新村"。50 年代和 70 年代中期,兵团进一步发扬革命无私奉献精神,先后将一大批现代骨干工业企业移交自治区以及各级地方政府,有力地支援了新疆各民族地区的工业发展。80年代后,兵团又拿出上亿元资金帮助民族地方进行农田水利、交通、文教卫生等方面的建设。① 另外,数十年来,兵团几乎每年都派出巡回医疗队为地方各族群众防病治病,与各族人民建立了深厚的感情。

60年代起,兵团在不断增强自身经济实力的同时,还大力帮助地方少数民族发展经济文化事业,有计划地筹集专项资金,帮助地方规划和建设"五好新村",坚持不断地帮助地方规划土地、修建水渠,支援机械、良种,建工厂,办学校,开诊所,送医送药,推广农业技术,培训大批技术人才等,做了大量有助于地方经济文化发展的实事。兵团的农牧团场、生产连队与地方的县、乡、村相互交错分布在同一领域,双方有着密切的来往,兵团投资修建的200多项灌溉工程,既有利于兵团又有利于地方,使双方的经济都有大的发展,被称为"两利工程"。

同时,新疆各族人民在党的关怀和国家政策帮扶下,通过切身感受与新旧社会对比,深刻体会到新中国和社会主义的优越性。他们努力生产,团结互助,把摆脱奴役、翻身做主的喜悦转化为空前高涨的生产热情和对党和国家的无比向往喜爱,先后涌现出了难以计数的劳动模范和民族团结互助楷模,其中一心要骑着毛驴上北京的库尔班大叔就是典型的代表。库尔班·吐鲁木,维吾尔族贫农,他出生在1883年的新疆和田于田县,是个孤儿。不幸的童年是与地主家的牛羊一起度过的。成年后,为了摆脱被剥削、被奴役的生活,库尔班

---

① 参见杨发仁、杨振华主编:《新疆生产建设兵团改革与发展》,新疆人民出版社1995年版,第64页。

带着妻子逃到塔克拉玛干荒漠里,靠吃野果生存。悲惨的生活使他妻离子散,他不得不孤身一人度过了 17 年贫困交加的生活。1949年 9 月新疆和平解放后,库尔班大叔终于过上了他一生渴望的自由、幸福的生活。当库尔班知道这一切是毛主席和共产党带来的之后,便执意要到北京去见恩人毛主席。大家告诉他去北京的路太远太艰难,是不可能到达的。但老人坚定地说:"只要我的毛驴不倒下去,一直走,就一定能到北京。能让我亲眼看看毛主席,我这一辈子也就心满意足了。"为此他一年又一年早早准备,带上最好的核桃、葡萄干等干果礼物,骑着毛驴出发。1958 年国庆前夕,一生历经坎坷的库尔班老人作为全国劳动模范来到北京,受到毛泽东主席的亲切接见。这一幕虽然过去五十多年了,但库尔班老人热爱祖国、热爱社会主义、热爱劳动、热爱民族团结的光辉事迹依然在新疆广为传颂,家喻户晓。

无数事实表明,只有在社会主义新中国,在党和国家的高度重视和亲切关怀下,各族人民才能彻底摆脱奴役压迫,才能真正翻身做主人,才能真正实现团结互助、共同发展繁荣,才能促进新疆的全面进步与长期和平稳定。

第四节　新中国成立后新疆全新发展与 政策扶持的相互关系

新中国成立后,新疆的工农业发展、社会事业进步日新月异,与旧中国新疆发展停滞、社会动荡、民不聊生形成鲜明对比。究其原因,不难发现,新中国为了迅速改变民族地区的落后面貌,促进民族地区的跨越式发展和民生改善,在新疆等民族地区实施了一系列涉及经济、政治、教育、人口等方面的政策扶持措施。而在旧中国,不仅严重缺失这些政策扶持措施,而且还变本加厉对民族地区实行压迫奴役与残酷剥削掠夺的反动政策。因此,新中国新疆的全新发展与国家的全面政策扶持关系紧密相连。

一、国家政策扶持推动新疆实现全新发展

民国时期,新疆处于地方军阀的残暴统治之下。由于与中央政府相对独立隔离,新疆无法得到国家的任何政策扶持和援助。而仅仅依靠新疆自身的力量进行建设发展,又受到新疆气候条件、地理环境、发展基础、人才技术状况等的严重影响制约,因此其发展举步维艰,甚至长期处于停滞状态。再加上新疆地方军阀为维护其统治,不惜加重各族人民负担,横征暴敛,涸泽而渔,致使新疆的经济发展每况愈下,民生日益艰难,并多次导致社会动荡,乃至烽火仇杀遍及全疆,更使得新疆的经济社会发展陷于战乱与绝境之中。各项社会事业发展根本无从谈起,民族关系趋于恶化,新疆的发展稳定受到前所未有的挑战。

新中国成立后,在新疆迅速结束了地方军阀、奴隶主、封建主的残暴统治压迫,建立了社会主义的各民族当家作主的新疆各级自治政府。面对旧中国给新疆留下的经济社会极度落后、工农业发展近乎停滞、交通运输极度困难、社会事业寥寥无几、民生状况空前艰难的烂摊子,党和国家迅速制定出台了一系列旨在扶持帮助民族地区

143

经济社会发展、社会事业进步、民族素质提升和民生改善的各项优惠扶持政策。其内容涵盖民族政治、经济、文化、教育、人口、财税、贸易、金融、扶贫、对口支援与扶持人口较少民族发展等方面,切实体现了党和政府对扶持少数民族及地区发展繁荣的高度重视和部署安排。这些国家扶持政策的有效实施和推动,对民族地区摆脱贫困落后、实现快速发展进步起到了弥补资金短缺与不足、降低工农业发展成本、增加各族人民收入、改善各族人民生活、加快交通等基础设施建设、改善各族人民教育和医疗水平、促进各族人口快速发展等积极作用,最终为新疆的全新发展作出了重大贡献,为新疆在新中国成立后短短十数年间取得举世瞩目巨大成就发挥了重要作用。

二、新疆全新发展促进政策扶持作用发挥

任何政策的作用发挥,都离不开广大人民的支持和经济社会发展状况的影响制约。新疆作为我国的多民族边疆落后省区,国家政策扶持其发展的作用的发挥无疑受到当地实际状况的影响作用。如果没有新疆的全新发展,迅速改变提升新疆的经济社会发展水平,如果没有新疆各族人民的衷心拥护和发展积极性、主动性的发挥,再好的国家政策扶持措施恐怕也难以长期发挥作用,也难以实现政策制定的初衷和预期效果。因此,新中国成立后新疆的迅速全新发展,既是国家政策扶持措施推动的结果,同时又为国家政策扶持措施进一步发挥作用、创新完善提供了物质基础和可靠保障。

如前所述,随着新疆进入社会主义新时期,在国家政策扶持以及各族人民的共同努力下,新疆经济社会发展迅速,处处呈现出一片欣

欣向荣的全新发展局面。工农业生产水平迅速提升,交通运输状况显著改善,教育、医疗等社会事业快速进步,各族人民的生活生产水平大幅提高,民生状况空前改善。这些巨大的发展变化与此前的旧中国形成无比鲜明的反差与对照,各族人民通过切身感受与鲜活的事实比较,都自然焕发出对新中国的无限热爱和对国家各项政策措施的衷心拥护。因此,他们积极响应国家号召,以空前的热情投入到新疆社会主义的各项建设事业中,为新疆的经济发展、工农业增产增收、畜牧业发展等积极努力,不仅使自己的生活生产得到了显著改善,而且也使整个新疆的经济社会发展面貌焕然一新,更为我国的整体战略布局和西北边疆安全作出了重大贡献。而这又反过来进一步促进了国家政策扶持措施作用的发挥,提升了这些扶持政策的重大意义和价值,促使国家更加重视关注扶持政策的贯彻落实与充实完善。

　　综上所述,一方面,国家的政策扶持措施对边疆民族地区发展具有不可替代的重要推动促进作用;另一方面,边疆民族地区的迅速发展和民生改善,以及经济社会的全面发展稳定,又是保障扶持政策进一步继续充分发挥作用的前提和基础。两者相辅相成,互相促进,缺一不可。这也是实现边疆民族地区跨越式发展与长治久安的必由之路。

第五章　改革开放以来新疆的建设发展与国家政策扶持创新

新疆的建设发展问题历来受到党和国家的高度重视。改革开放以来,伴随着东部经济的迅速崛起,国家不失时机地实施了西部大开发战略,并进一步加大各种政策扶持措施力度,以促进新疆经济社会快速发展和社会和谐稳定。这些都促进了新疆社会经济的高速发展和现代化水平大幅提升。但是,随着20世纪90年代苏联解体和中亚一系列民族国家的独立,使得新疆所毗邻的中亚战略局势日益错综复杂,敌对势力乘机向新疆渗透,给新疆的发展稳定带来了前所未有的挑战。因此,党和国家进一步完善相关政策扶持措施,建立起维护新疆建设发展稳定的长效政策机制。

第一节　改革开放以来新疆发展稳定面临的新形势与挑战

改革开放以来,新疆的经济社会面貌有了历史性的改观。各族人民在党和国家的领导下,经济社会发展迅速,生活水平日益提高,民族团结进步空前增强。但是,由于新疆历史上曾不时泛滥的民族分裂思潮、极端宗教思想以及民族压迫对立的影响,难以在短期内彻底完全清除。再加上新疆周边复杂的形势以及敌对势力的不断破坏蛊惑,这使得新疆的发展稳定形势仍然不时受到不确定性因素的影响。

在多元民族共存的地区和国家,少数民族地区的发展始终是整个地区乃至国家发展所面临的一个重要课题。而发展的不平衡性是我国近代以来社会经济发展最突出的特征之一。在不同地区、不同民族之间,这种发展的不平衡性尤其明显。而这种不平衡性又极易被国内外敌对势力所利用,成为其蛊惑人心以达到不可告人目的的工具。因此,新中国成立后,党和政府非常关注少数民族地区的发展。国家先后出台了一系列特殊政策扶持措施,帮助和扶持少数民族地区加快发展。在党和政府的大力支持和推动下,我国少数民族地区发生了翻天覆地的变化,实现了由封建社会甚至是奴隶社会向社会主义社会的跨越式发展。

历史证明,只有在中国共产党的领导下,我国各少数民族才能够真正翻身做主人,实现共同发展繁荣。改革开放以来,党和国家在优先发展东部沿海地区后,不失时机地提出西部大开发战略。但由于种种原因,西部民族地区的发展仍然面临着诸多问题,使新疆的建设发展稳定形势又面临着新的挑战。

1978年改革开放之后,中央决定进一步大力帮助各民族地区发展经济、文化,进一步消除历史上遗留下来的事实上的不平等。对此,国家要求解放思想,打破民族工作禁区,落实民族宗教政策、纠正冤假错案。新疆维吾尔自治区人民政府坚决贯彻中央关于新疆工作的相关指示,认真落实各项民族政策和宗教信仰自由政策,解除了信教群众的思想束缚,增进了民族团结。同时,大力开展民族聚居区重点扶贫工作,提高了当地各族人民的生活水平。这些政策的落实与贯彻对新疆民族关系的和谐发展起到了重要的推动作用。

但是,改革开放后新疆也出现了一系列新情况和新问题,使得新疆发展稳定面临着更为复杂的形势,主要表现在,旧中国遗留下来的分裂思想没有完全得到清理消除,而随着国内外形势的变化,新疆的宗教狂热、外部渗透日益严重。在这种背景下,一度蛰伏的分裂主义思潮又沉渣泛起,严重威胁到新疆的建设发展稳定大局。

毫无疑问,新疆发生的分裂破坏事件,只是少数分裂分子和敌对势力为达到其不可告人目的的反动罪恶行为。新疆的广大各族人民,从始至终,都坚决反对这些分裂破坏行为和暴力恐怖活动。党和国家数十年来对新疆发展稳定的扶持帮助,对各族人民当家作主、共同发展繁荣的努力是有目共睹的。因此,在分裂破坏活动面前,各族人民都无一例外地选择了坚决反对和谴责。例如20世纪80年代分裂思潮沉渣泛起,敌对分子妄图武装暴乱、大搞分裂破坏活动时,新疆各族人民即表达了极大愤慨和坚决反对。他们说:"我们刚开始过上好日子,这帮坏人一闹,影响了生产,我们坚决反对。"同时,各民族干部和群众还自发地同分裂势力进行了坚决的斗争,坚决维护祖国统一和民族团结。因此,尽管改革开放以来新疆面临着新的复杂严峻形势,尽管发生了多起分裂暴乱和暴力恐怖事件,但在各族人民的支持拥护下,新疆的社会经济发展大局没有变,仍然在稳步向前发展。社会稳定和民族团结大局没有变,这也是新疆能够保持经济快速发展的重要前提和原因。

第二节　兵团恢复与发展壮大再次
保障新疆发展稳定

屯垦戍边是我国历代治疆的重要战略举措。新中国成立后,党和国家在借鉴历代治疆成功经验的基础上,进一步发展创新,在新疆组建了新疆(军区)生产建设兵团(以下简称"兵团")这一新型屯垦戍边队伍,真正做到了担负起"生产队、工作队、战斗队"的光荣任务。即如毛泽东主席所指出的那样,"人民解放军参加生产,不是临时的,应从长期建设的观点出发。而其重点,则在于以劳动增加社会和国家的财富。……在进行农业生产时,必须注意不要因开荒引起水患,不要因争地引起人民不满"。① 但是,由于种种原因,"文革"后期兵团被撤销,不仅造成了兵团自身发展的严重困难,也使新疆短期内失去了一支重要的维稳力量,从而给新疆改革开放之初的发展稳定带来了严重不利影响。对此,1981 年底,鉴于新疆的发展稳定形势和确保新疆稳定大局,党和国家迅即决定恢复新疆生产建设兵团建制。

一、国家决定恢复兵团确保新疆社会稳定

1981 年底,为确保新疆的发展稳定,党和国家决定恢复新疆生产建设兵团建制。对此,以邓小平同志为核心的党的第二代领导集

---

① 《毛泽东文集》第六卷,人民出版社 1999 年版,第 28—29 页。

体明确指出："新疆生产建设兵团，就是现在的农垦部队，是稳定新疆的核心。""新疆生产建设兵团恢复起来确有必要。"①同时要求：兵团肩负着屯垦戍边的重任，要为新疆的稳定和发展作出新的贡献。至此，从1975年4月被撤销的兵团在六年后开始得到恢复重建。从此，兵团作为维护新疆稳定的重要力量，改革开放以来在党和国家相关政策的支持下，不仅自身获得了不断发展壮大，而且日益成为推动新疆经济发展、维护社会稳定的重要力量。

（一）国家决定恢复兵团建制的主要原因

首先，恢复兵团是维护社会稳定、巩固西北边防、应对苏联霸权及威胁的现实需要。众所周知，20世纪70—80年代初，正是苏联霸权盛极一时、严重威胁我国西北边防的危急时刻。尤其是1979年2月中越边境自卫反击战打响后，中苏边境局势骤然紧张。再加上苏联入侵阿富汗，更进一步直接威胁我国的西北边境安全，而与阿富汗毗邻的新疆边境地区所面临的军事压力更是可想而知。而此时曾经一直作为新疆国（边）防军事重要后备力量的兵团却因撤销而不复存在，直接造成这一时期以兵团为后备的边防力量严重削弱，进一步加剧了新疆边防形势的严峻性，同时也给新疆的社会人心稳定带来了难以估量的不利影响。因此，只有迅速恢复兵团，理顺关系，才能在稳定兵团的基础上，发挥兵团维护社会稳定、巩固西北边防、应对苏联霸权及威胁的作用。

其次，恢复兵团是凝聚人心、稳定农垦经济、有效应对分裂活动

---

① 《以邓小平为核心的第二代中央领导集体恢复兵团》，2015年7月29日，新疆生产建设兵团网站，http://www.btsf.gov.cn/c/2015-07-29/2029822.shtml。

的必然选择。只有果断恢复兵团建制,才能凝聚兵团人心、稳定农垦经济,进而发挥兵团维护稳定的特殊作用,有效应对分裂活动,促进新疆社会发展稳定。

最后,恢复兵团是应对新时期新疆复杂形势、维护国家统一和安全的长远战略选择。"寓兵于农"、"屯垦戍边,劳武结合"等战略思想是我国历代治疆成功实践的总结和战略措施选择。对此,无论是历史上的政治家还是老一辈的无产阶级革命家,都从新疆复杂特殊的形势与现实治理需求出发,选择了在新疆实施长期屯垦戍边的战略方针。同时,历史实践表明,屯垦戍边乃是千古治疆兴疆之策。因此,在改革开放之初新疆局势再度趋于复杂紧张之时,党和国家审时度势,从保卫、建设和发展边疆,维护国家统一和安全的战略高度,于 1981 年 12 月 3 日,由党中央、国务院、中央军委作出《关于恢复新疆生产建设兵团的决定》。这无疑是具有战略前瞻性和重大现实意义的。从此,兵团作为新时期稳定新疆的重要核心力量,通过自身的不断改革发展和壮大,在改革开放后新疆的发展稳定中发挥了重要作用。

(二) 兵团恢复初期所遇到的困难与国家政策扶持

兵团的恢复,一定程度上稳定了兵团干部职工的人心,有利于新疆的大局稳定。但同时,由于时代变迁和经济改革,以及其他一系列因素的影响制约,兵团恢复初期发展遇到了各种新的困难和挑战。主要表现在以下方面。

1. 兵团产业结构单一,经济体制僵化,发展缓慢

兵团作为执行屯垦戍边使命的特殊组织,在此前的发展中形成了以农垦为主,二、三产业协调发展的产业结构。但由于兵团撤销后,其

所兴办的大多数企业已交给自治区各级地方政府,因此兵团恢复后形成了几乎完全以单一农业产业为特征的产业结构。众所周知,农业是比较效益相对低下而发展较为缓慢的基础产业,再加上改革开放之初我国实行高度统一的粮棉等统购统销政策,因此给兵团的经济发展带来了严重束缚和影响。同时,兵团高度集中的计划经济体制,是制约兵团经济发展的又一关键因素。兵团作为党政军企合一的特殊组织,虽然具有组织性强、能够集中力量办大事等优点,但长期形成的高度集中统一的管理与领导体制,反过来又严重制约其打破原有模式、推进经济改革的努力。而计划经济体制的长期保留与逐渐僵化,不仅严重影响到兵团经济的发展,使所有制结构难以优化发展,更进一步造成兵团长远发展后劲不足,制约其屯垦戍边战略使命的履行。例如到党的十四大我国已正式确定了社会主义市场经济发展方向和体制,但兵团作为高度集中的计划经济的典型,在改革开放之初的十年间虽进行了一些改革,但总体上对计划经济体制触动较小,一级一级仍然管得很死,经济难以搞活,也无法调动各方面的积极性加速经济发展和改革开放步伐。与之相应,兵团经济中二、三产业发展速度远远落后于我国其他地区。甚至到"八五"末,兵团一、二、三产业比重仍分别为46.1%、26.2%、27.7%,二、三产业比重比十年前的"六五"末还下降了5.9个百分点。这样,由于种种原因,兵团恢复初期不仅产业结构十分单一,而且经济体制日益僵化,导致其经济发展较为缓慢,不利于在新时期承担高效履行屯垦戍边战略使命的重任。

2. 兵团管理体制不顺,财务日益困难,难以满足新时期的发展要求

兵团恢复之初,根据兵团以农垦为主的特点,归口国家农业部和

自治区双重领导。但是,兵团作为一个人口众多、产业门类全的超大型社会经济组织,其发展中许多事业领域都超出了农业部的职权范围,因此形成了农业部难以满足兵团全面发展需求的矛盾。特别像工业、建筑、能源、水利及教育、科技、交通、卫生、军事、边防、民政等经济社会领域都难以通过农业部得到国家层面的相应支持。而自治区对兵团的领导,则受到双方利益关系等因素的影响。例如兵团生产的农副产品,按统购统销规定都要交自治区经营,因此也就无法得到流通环节的效益。而随着价格政策双轨制改革以后,兵团农副产品出售完全按照以国家规定的计划价,而采购生产资料、农用物资等,则要以市场价购进,这就导致兵团农业生产成本迅速增加,而农产品销售收入无法相应提高的尴尬局面,进而导致兵团各农牧团场亏损不断加重,难以提高职工生活和进行生产投资。

同时,随着国家财务改革等变化,兵团恢复初期财务状况日益困难。首先,国家财务改革实行财务包干后,国家拨给兵团的补贴资金总额基本固定,且基本没有以往用于生产性投入的拨款份额。其次,实行利改税后,兵团生产经营中产生的利润都以税收形式上交自治区,例如到 1987 年兵团上交税已达 2.21 亿元。这应该说是兵团推动新疆经济发展的重要贡献之一。但由于兵团将利润全部上交,也就失去了自我积累和发展的资金基础。最后,兵团财务支出在这一时期迅速增加。尤其是随着时间的推移,兵团已进入第一批老干部职工集中离退休的阶段。离退休费用开始逐年迅速增加,这无疑成为兵团日益窘迫的财务难以承受之重。同时,由于兵团缺乏法律上的行政主体地位,没有税收、采矿等权力,因此也就无法利用新疆丰富的资源发展能源、冶炼、金融等附加值高的行业。结果就是兵团不仅财务状况日益困难,而且经济发展动力严重不足,造成"八五"期间兵团 GDP 年均增长速度低于自治区达 4.1 个百分点,难以满足相应的发展要求。

3. 国家通过一系列重大政策安排支持兵团发展和作用发挥

不难看出,兵团恢复初期所遇到的各种困难和问题,归根结底主要与我国的经济体制改革和时代发展变化紧密相关。而且这些新出现的问题,很难通过兵团自身的努力来解决。尤其是上述那些有关管理体制不顺、兵团财务日益困难等问题,显然需要从国家层面给予兵团必要的政策支持与管理体制改革。否则,兵团的经济和各项事业发展必然因为种种困难制约而举步维艰。长此下去,兵团恐怕自身的生存发展都无法保障,更不要说完成国家交付的屯垦戍边、稳疆兴疆历史使命了。因此,无论兵团还是国家,这一时期都对兵团发展所面临的困难高度关注,并通过一系列的探索和努力,积极通过相关政策调整和体制变革,从国家层面不断加大对兵团发展改革的支持力度,确保兵团发展壮大和正常发挥维护新疆发展稳定的作用。

首先,针对兵团管理体制不顺,财务困难的情况,国家适时调整了对兵团的相关管理体制和政策。主要包括:调整兵团计划及管理体制,将兵团的工农业生产计划纳入国家计委或有关部门计划;同意兵团扩大对外贸易出口权,允许兵团成立对苏、东欧外贸公司,开展外贸经营;要求将兵团上交自治区的农林特产税等,全部返还兵团,允许兵团自营国家统购统销的部分农产品,以 1987 年兵团上交自治区总额为基数,超过部分,允许兵团自营;同意将兵团边境团场作为老、少、边、穷地区进行扶贫,加快改善边境团场生产和生活条件等。这些政策措施的出台,有利于理顺兵团与国家、自治区的行政管理关系,扩大了兵团的经营权限,税收返还和对边境团场的扶贫等政策有利于缓解兵团捉襟见肘的财务困难状况。同时,随着国家对兵团发展的高度关切和政策支持力度的加大,不仅有效解决了兵团恢复初期发展的困难局面,而且极大鼓舞了兵团人心,稳定了干部职工队伍,迅速扭转了兵团人口大量外流的不利局面。从此,兵团在国家政策的大力支持下,奋起力量进行二次创业,用自身的努力和付出在推动新疆经济发展的同时,再次承担起党和国家赋予的屯垦戍边、维护新疆发展稳定的光荣历史使命。

其次,为进一步理顺对兵团的管理体制和提升兵团的作用地位,国家于1990年初正式将兵团纳入计划单列管理体制。1990年3月13日,国务院正式下发了国函〔1990〕24号文件,即《国务院关于调整新疆生产建设兵团计划管理体制和有关问题的通知》,决定实行兵团计划单列。这是国家支持兵团发展的历程中具有里程碑意义的重大变革。兵团从此可以直接参加中央和国务院召开的各种会议,兵团的各项事业发展也可以直接得到国家各部委的支持。这就彻底改变了此前兵团难以获得如水利、交通、教育等方面国家部委相关支持的不利局面。同时,兵团作为计划单列单位,党中央和国家发文中把兵团列入了各省市、自治区、计划单列市之中,这无疑使兵团的影响力和知名度迅速提高,有利于兵团开展对外开放和进行国内外各种经贸合作活动。

最后,兵团实行计划单列后,国家进一步加大了对兵团的政策支持力度,推动了兵团的迅速发展。据统计,计划单列前的1989年,国家计委与财政部给兵团的拨款总额仅为3.88亿元,而到了计划单列后的1994年,国家各部委给兵团的拨款总额已达11.94亿元,到

1997 年又增加到 19.4 亿元,技术改造等贷款也大幅度增加。这样计划单列后国家给兵团的各项实际支持大幅增加,有效解决了兵团发展中急需的资金、技术等问题。同时,鉴于兵团 58 个边境团场生态环境恶劣,生产条件极差,交通极其不便,在改革开放后的市场经济发展中处于极其不利的地位,还要担负巡边守边等任务,国家依据兵团的请求,分批将 58 个边境团场的行政、事业管理费用纳入国家财政拨款范围。这就大大缓解了兵团尤其是经济发展更为困难的边境团场的财务窘迫局面,有利于稳定兵团边境团场的建设发展,更好地履行屯垦戍边的职责使命。

此后,1997 年 10 月 10 日,党中央、国务院又下发了中发〔1997〕17号文件,进一步明确了兵团的性质、作用、地位,在体制上明确了兵团自行管理内部行政、政法工作及师职干部,再次强调了加强和支持兵团事业。兵团计划进一步进入国家计委及财政部所属各司,进一步拓展了国家对兵团的资金等支持范围,理顺了国家对兵团的管理体制,为兵团注入了新的生命力和发展动力。到了 21 世纪,随着西部大开发战略的实施,国家对兵团的资金支持、政策扶持力度持续加大,有效促进了兵团基础设施和各项事业的发展。而随着兵团不断发展壮大,其促进新疆边防安全、经济发展和社会稳定的作用日益显现。对此,正如江泽民指出的那样,"加强兵团工作,特别是支持兵团在改革开放和发展社会主义市场经济的新形势下发展壮大,是中央从治国安邦的长远角度考察作出的一个重大战略部署,也是中央为更好地维护祖国统一、加快新疆开发建设步伐而采取的一项重大措施"。①

---

① 江泽民:《听取新疆生产建设兵团工作汇报时的讲话(一九九八年七月九日)》,《党的文献》2004 年第 6 期。

二、兵团加快发展壮大推动新疆经济持续发展

如上所述,兵团恢复后,得到了国家相关政策的大力扶持。同时,加上兵团自身的不懈努力和二次创业,极大推动了兵团自身经济与各项社会事业的发展。而作为新疆的重要组成部分,兵团经济的迅速发展壮大,又极大地促进了新疆整体经济的持续快速发展。同时,在保障新疆边防安全、维护社会稳定和促进民族团结等方面,兵团也发挥了重要的作用。

(一) 兵团现代农业的迅猛发展推动新疆农业经济向现代化迈进

众所周知,兵团在极其有限且资源条件十分恶劣的土地上,通过艰苦奋斗、自力更生,建立并发展形成了国内最大的现代化农垦经济生产体系,为新疆乃至全国的农业现代化作出了重要示范和贡献作用。据统计,兵团共有土地面积仅 7.43 万平方公里,仅占新疆总面积的 4.47%,且多数分布在"风头、水尾"以及沙漠边缘等生态环境极为恶劣区域。就是在这样的土地上,兵团通过长期的努力,建成了约占全国农垦总面积五分之一的全国最大农垦垦区,并在这一过程中,探索、创造和发展了一系列适应恶劣气候、生态条件的现代农业生产技术体系,这对新疆现代农业技术的发展和农业经济效益的提升可谓作用巨大。因此,兵团作为肩负屯垦戍边使命的超大型农垦组织,在其发展壮大过程中,不仅通过自身的艰苦创业和辛勤努力,高效执行着国家交付的屯垦生产与维稳戍边任务,持续为新疆经济

发展生产和提供源源不断的丰富农牧产品,而且在这一过程中又担负起引领新疆现代农业经济发展、改造新疆落后的农业生产等历史使命。因此,兵团在新疆经济发展中的重要作用不仅体现在其数十年来开垦出上百万公顷的耕地,以及生产交售的数以亿万斤计的粮、棉等农产品供给上,而且还体现在其为新疆现代农业经济发展所做的如基础设施建设、技术研发与示范、规模经营与管理等方面的探索性、基础性工作上。

早在新中国成立初期的 20 世纪 50—60 年代,兵团初创时期,就以它特有的生产特点,积极发展科学种田和农业机械化作业,发展形成了一批具有现代特征的现代化国营农场,为新疆传统农业的现代化发展积累了相关经验和技术,指明了方向。改革开放后兵团进一步加快了农业现代化发展的步伐,通过二次创业进一步促进兵团向农牧结合、农工商综合经营、农林牧副渔全面发展的现代大农业经济体系发展。到 1994 年兵团成立 40 周年的时候,兵团农业总产值已达 72.7 亿元,占当年新疆农业总产值的 24%。此后,兵团根据国家产业政策调整和国际国内市场的需求变化,不断加快农业产业内部结构调整,在扩大棉花、瓜果等经济作物生产规模的同时,积极通过技术研发、品种改良等手段不断提高作物单产水平。例如到 2000 年,兵团棉花产量已占到新疆棉花总产量的 46.3%,占全国的六分之一。同时,兵团的棉花单产水平也在全国遥遥领先。正是在兵团农业尤其是棉花生产大发展的推动下,2000 年新疆成为我国最重要的棉花主产区,其总产、单产、人均占有量、收购量等均位居全国首位。[①]

---

① 参见陶永红:《新疆特色农产品市场竞争力影响因素初探》,《新疆经济管理》2000 年第 4 期。

现在,兵团现代农业经济体系已基本建立,农业发展已基本实现了机械化、电气化、水利化、化学化等,尤其是兵团的膜下滴灌节水农业、精准农业等现代农业模式和技术体系,不仅实现了空前的经济、生态与社会效益的统一,而且以其技术的可靠性、适应性获得了国内外市场的高度认可。在新疆,这些先进的农业生产技术和发展模式已经在地区农业生产和经济发展中发挥了强大的科技辐射和引领示范作用,并随着其广泛推广应用而正在产生越来越大的经济社会效益。随着我国现代化发展中农业用水短缺问题的日益突出,兵团的节水农业技术将进一步成为新疆乃至全国现代农业发展战略的重要技术支撑,在未来将为新疆乃至全国的现代农业经济发展作出巨大贡献。

近年来,随着市场经济的进一步深入发展和新疆经济的转型升级,兵团主要依靠农垦生产的发展方式已日益不适应时代的发展要求。对此,兵团积极通过产业结构调整、转变经济发展方式等努力,力争早日实现经济发展方式的全面转型和各产业协调均衡发展,以期为新疆的全面现代化发展和经济转型升级作出更大的贡献。对此,兵团在加快经济改革步伐的同时,进一步调整农业产业结构,挖掘农业内部潜力,取得了良好成效。例如,2015年兵团完成农作物播种面积135.399万公顷,占新疆农作物总播种面积的22.1%;而当年共实现农林牧渔总产值达971.22亿元,占新疆农林牧渔总产值的34.6%。这表明在兵团加快产业结构调整的背景下,由于加大了对农业内部潜力的挖掘和不断提升其效益,兵团现代农业经济仍然保持了良好发展态势,在新疆的农业经济发展中仍然具有举足轻重的地位和产值贡献率。

（二）兵团工业的发展促进新疆现代工业经济的发展壮大

新中国成立初期,正是驻疆人民解放军和兵团通过节衣缩食、艰苦奋斗,创办了新疆第一批大中型现代工业,奠定了新疆现代工业经济初步发展基础。这些工业企业后来都无偿交给了新疆各级地方政府,成为当地工业发展的骨干力量。特别是 1975 年兵团撤销时又无偿将新疆化肥厂、乌鲁木齐制药厂、新疆卷烟厂等 181 个工交建商企业交给自治区,大大增强了自治区的工商业经济实力。这不能不说是兵团为新疆经济发展所作出的巨大贡献和牺牲。1981 年兵团恢复后,在改革开放的大好时机下,兵团奋起进行二次创业,自力更生,再次兴办和发展了一大批二、三产业企业,逐步形成了以轻工、纺织、食品工业为重点,包括电力、钢铁、煤炭、机械、建材、化工等多门类的现代工业体系。经过十多年的努力,到 1994 年,兵团当年即实现工业产值达 95.1 亿元,占自治区工业生产总产值的 16.3%。到 2000 年底,兵团已有各类工业企业和生产经营单位 4053 个。因此,兵团不仅为新疆的现代工业发展奠定了重要基础,而且随着兵团工业以及第三产业的不断发展,已成为推动新疆经济尤其是二、三产业发展的重要力量。

同时,兵团还参加了新疆众多基础设施的投资与建设工作,例如乌伊公路、乌喀公路、中巴公路、独库公路等新疆重要公路交通的建设,都有兵团力量的大力参与。而兵团自建的各种公路,如兵团各师与团场之间、团场与团场之间、团场与所在县市之间的公路以及边境公路等,更成为沟通新疆兵地之间、边境与腹地治安的重要交通网络。据统计,到 2000 年前后,兵团共完成自建自养公路达 1.68 万公里,边境公路2140公里。这不能不说是兵团为新疆交通运输和经济发展所作出的重要贡献。而在兵团经济不断发展壮大的同时,兵团的城(市)镇化进程持续加快,城镇经济日益发达。石河子、五家渠、阿拉尔、北屯、图木舒克等一座座军垦新城从小到大,日益发展成为当地的中心城市和经济发展引擎。而依托兵团各中心团场的数十个小城镇建设,已日益发展成为经济、社会服务功能齐全的新型区域集镇,很大程度上为周围群众提供了便捷的消费、贸易以及多种社会服务场所,有效带动了周边地区的经济发展和生活水平改善。

兵团作为新疆的重要组成部分,其推动新疆经济发展的作用还体现在其上缴税收的不断增加。无论是兵团各团场的经济活动,还是兵团下属的各类企业,每年都依法向所在地政府纳税。而随着兵团经济的发展壮大和经贸活动的广泛开展,无疑有效增加和扩大了地方政府的财税来源。据统计,到2000年底,兵团国内生产总值增加到180.68亿元,同年上缴税收9.069亿元,成为自治区国内生产总值的重要贡献力量和财税大户。因此,兵团经济的迅速发展壮大,不仅是推动新疆经济发展的重要力量,也是增加新疆地方财税收入的重要力量。这对于新疆这样地方财政收入不足、赤字严重的省区来说,无疑具有更加重要的作用。同时,国家给予兵团的各项政策支持与优惠政策,既促进了兵团经济的迅速发展壮大,同时又通过兵团经济的贡献和税收推动了新疆经济的整体发展和财政收入增加。

(三) 新时期兵团经济加速发展进一步促进新疆经济转型升级

进入21世纪后,随着国家西部大开发战略的实施和国家对兵团发展的重视支持,兵团经济发展速度不断加快,其在新疆经济发展全局中所具有的地位作用更加重要和凸显。兵团经济开始在新疆的工业、农业、建筑业、服务业等领域日益发挥越来越重要的作用。兵团的 14 个师、175 个团场、4000 多家大中小企业，其中包括 14 家上市公司和规模以上企业 1400 多家，广泛分布在天山南北的新疆各地，在新疆的经济发展和社会生活中正在发挥着不可替代的重要作用。兵团以占全疆 1/7 的人口，生产了新疆 1/5 的粮食、2/5 的棉花和1/3 的棉纱、棉布、食糖，并上缴占全疆 1/5 的税金。

以"十一五"时期为例，这一时期兵团生产总值年均增长达12.9%，是兵团经济自"七五"以来发展速度最快的 5 年，经济发展实现了连续 9 年两位数增长。到"十一五"的 2010 年，兵团生产总值已达到 770.62 亿元，占全疆生产总值的比重达 14.2%。同时，"十一五"时期，兵团工业增加值年均增速达 22%，工业增加值占兵团生产总值的比重 5 年上升了 7.1 个百分点，拉动经济增长的作用明显增强。2010 年，兵团三次产业结构比为 36∶34∶30，第二产业对经济增长的贡献率达到 50.2%，已经成为拉动经济增长的主要动力。同时，这一时期兵团累计完成固定资产投资 1345 亿元，是"十五"时期的 2.3 倍，年均增速 23%以上。而兵团的粮食、油料、肉类等主要农畜产品也比"十五"末大幅增长 80.9%、88.5%和 110%。随着兵团经济的迅猛发展，兵团职工收入得到持续快速提高。2010 年，兵团城镇居民人均可支配收入达到 14559 元；团场农牧工家庭人均纯收入达到 8782 元，实现年均增长 16.4%。

2010 年，中央新疆工作座谈会的召开和全国对口援疆的启动，进一步推动了兵团经济的加速发展。此后的"十二五"时期，兵团生产总值年均增长超过 16%，兵团综合实力得到进一步大幅提升。到

2013年,兵团生产总值已达到1499.87亿元,比2009年增长84.7%,年均增长达16.6%,分别高于全疆和全国5.2个百分点和7.9个百分点,经济总量在新疆所占比重也快速提升到17.4%,比2009年提高3.1个百分点。同时,兵团经济发展转型升级速度进一步加快,城镇化率快速提升,由2009年的不足50%迅速提升到2013年的62%。而兵团城镇居民人均可支配收入也从2010年的14559元增加到2013年的23138元,到2015年更达到31432元,5年共增长近116%。此外,中央新疆工作座谈会召开以来的4年,随着兵团经济的加速发展,兵团共完成上缴各类税金459.65亿元,年均增长17.8%,对新疆和国家的经济贡献显著增强。到2015年,兵团共完成生产总值1934.91亿元,实现"十二五"期间生产总值年均增长达16%以上,占新疆维吾尔自治区比重达20.7%的巨大成效。同时,实现人均生产总值1.12万美元,进入全国中上水平行列。

在兵团综合实力大幅提升的同时,经济结构调整也取得了重大突破。三次产业结构由2010年的36∶34∶30调整为2015年的22∶45∶33,彻底改变了长期以来兵团以农业经济为主导的经济形态。与此同时,兵团城镇化加速推进,城镇化率2015年已提高到65%。同时,"十二五"期间累计实现完成全社会固定资产投资6800亿元,是"十一五"时期的5倍,年均增长39.6%。兵团所属各大企业经济效益显著提升,国有及国有控股企业"十二五"期间累计实现利润294亿元,是"十一五"时期的3.8倍,城市地方财政一般预算内收入预计累计实现236亿元,是"十一五"时期的4倍。累计上交国家和自治区税金722亿元,是"十一五"时期的2.6倍。可见,随着兵团经济的加速发展,兵团为自治区和国家所作的贡献也越来越大。

无论从增加新疆地方财税收入方面,还是推动新疆经济转型升级方面,兵团经济都发挥了重要的作用。

总之,事实证明,在新疆恢复生产建设兵团建制和不断促进其发展壮大,是完全正确的。兵团的发展壮大,不仅为新疆的经济发展增加了一支重要推动力量,而且兵团作为一个超大型的生产建设企业集团,其内部有着完整、独特的管理体系和组织系统,这种特殊的管理与组织体系使兵团能够在新疆复杂的经济社会发展中保持集中统一的优势,从而成为新疆经济建设大格局中具有举足轻重地位的核心力量。

三、兵地融合发展促进新疆各民族经济文化交融与共同发展繁荣

毫无疑问,兵团是新疆经济社会发展的重要力量,兵团工作是自治区工作的重要组成部分。但不可否认的是,随着兵团经济的迅猛发展,兵团和自治区作为两个不同的权利利益主体,在市场经济条件下必然会遇到如何形成统一协调和一致行动等问题。特别是兵团由于其自身特殊的历史使命和组织形式,实行计划单列,自行管理内部事务,因此在经济建设、资源开发、基础投资等方面难以避免与自治区之间产生如何统筹协调、利益分配等问题;稍有不慎就会造成兵、地之间各自为政、条块分割、利益冲突等问题,而这又会进一步导致新疆有限的资源、技术、人才等要素难以集中发挥作用、企业难以做大做强、双方经济结构雷同和难以形成生态保护合力等障碍问题。同时,兵地双方多民族、多文化的特点,也只有

通过兵地双方的融合发展才能促进新疆各民族经济文化的交融和共同发展繁荣。因此,大力推进兵地融合发展,加快走兵地融合发展之路,既是促进新疆各民族经济文化交融的重要前提条件,也是推动兵地一体发展和促进新疆长治久安的重要途径。对此,党中央曾明确提出兵团要加快改革财政管理体制,深入推进国资国企改革和团场综合配套改革,切实提高维稳戍边能力,大力推动兵地融合发展等殷切要求。

兵地融合发展,离不开双方的统筹协调。因此,根据兵地经济、生态、文化等特点,提出在自治区总体布局下,坚持同新疆各地区统筹协调,合理布局,坚持以兵地集聚发展、一体发展、融合发展和可持续发展为原则,综合考虑资源与环境承载能力,合理划定区域内产业集聚区、公共服务区、基础设施区、绿色空间区和待开发保留区及自然保护区。例如在城市发展上,加快哈密、奎屯、伊宁等城市兵地共建融合发展模式。在这一过程中,兵地要联手合作,统筹协调,共同促进天山北坡经济带加快发展,同时进一步壮大南疆经济带实力,增强边境经济带活力与发展速度。同时,要努力发挥兵团的地缘优势、组织优势,积极主动促进兵地融合经济发展壮大,达到以开放促发展、以统筹协调和资源整合推动发展的良好效果。

(一) 兵地经济不断加快融合进程,合力推动新疆经济持续快速发展

党中央明确提出,要围绕新疆社会稳定和长治久安总目标,积极推进兵地融合发展。而经济的融合发展是兵地融合发展的重要基础,只有不断推进兵地双方走资源共享共用、优势互补、融合发展之路,才能充分发挥双方优势,把区域企业、行业、产业做大、做强,推动新疆经济持续快速发展,不断增强新疆区域经济总体实力,确保新疆经济持续健康发展。同时,这也是实现地区资源高效配置,不断提高各族人民生活水平的必然要求。值得肯定的是,现在兵地双方已迅速打破了长期以来形成的条块体制分割和行政区划、行业界限、所有制界限,正在开展多方位、多形式的经济联合与协作发展,加快建立利益共享、优势互补、互惠互利、风险共担、共同发展的区域经济新格局。

首先,兵地双方在党和国家的战略部署下,正在积极尝试、探索走出一条区域经济融合发展之路。毫无疑问,增强区域整体经济实力,共同促进地区经济发展和社会进步,既是实现新疆发展总目标、确保新疆经济安全的需要,也是党和国家交给兵地双方的重大经济发展战略任务。因此,在社会主义市场经济条件下,兵团、地方加快破除画地为牢、各自为政的思维方式和方法,淡化行政区域观念,增强区域经济整体意识。只有从各自的小圈子里走出来,走资源共享、优势互补、融合发展之路,才能实现"双赢",才能推动新疆的大开发,实现大跨越、大发展。这就需要努力找到兵地之间多方面实现融合发展的切入点和突破口,激活双方协作发展的潜能,拓宽融合发展的领域,加快经济融合和优势互补的步伐。对此,通过积极努力,近年来,兵地双方已经建立了经济联合体 87 个,科技帮扶项目 400 多个,工业产业项目 60 余个,①初步形成了兵地经济融合发展的平台基础。

---

① 参见张晓艳:《突出抓好兵地融合　促进兵团更好更快发展——解读自治区党委经济工作会议精神》,《新疆日报》2017 年 1 月 7 日。

其次,双方正在尝试通过联合开发利用资源,努力提高资源配置效率。兵地双方都拥有丰富的农牧业资源和旅游资源,也都有自己的优势产业、技术和产品。因此,充分利用资源优势,把对自然资源的开发、利用,生态环境的保护和改善,放在兵地共同利益的基础上,进行统一布局,通盘考虑,避免过去那种各自为政、滥垦滥伐、管理混乱造成的生态破坏现象,努力创造良好的生态环境,保护地区经济的持续健康发展。同时大力发展融合经济,通过经济的融合实现资源共享,优势互补。兵地双方要把区域经济发展始终作为第一要务,特别是在缺乏资金,市场、规模偏小的情况下,更需要转变思路,把地区的名牌优势企业做大做强,兵地联合或合作做强优势产业。例如在旅游业上,兵地联合开发打造精品旅游线路的努力,既可以共同保护生态环境,又可以使旅游业在规模、服务水平、市场开发上得到大大提升,从而推动地区经济的大发展,实现利益"双赢"。

通过双方大型企业集团的努力与桥梁作用,共同开拓市场与共享原料资源,可以较好地解决企业发展壮大所急需解决的原料、市场等关键问题。例如,兵团新天国际大力发展葡萄酒业带动了地方酿酒葡萄的种植,不仅增加了地方农民的收入,同时也解决了新天酒业的原料问题。同样,啤酒花股份公司带动了兵团的啤酒花种植。另外,在农业技术领域,近年来兵地之间也进行了积极合作,实现了农业技术成果共享共用,有力地提高了新疆农业的技术水平。例如,兵团在地膜棉花、大田滴灌等先进适用技术方面对地方农业发展起到了科技示范和推广的作用,促进了地方经济发展和农民增收。仅2016年,兵团就通过大力推广现代农业技术,农业科技辐射带动项目近300个,带动了地方570个乡和村,同时兵团各类企业吸纳地方群众就业 2.9 万人、劳务就业 30 余万人次。① 而为解决兵团发展所急需的人力资源短缺问题，近年来自治区出台了鼓励大中专毕业生到兵团工作的政策，以及大量地方农村剩余劳动力向兵团劳务输出，有效缓解了兵团经济发展中所需的人力资源。

再次，共同建立产业链，增加产品附加值。在当前全国对口援疆和"一带一路"倡议实施的极好机遇下，兵地双方正在依托当地资源优势，迅速建立"风险共担，利益共享"的经济共同体，使双方都能获得整个产业链的利润。这样既扩大了企业的规模，又减少了中间环节，有利于实现新疆区域资源、资金、技术、人才的集约经营。同时，也壮大了地区经济规模和产业规模，降低了生产成本和市场风险，增加了产品的附加值，增强了地区经济的竞争力。同时，还可以有效减少低水平的重复建设，提高企业的专业化、规模化水平。因此，兵地双方应把同类行业和相同企业，采取参股方式组建成股份制企业集团，形成产业优势和产品优势。这种你中有我、我中有你、利益共享、风险共担的融合方式，有利于提高企业的竞争力，增强抵御市场风险的能力，同时也增强了当地经济的竞争力。此外，还可以实现优势互补，合力打造品牌，提高产品的市场竞争力，使双方的生产资料、技术、劳动力、信息和土地等有限的资源得到最优配置。以兵团第八师天业集团为例，2004 年，企业转轨中遇到发展瓶颈，有好的项目却没有资源。自治区党委决定大力扶持，天业工业产值也从 20 亿元发展到现在的 200 亿元，成为行业龙头。集团认为，石河子很小，所有的资源都在地方。如果离开自治区的支持，如果没有兵地融合、资源共

---

① 参见张晓艳：《突出抓好兵地融合　促进兵团更好更快发展——解读自治区党委经济工作会议精神》，《新疆日报》2017 年 1 月 7 日。

享,我们不可能得到健康发展。① 可见,优势互补,形成合力,共同建立产业链,增加产品附加值,才能提高市场的竞争力和打造品牌。

最后,兵地携手共同加快城镇化进程,促进城镇经济发展。加快城镇化建设是新疆实现跨越式发展的重要目标之一,兵地双方只有携手努力,打破行政体制等界限,最大限度整合城乡、兵地资源,加快资源共享、优势互补、融合发展步伐,才能最大程度推动新疆城镇化的进程。这是因为,无论是地方的县城、乡镇,还是兵团的小城镇,只有实行兵地统一规划、统一部署,才能更好地使小城镇发挥吸纳农村、农场剩余劳动力,解决就业的重要作用。而在大中城市的发展中,兵地双方也在积极加快体制创新,探索兵地共建、融合发展的大中城市发展之路。近年来,兵地双方已经探索出如哈密大营房区、奎屯天北新区等城市共建模式,取得了良好的城市融合发展成效。总之,只有兵地携手,才能有效形成新疆城镇化发展的强大合力。同时,在这一进程中还可以进一步使城镇成为兵地融合、共同发展繁荣的坚实基础与载体。也只有这样,才能最大限度地发掘新疆城镇化的潜力,集聚新疆城镇化的动力,减少浪费与发展成本,促进城镇化的快速发展。

总之,近年来,在国家的大力支持和统筹安排下,兵地双方优势互补、经济融合发展的趋势不断增强。兵地双方按照中央提出的"边疆同守、资源共享、优势互补、共同繁荣"的原则,积极探索,主动合作,在多个领域进行横向联合和共同开发,使兵地资源共享、融合

---

① 参见胡志坚、张孝成:《兵地融合发展谱新章》,《新疆大机遇第 7 篇》,2010年 7 月 9 日,http://china.cnr.cn/news/201007/t20100709_506706368.html。

发展取得了良好进展,对内对外开放提高到了一个新的高度。2016年,兵地双方更是通过在"维稳责任共担、农业示范共兴、精准扶贫共推、就业增收共促、教育资源共享、医疗服务共惠、科技引领共创、文化交流共融、民族团结共建、干部人才共用"等方面的努力,不断深化兵地共建共融共创,推动兵地融合向纵深发展。

(二)兵地加快文化融合发展,加速促进各民族文化交融和共同发展繁荣

第二次中央新疆工作座谈会进一步明确了新疆工作的总目标是"社会稳定和长治久安"。习近平总书记强调指出,新疆的问题最长远的还是民族团结问题。民族分裂势力越是企图破坏民族团结,我们越要加强民族团结,筑牢各族人民共同维护祖国统一、维护民族团结、维护社会稳定的钢铁长城。而兵地文化的加速交流交融,是促进各民族文化交融,加强民族团结,促进各族人民共同维护祖国统一、维护社会稳定的重要途径。因此,在新的历史时期和新的形势下,新疆兵地双方都正在不断加快改革,创新机制,为促进兵地文化交流和各民族文化交融积极探索和努力。而在这个过程中,兵团作为安边固疆的稳定器、凝聚各族群众的大熔炉、汇集先进生产力和先进文化的示范区,更要发挥引领和示范作用。这也是兵团发挥"三大作用",完成以习近平同志为核心的党中央对新时期兵团工作明确要求和殷切期望的历史使命。

首先,兵团继承发扬优良传统,努力加速推动兵地文化交融,有效促进了新疆各民族文化交融发展。互帮互助、团结友爱、优势互补是兵地之间长期以来的优良传统。这也是加快兵地文化交流、促进各民族文化交融的重要前提条件。例如,早在 20 世纪 80 年代,兵团就拿出上亿元资金帮助地方进行农田水利、交通、文教卫生等方面的建设。[①] 另外,数十年来,兵团几乎每年都派出巡回医疗队为地方各族群众防病治病,与各族人民建立了深厚的感情。社会主义市场经济的发展,为民族团结、兵地文化交融进一步深入发展开辟了更为广阔的前景,兵地双方正积极开展多形式、多渠道、多途径、多行业的横向经济联合,双方联手开发资源,共享共用资源,联合办经济实体,互利互惠,取长补短,优势互补,密切合作,使双方经济、文化相互交流和学习,成为增强民族团结、地区繁荣的物质文化基础。这些都为在新时期进一步推动兵地文化交流、构建各民族共同精神家园奠定了良好基础条件。

其次,兵团充分发挥兵地文化的包容、开放、多元特性,加速推进兵地文化融合发展,促进各民族文化交融。从自治区方面来看,新疆作为我国西部多民族聚居的最大省区,多民族、多宗教、多文化、多语言、多文明等形成了独特的新疆社会文化内容。其中,以维吾尔、哈萨克、回、汉等 13 个世居新疆的民族为主要基础,形成了多元一体、相互交融的社会生活和融合文化。另外,新疆自古以来就以其特殊的地理位置成为世界文明交汇和文化交融之地,阿拉伯文明、古希腊罗马文明、印度文明和中原文明都在这里汇聚,新疆在充分吸收这些文明的基础上形成独具特色的多元融合文化,其文化的包容性、开放性源远流长。而在当代,大杂居、小聚居的居住格局,以及来自全国各地支援边疆建设的建设者,更为新疆

---

①　参见杨发仁、杨振华主编:《新疆生产建设兵团改革与发展》,新疆人民出版社 1995 年版,第 64 页。

形成开放、包容、复合的社会文化提供了有利条件。从兵团方面来看,其主要成员由全国各地、各条战线上的各族人民汇聚而成,不同地域、不同民族、不同文化和风俗习惯在兵团相互融合,促进了兵团文化的多样性、开放性、包容性和易塑性,形成了独具特色的开放兼容文化系统。因此,兵团人和兵团文化对新事物、新行为、新文化、新习俗等更易接受,对其他民族和地区的文化风俗、价值观较易接受、理解和包容。综上可见,兵地双方都具有较为开放、包容的多元社会文化,从而为兵地相互学习、文化交流、优势互补、发展融合乃至构建形成各民族共同精神家园提供了一个基本的开放包容的社会文化基础。因此,进一步充分发掘兵地文化的包容、开放、多元特性,既是兵团践行汇集先进生产力和先进文化示范区的要求,更是加速构建各民族共同精神家园的前提。

最后,兵团不断增强的经济、文化实力,为促进各民族文化交融和共同发展繁荣提供强大物质文化支撑。近年来,在国家的大力支持和统筹安排下,兵团的经济、文化实力不断增强,现代产业发展迅速,兵团正在成为汇集先进生产力和先进文化的基地。同时,在兵团的积极推动下,兵地双方优势互补、融合发展的趋势不断增强,切实体现了中央提出的"边疆同守、资源共享、优势互补、共同繁荣"的原则,进一步密切和创新发展了兵地之间的文化交流、各民族交流交往,推动了新疆区域经济的快速发展,为促进新疆各民族文化交融和共同发展繁荣奠定了良好前期基础。当前,兵团正在进一步积极探索,主动合作,在多个领域与自治区进行横向联合和共同开发,不断增强自身经济、文化实力。例如,在现代农业技术领域,兵团不断研究探索,走出了一条适合新疆实际、节水高效的现代农业技术体系,有力地提高了新疆绿洲农业的现代技术水平,为新疆现代农业的发展和各族人民生活水平的提高作出了巨大贡献。例如,兵团在地膜棉花、大田滴灌等先进适用技术方面对民族地方农业发展起到了良好的科技示范和推广作用,促进了民族地方经济的发展和农民增收。而在就业方面,随着兵团经济、文化实力的增强,兵团企业、团场吸纳就业的能力不断提高,有效缓解了新疆各民族大量剩余劳动力的转移就业问题,改善了各族人民的生活,推动了兵地之间、各民族间的文化交流。而在教育医疗方面,随着兵团教育、卫生事业的大发展,兵团为新疆各族人民享受文化、医疗服务提供了越来越多的便利。2016 年,兵团各类中小学双语幼儿园就接收地方学生就读 7 万余人,收治地方病患群众近 400 万人次。① 这既极大满足了各族人民的教育、医疗需求,也进一步推动了兵地之间、各民族之间的文化交流和共同发展繁荣。

总之,随着兵团经济、文化实力的不断增强,兵团在推动兵地文化交流,促进各民族文化交融中将发挥更大的作用。正如习近平指出的那样,要发挥好兵团调节社会结构、推动文化交流、促进区域协调、优化人口资源等特殊作用,使兵团真正成为安边固疆的稳定器、凝聚各族群众的大熔炉、先进生产力和先进文化的示范区。② 因此,不断增强兵团经济、文化实力,为促进各民族文化交融和共同发展繁荣提供强大物质文化支撑,不仅是党中央赋予兵团的光荣历史使命,更是每

---

① 参见张晓艳:《突出抓好兵地融合　促进兵团更好更快发展——解读自治区党委经济工作会议精神》,《新疆日报》2017 年 1 月 7 日。

② 参见《习近平:紧紧依靠各族干部群众共同团结奋斗　建设团结和谐繁荣富裕文明进步安居乐业的社会主义新疆》,《人民日报》2014 年 5 月 1 日。

一个兵团人为新疆社会稳定和长治久安应承担的义不容辞的责任。

（三）兵地加快资源共享进程，联手保护新疆生态环境，确保生态安全

新疆生态环境的脆弱性，决定了在经济发展中保护生态环境的重要性和迫切性。对此，兵地双方作为新疆区域范围内生态保护的主体力量，只有加快实行资源共享、共同保护、融合发展，才能达到更好地促进实现区域生态保护和持续改善的目的。为此，近年来兵地双方共同努力，统筹协商，加快健全相关法制法规；加强执法监督力度和政府服务导向体系建设；因地制宜，优化资源配置，转变农业经济增长方式，大力发展循环经济；加强新农村建设和农业环境保护；完善生态脆弱区生态防护林体系建设；共享共用，有效配置水资源；健全区域生态环境监测网络体系，构建生态风险预警和防范的技术平台，共同保护和改善新疆生态环境。

毫无疑问，在这一过程中，兵团作为新疆开发建设的重要力量，在过去的60多年中发挥了重要的环境开发与保护改善作用。经过兵团60多年的开发建设，新疆许多地区已逐步由过去荒无人烟的戈壁荒滩生态改变成为田陌交通、渠系纵横、林带成网、道路畅通的生机盎然的绿洲生态，养育了更多的人民，为社会提供了更多的产品。兵团通过修渠建库、开荒造田、栽培作物、种植林草、发展养殖、建立团场，逐步在自然生态基础上建立起人工生态系统和农田生态系统、人工林生态系统、村镇聚落生态系统等。这些人工创造的农田、水域、植被结合在一起，就构成了兵团新的绿洲生态系统。人工绿洲生态系统中水、土、气等自然条件组合搭配更为优越，使其成为干旱区

人类生存和繁衍,经济、社会可持续发展的坚实自然基础。例如,通过人工渠道代替自然河流,人工水库代替天然湖泊,使水资源的利用效率大幅度提高;通过农业的发展和种植、灌溉、耕作、施肥等生产过程,使原来的自然土壤加速成为肥沃的人工土壤,透气透水性能改善,养分有机质增加,土壤的生产性能大幅度提高;同时在农田林网化、农田灌溉等影响下,兵团团场内部小气候明显改善——平均风速下降,相对湿度提高,优化了人类生存和发展的环境。

同时,近年来兵地双方对生态环境的保护和建设更加重视。例如在国债资金引导下,通过实施塔克拉玛干沙漠北缘、准噶尔盆地西南缘生态环境工程以及塔里木河综合治理工程,14 个师 80 个团场的退耕还林、还草,以及 400 万亩节水灌溉工程等项目建设,使交错带生态环境有了较大改善。同时,通过技术改造,关闭了技术落后、污染严重的小水泥厂、小煤矿,有效遏制了农业"白色污染",环境恶化趋势总体得到控制。通过综合治理和保护,区域生态环境明显改善,呈现了人口、资源、生态环境与经济、社会协调发展的良好态势。[1] 另外,兵地双方应积极开展以灌溉饲草料地为主要内容的草地水利建设;实行水资源总量控制,定额管理,确保生态用水为目标的水资源统一管理;加强草原共同建设管理,推行少耕、免耕、休牧、轮牧等保护性措施以及采取其他政策性保障措施等。

总之,要实现新疆人与生态环境的和谐,需要综合考虑生态、经济、体制等方面的因素。其中,兵地联合统筹的综合治理状况和资源共享、融合发展的发展模式是维护新疆草地资源、水资源、土地开发

---

① 参见傅援朝主编:《兵团发展和改革优秀调研报告:2002—2007 年》,新疆生产建设兵团出版社 2008 年版,第 15 页。

等生态安全,实现经济可持续发展的关键。也只有这样,才能实现新疆生态安全与可持续发展。

第三节　西部大开发战略促进新疆加速发展

改革开放实现了我国经济社会发展的全面转型,并由此开启了我国长达三十多年的经济高速增长,创造了在全球范围内经济长期高速增长的奇迹。但同时,作为一个发展中的大国,我国在改革开放以来的经济发展中采取了非均衡发展战略,即首先集中力量优先发展东部沿海等经济基础较好地区,然后再推动内地和西部地区发展。这就是著名的"两个大局"战略构想。因此,从 20 世纪初开始,随着国家西部大开发战略的实施,推动了新疆经济社会的全面加速发展。当然,由于新疆发展起点低,基础薄弱,与发达地区的发展差距不可能一蹴而就解决。

一、"两个大局"战略的提出与西部大开发政策实施

改革开放后,为迅速推动我国经济的发展,党和国家依据我国的基本国情,决定采用非均衡经济发展战略,优先发展东部沿海等经济基础较好地区,并给予相应的优惠和政策倾斜。同时,提出在经过一段时间的发展后,东部地区要协助内地和西部地区发展。这就是邓小平提出的"两个大局"战略构想,也是此后西部大开发战略提出并大力实施的理论基础。

　　1987 年在党的十三大上，我国提出了分"三步走"的发展战略。为了实现这一战略目标，邓小平提出了"两个大局"的战略构想。他指出：在我们这样一个区域经济发展不平衡的大国里进行建设，首先"沿海地区要加快对外开放，使这个拥有两亿人口的广大地带较快地先发展起来，从而带动内地更好地发展，这是一个事关大局的问题。内地要顾全这个大局。反过来，发展到一定的时候，又要求沿海拿出更多力量来帮助内地发展，这也是个大局。那时沿海也要服从这个大局"。① 因此，在改革之初，优先发展东部，东部经济因此实现快速发展。而西部经济发展相对放缓，东西部发展差距有所拉大正是"两个大局"战略构想在第一阶段的必然结果。而随着东部经济的腾飞，国家又不失时机地开始实施西部大开发战略，这是最终完成"两个大局"战略构想的必然要求。随着西部大开发战略的深入实施，西部地区的经济必然因此得到快速发展提高。总之，"两个大局"战略构想是国家妥善处理东西部地区之间经济发展的矛盾，在我国社会主义现代化建设进程中，统筹兼顾，最终实现东西部地区经济平衡发展的重大战略决策。

　　进入 21 世纪后，基于东部地区经济发展迅猛和现代化水平大幅提高，而西部地区发展日益滞后，东西部发展差距扩大明显的现状，国家不失时机地作出实施西部大开发的重大战略决策，全面推进我国的社会主义现代化建设和区域均衡发展。2000 年 1 月，国务院西部地区开发领导小组召开西部地区开发会议，研究加快西部地区发展的基本思路和战略任务，部署实施西部大开发的重点工作。2000

---

① 《邓小平文选》第三卷，人民出版社 1993 年版，第 277—278 页。

年10月,在中共十五届五中全会上,决定把实施西部大开发、促进地区协调发展作为一项战略任务,并强调:"实施西部大开发战略,加快中西部地区发展,关系经济发展、民族团结、社会稳定,关系地区协调发展和最终实现共同富裕,是实现第三步战略目标的重大举措。"①2006年12月8日,国务院常务会议审议并原则通过《西部大开发"十一五"规划》。目标是努力实现西部地区经济又好又快发展,人民生活水平持续稳定提高,基础设施和生态环境建设取得新突破,重点区域和重点产业的发展达到新水平,教育、卫生等基本公共服务均等化取得新成效,构建社会主义和谐社会迈出扎实步伐。

随着西部大开发战略的实施,国家不仅在发展政策、投资项目上对西部进行倾斜,而且还先后安排了巨额预算资金直接投向西部。改善西部地区的基础设施和生态环境。经过十多年的努力,一大批重大工程项目开始在西部地区建成投产,西部地区的基础设施和发展环境得到有效改善和提高。经济发展速度明显加快,人民生活水平大幅提高。但由于西部地区基础薄弱,起步较晚,与东部地区相比,发展差距仍然较为明显。

二、西部大开发战略实施以来新疆经济的加速发展

新疆是西部大开发战略实施的重点地区,也是西部大开发战略中"西气东输"等重大工程项目的起点地区和基础设施建设的重要区域。因此,西部大开发对新疆经济社会发展的促进作用十分明显。

---

① 《十五大以来重要文献选编》(中),人民出版社2001年版,第1380页。

从 1999 年到 2009 年的十年,在西部大开发的强力推动下,新疆经济出现了加速发展的良好势头,地区生产总值、工农业产值连续大幅提升。同时,财政收入、各族人民生活水平显著提高,成为新疆自新中国成立以来的又一个经济高速发展时期。

首先,在西部大开发战略的推动下,新疆充分利用国家给予的政策优势和优惠条件,发挥自身的各种优势,走出了一条又好又快的经济高速发展道路。新疆经济总量显著增加,增长速度不断加快。经济增速十年中平均达到 13.2%,但仍比西部 12 省区经济平均增速 14.9% 低 1.7 个百分点。[①] 新疆经济总量十年中实现跨越式发展,先后跃过四个千亿元大关。例如,1999 年新疆经济总量仅为 1163.17 亿元,到 2004 年首次突破 2000 亿元,达到 2209.09 亿元。此后的 2006 年、2008 年分别突破 3000 亿元和 4000 亿元,分别达到 3045.26 亿元和 4183.21 亿元。与之相应,新疆人均国内生产总值从 2004 年的 11337 元增加到 2009 年的 19942 元,年均增长 10.8%,表明在国家各项政策的支持下新疆已进入了又一个新的高速发展期。

其次,产业结构不断优化发展,现代化水平大幅提升。随着新疆经济的加速发展,新疆经济的产业结构得到不断优化和调整,一、二、三产业结构比例分别由 1999 年的 23.1∶36.1∶40.8 优化调整为 2009 年的 17.7∶45.1∶37.2,呈现出第一产业比重明显下降,第二产业比重显著提高,一、二、三产业呈现出更加协调发展的态势。表明在西部大开发的强力推动下,新疆的工业化和现代化发展正在不断加速,新疆已经开始进入现代工业社会。同时,新疆农业现代化高

---

① 参见刘文强、雪合来提·马合木提:《西部大开发视角下新疆经济发展比较研究》,《安徽农业科学》2011 年第 26 期。

速发展,设施农业、节水农业、林果业获得快速发展。从 1999 年到 2009 年,新疆第一产业增加值由 22.54 亿元增加到 68.67 亿元,年均增长 9.9%。粮食、棉花、甜菜、瓜果等产量大幅增加,例如棉花产量由 1999 年的 140.75 万吨增加到 2009 年的 252.4 万吨,增产 64%。此外,畜牧业也获得了较快发展,各类牲畜饲养量不断增加,肉产量由 81.36 万吨增加到 115.31 万吨,农牧民人均年纯收入由 1999 年的 1473.17 元增加到 2009 年的 3883.1 元,年均增长 9.21%。

再次,二、三产业发展迅猛,现代经济结构体系逐步形成。现代工业经济在国民经济中的主导地位进一步增强,工业经济开始步入跨越式发展阶段,成为拉动新疆经济发展的引擎。从 2000 年到 2009 年,新疆工业产值从 1000 亿元增加到 4184 亿元,年均增长 14.7%。而随着新疆工业生产能力的不断增强,主要工业产品产量大幅增长,例如 2009 年新疆原煤产量比 1999 年增长 210 倍,焦炭产量增长 14 倍。新疆已基本形成了以石油和天然气开采、加工和化工为主导,以煤炭、金属冶炼及加工、农副食品加工、建材等为支柱,门类比较齐全,结构相对合理,适合新疆区情的资源型现代工业体系。① 同时,第三产业发展水平明显提升,交通运输、仓储和物流、技术服务和地质勘查等现代服务业快速发展。2009 年,新疆第三产业增加值达到 166 亿元,比 1999 年增长 3.3 倍,年均增长 11.6%。2009 年,新疆仅农村公路建设投资即达 35 亿元,改建公路约 13000 公里,全区农村公路里程达到 12 万公里以上,基本形成了连接各个乡村的农村公路网络。交通运输的快速发展,直接推动了新疆经济社会的发展,改善

---

① 参见刘月兰、李豫新:《新疆产业结构变动对经济增长效应的实证分析》,《干旱区资源与环境》2010 年第 6 期。

了新疆各族人民的生活和出行。

最后,新疆经济增长质量不断提高,人民生活水平大幅改善。在新疆经济加速发展的推动下,新疆地方财政收入大幅增长,2009年地方财政一般预算收入达到388.8亿元,比1999年增长了5.4倍,年均增长16.6%,是改革开放以来新疆地方财政收入增长最快、最好的时期。与此同时,新疆各族人民生活水平明显改善,2009年城镇居民人均可支配收入达到12258元,比1999年的5320元提高了1倍以上,年均增长7.8%。农村居民人均纯收入也由1999年的1473元提高到2009年的3883元,年均增长9.2%,城乡居民储蓄余额更是由1999年的551.79亿元增加到2009年的3049.91亿元,增长近6倍。随着收入水平的提高,城乡居民的消费水平稳步提升,2009年新疆社会消费品零售总额1177.53亿元,比1999年的347.4亿元增长了2.39倍,年均增长11.7%。

总之,西部大开发以来,在国家各项政策的大力扶持和推动下,新疆经济发展迅速,产业结构不断优化提升,各族人民生活水平改善明显。事实再次证明,只有在国家的强力扶持和有效推动下,新疆的资源优势才能转化为发展优势,新疆各族人民才能安居乐业,走向共同发展繁荣。

第四节　发展不平衡与差距扩大
影响制约新疆发展稳定

发展的不平衡性和区域差距是我国自近代以来经济社会发展的

重要特征。改革开放以来,随着我国社会主义市场经济的深入发展和现代化进程的不断加速,我国不同区域之间、城乡之间、行业之间的发展不平衡性和差距再次凸显。而在这一过程中,由于种种原因,新疆不仅与东部地区的发展差距日益拉大,而且内部各地区间发展也呈现出显著差距和不平衡性,甚至同一民族内部也表现出越来越大的发展差距。究其原因,不难发现,政策改革滞后、生态脆弱与绿洲经济局限、文化多元以及非传统安全问题困扰等因素都是影响制约新疆经济社会加速发展和均衡稳定发展的重要成因。

改革开放以来,由于国家优先发展东部地区,实行梯度开发的"两个大局"战略构想,国家在投资等政策上对东部地区倾斜,推动了东部地区的迅猛发展。因此,造成东西部地区发展差距开始扩大,新疆与沿海发达地区的差距日益明显。

一、新疆区域内发展的不平衡和差距

新疆地域辽阔,区域内各地区资源、人口、经济基础等差异明显,再加上近代以来各地区在经济社会发展方面所受到的内外部影响因素不同,导致新疆区域内发展不平衡性较为突出,各地区发展差距明显。新中国成立后特别是改革开放以来,以天山北坡经济带为代表的北疆经济社会发展迅速,而南疆地区相对发展缓慢,进一步加剧了新疆区域内特别是南北疆的发展差距,使新疆区域内的发展不平衡性再次凸显。近年来,无论从经济还是社会发展的维度来看,新疆区域内地区间的发展不平衡都明显存在。例如,进入 21 世纪以来,伴随着天山北坡经济带的加速发展,新疆人均 GDP 最高的三个地区分别为乌鲁木齐市、克拉玛依市和巴音郭楞州,其中前两个地区位于天山北坡经济带,人均 GDP 2006 年就已分别达 28261 元、96006 元。而全疆人均 GDP 最低的地区则全部位于南疆,分别是克孜勒苏州、喀什地区、和田地区,2006 年人均 GDP 分别仅为 4051 元、3497 元和 3005 元。相比之下,全疆人均 GDP 最高的克拉玛依市比最低的和田地区高出 31 倍,差距之大可见一斑。而伴随着天山北坡经济带的加速发展,到 2015 年全疆人均 GDP 最高的三个地区乌鲁木齐市、克拉玛依市和石河子市不仅全部位于天山北坡经济带内,而且其人均 GDP 分别从 2006 年的 28261 元、96006 元和 20395 元,增加到 2015 年的 74340 元、131014 元和 83701 元,分别增加了 46079 元、35008 元和 63306 元。而 2015 年全疆人均 GDP 最低的地州仍是克孜勒苏州、喀什地区、和田地区,其人均 GDP 则仅分别从 2006 年的 4051 元、3497 元和 3005 元,增加到 2015 年的 16777 元、17431 元和 10215 元,仅分别增加了 12726 元、13934 元和 7210 元。不难看出,两者相比,最近这十年以来,无论是人均 GDP 绝对值还是增长规模上,前者都远远高于后者,甚至是后者的数倍乃至数十倍。同时,2015 年天山北坡经济带贡献了全疆 69.3% 的 GDP 总量,城市化率达到 61.2%,已成为新疆地区经济、社会、科技最发达,最具发展潜力和前景的区域。而同期克孜勒苏州、喀什地区、和田地区合计所贡献的 GDP 也仅占全疆的 11.95% 左右,其城市化率更是仅分别为 21.36%、24.28% 和 26.61%。[①]

再从社会发展水平来看,新疆各区域间发展差异也十分显著。

---

① 以上相关数据参见新疆维吾尔自治区统计局编:《新疆统计年鉴》(2007—2016),中国统计出版社。

例如在教育文化方面,从教学水平、师资力量、教育普及率等指标来看,位于北疆天山北坡经济带的乌鲁木齐市、克拉玛依市、石河子市等地发展水平长期位于全疆前列,发展水平较高;而位于南疆地区的三地州即克孜勒苏州、喀什地区、和田地区,则排在全疆末位,发展水平较低。两者相较差距明显。而在医疗卫生方面,以每万人拥有的医生数为指标来看,乌鲁木齐市、克拉玛依市、石河子市分别达到51.96人、41.84人和43.23人,而阿克苏地区、喀什地区、和田地区均不足15人,前后相差2—4倍以上。而婴儿死亡率后者却超过前者4倍以上。造成这种巨大差距的原因,又是与当地经济发展水平低、社会转型和现代化发展迟滞紧密相关。而且随着新疆改革开放进程的加快,南北疆地区的发展差距不是缩小而是进一步扩大了。例如1990年时,南疆三地州人均GDP相对于全疆平均水平的比例分别为46%、54%和96%,而到了2006年,已进一步下降为27%、23%和20%。此后,随着国家和自治区对南疆发展的重视和全力政策扶持推动,上述地区的发展有所加快,但到2015年,其人均GDP相对于全疆平均水平的比例仍分别仅为41.9%、43.6%和25.5%。可见,改革开放以来新疆不同区域间在现代化发展方面差异显著,甚至一段时期内发展差距迅速扩大。

二、新疆少数民族发展的内部不平衡和差距

自古以来,新疆就是多民族聚居地区。而新疆相对孤立分散的绿洲经济特点,又决定了在不同的绿洲上生活的民众经济发展水平有可能不同。即使在同一块绿洲上,也会由于不同区位的资源状况、

基础设施、城乡区别和产业不同而呈现出发展的不平衡性和巨大差异。因此,在新疆世居的 13 个民族内部,也存在着显著的发展差异和非均衡性特点。

从宏观经济增长数据上看,新疆各少数民族聚居地区的经济发展很不平衡。从 1990 年到 2009 年的二十年间,新疆各少数民族聚居地州经济发展水平和增长速度差距很大,发展不平衡性显著。例如,交通便利、以瓜果产品闻名的吐鲁番地区,是维吾尔族占 70%的典型民族地区,其人均 GDP 水平始终高于全疆水平,是全疆少数民族地区中发展最快和最富裕的。而南疆另两个维吾尔族聚居的主要地区喀什地区、和田地区则正好相反,经济发展水平在全疆最低,同时也是全疆最贫困和落后的地区。另外,从经济增长速度看,哈萨克族聚居的阿勒泰地区、维吾尔族聚居的阿克苏地区和吐鲁番地区等地在各少数民族聚居地区中经济增长速度较快,甚至长期增长速度高于全疆平均水平;而同样是这两个民族集中的喀什地区、和田地区和伊犁州直等地经济增长速度却较慢。这说明即使在同一民族内部,甚至是在同一地区,也仍然存在着较大的经济发展差距和发展的不平衡性。

同时,在西部大开发后,新疆各个少数民族人口聚居地区的经济增长速度都在明显加快。但由于各民族地区经济发展基础不同,所处的地理区位不同,因此在经济加速发展的过程中仍然呈现出较大的增速差异。处于东疆和北疆的地区如吐鲁番地区、阿勒泰地区加速发展极为明显,而位于南疆西南角的喀什地区、和田地区则由于种种原因虽然发展比此前五年有明显加快,但相对其他地区仍发展较慢。而从现代化发展的各项指标看,少数民族聚居地区特别是南疆地区仍然严重滞后于其他地区,例如在人均 GDP、文盲率、婴儿死亡率等指标上南疆地区均处于全疆较差的水平。这也说明在现代化发展方面,新疆各少数民族聚居地区的发展极不平衡,乃至相同民族在不同地区之间也具有较大的差异性。此外,在城乡之间、农牧之间,以及不同行业之间,新疆各民族内部也存在着极为显著的差异。

总之,由于各种因素的影响制约,新疆各地区之间,乃至各民族内部,都存在着显著的发展差距和发展的不平衡。长此以往,必然影响到新疆各民族团结和社会稳定。因此,加快新疆的改革创新,加大对新疆的政策扶持和支持力度,尽快缩小新疆内外部的巨大发展差距,是加快新疆跨越式发展与长治久安的关键所在。

三、新疆发展不平衡和差距显著的主要成因

笔者认为,对于新疆现实中发展的不平衡和显著差距,有必要对其原因进行深入研究分析,这样才能既为加速推进新疆经济社会全面发展和现代化转型提供科学的决策参考,又有利于新疆各族人民正确认识当前发展中存在的不平衡和差距问题。

(一) 政策倾斜与改革滞后原因

改革开放初期新疆与东部地区发展差距的迅速拉大与国家政策向东部倾斜有一定关系。同时,随着市场经济的发展,又使得此前计划经济下旨在帮扶民族地区发展的诸多政策效果迅速弱化乃至失效。而在计划经济向市场经济的转型过程中,由于改革滞后等原因,新疆等西部地区的改革进程明显滞后于东部地区。再加上新疆经济

中以石化能源等为代表的公有制经济比重过高,进一步导致其向市场经济转型发展的困难和滞后。例如,到 2015 年,新疆经济中公有制经济工业增加值仍占到全部增加值的 70% 左右。[1] 同时,由于资源税改革等严重滞后,导致长期以来新疆在石化等资源开发过程中获得的收益十分有限,无法为经济发展转型提供财税来源。而资源税改革后仅从 2010 年 6 月 1 日至 2010 年底,新疆的地方财政收入因资源税改革就增加了 20 亿元。[2] 因此,政策倾斜和改革滞后是此前影响新疆经济迅速发展的重要原因之一。不过,需要指出的是,进入 21 世纪以来,随着国家西部大开发战略的实施和全国对口援疆政策的展开,以及丝绸之路经济带战略的提出,新疆正在得到越来越多的政策倾斜和发展机遇。因此,上述不利因素已经不复存在,而代之以国家扶持新疆发展的强大有利因素。

(二) 生态环境与绿洲经济原因

任何经济生产活动都离不开特定的生态地理环境和资源禀赋基础。新疆虽然地域辽阔、生态多样和资源富集,但由于其干旱半干旱的内陆封闭环境和绿洲经济特点,导致其经济发展成本高,区域间有机联系少,难以形成统一的大市场和核心竞争力。相反,相对孤立封闭的绿洲经济更加容易走向自给自足的自然经济和地方保护主义,这些都在很大程度上制约了新疆向市场经济发展和转型的速度。同

---

① 参见新疆维吾尔自治区统计局编:《新疆统计年鉴 2016》,中国统计出版社 2016 年版,第 4 页。

② 参见陆培法、林荣华:《31 家央企"十二五"期间对新疆投资近万亿》,2011 年 8 月 25 日,http://www.ce.cn/macro/more/201108/25/t20110825_22645871.shtml。

时,由于绝大部分地区被沙漠、戈壁、石山覆盖,又使得绿洲之间相互隔绝,距离遥远,交通物流成本居高不下,严重影响到区域内的经贸往来和物资流动,更难以形成统一的大市场和集聚优势。而新疆各绿洲经济区距离东部地区和沿海市场的距离则更为遥远。据测算,新疆乌鲁木齐到全国各省会城市的平均距离达 3760 公里,距东部最近的连云港的铁路里程 3651 公里,距北京 3774 公里,距上海 4079公里。而其他那些距离乌鲁木齐动辄尚有上千公里的南北疆绿洲经济区到东部地区的距离就更加可想而知了。而乌鲁木齐与全疆 13个地州中心城市的平均运距为 742 公里,已相当于全国铁路运输的平均运距。各地州到所属县(市)平均运距为 155.3 公里,更是同等情况下全国平均运距的 2.9 倍。因此,新疆绿洲经济的特点以及运距的超长,严重制约其经济发展的有机联系与规模扩大、竞争力提升,难以形成产业集中与集聚优势。而分散的绿洲经济由于规模偏小,无法实现规模经济和促进效益提升。如新疆工业按产值密度计算,仅为全国平均水平的 1/12。这些数据都表明,新疆的绿洲经济特点,以及由此带来的一系列制约经济发展的因素,都是严重影响和制约新疆现代化发展和社会转型的重要原因。

另外,新疆的绿洲生态是极其脆弱的,这导致新疆的生态环境承载力和环境净化能力十分有限。再加上新疆水资源的严重短缺和地震、干旱、寒潮、大风、暴雪、沙尘暴等自然灾害的频繁发生,都在严重影响和制约新疆经济的持续快速发展。据统计,仅从 2014 年到 2015年,新疆就发生 5 级以上地震 9 次,以及 28 次地质灾害。[①] 而由于沙

---

① 参见新疆维吾尔自治区统计局编:《新疆统计年鉴 2016》,中国统计出版社 2016 年版,第 212 页。

尘天气等原因,2015年喀什市、和田市的空气质量好于二级的天数比例仅为22%和19%。① 而这两个地区又是全疆经济发展最为落后的地区,其工业化水平和经济规模都十分有限。即使这样,因为自然生态等原因,当地的空气质量状况也已不容乐观。因此,新疆由于整体上生态状况的极端脆弱性,使其环境承载力和环境净化能力十分有限,事实上成为严重制约其经济发展的重要自然约束。同时,正是由于新疆绿洲经济的特点和生态状况的区域差异,导致各绿洲之间在生态条件、资源基础、经济规模、市场区位、发展起点等方面的不同,进而造成新疆不同区域经济发展水平与人民生活水平的显著差异。因此,新疆整体上的生态脆弱性与绿洲经济特点,是造成其发展不平衡和发展转型滞后的重要自然原因。

(三) 多元文化(语言)原因

新疆多民族、多文化(语言)、多宗教共存的特点,使其在面对市场经济发展时更容易遭遇来自不同文化(语言)、宗教信仰方面的影响和阻力。市场经济发展所追寻的价值目标、现代化发展所带来的生产生活方式变化,以及相伴而来的传统社会向现代社会的全面转型,最终都将会深刻影响并改变新疆现有的各种文化和生活方式。但是,任何一种文化及其生产生活方式的形成都不是偶然的,而且随着时间的推移,深深植根于各民族的血液乃至灵魂深处。因此,要想短期内加以改变是几乎不可能的,而且稍有不慎极有可能造成转型发展中文化的冲突与民族关系紧张。首先,新

① 参见新疆维吾尔自治区统计局编:《新疆统计年鉴2016》,中国统计出版社2016年版,第218页。

疆多民族多语言的多元文化形态,对于市场交易、信息交流、互动沟通、文化交融等将造成现实困难和障碍。例如新疆当前包含三大语系十余种民族语言,其中仅阿尔泰语系就包括维吾尔语、哈萨克语、蒙古语、柯尔克孜语、锡伯语、达斡尔语、塔塔尔语等,这种多语言文化共存的状态对于不同民族间的交易、交流、理解、信任,以及形成和遵守统一的市场规则、贸易规范、价值观念等自然有着无法避免的影响作用。其次,新疆多宗教并存的宗教文化对于市场经济的发展也有着重要的影响作用。同时,由于长期以来国家和自治区政府以直接投资、划拨、补贴、无偿援助等实物援助方式扶持民族聚居区发展,虽然有助于短期内迅速取得政策效果,但也使当地产生对扶持政策的严重依赖,产生较严重的"等靠要"等消极思想和对帮扶政策的进一步渴求与争取。这样自然无法从根本上提高市场竞争力和经济效益。[①]

(四) 安全因素原因

市场经济的发展需要一个安全稳定的社会环境。但是,自 20 世纪 80 年代以来,由于受到国外敌对势力的渗透破坏,以及"三股势力"的蛊惑煽动,新疆以各种暴恐犯罪活动为特征的非传统安全因素迅速凸显,严重影响到新疆的市场经济发展和社会稳定。毋庸置疑,破坏新疆的社会经济正常发展也正是此类暴恐活动的重要目的之一。因为安全是任何人和社会经济发展的基本前提。随着非传统安全因素的凸显,不仅直接造成了大量人员伤亡和财产损失,严重打

---

① 参见靳薇:《西藏援助与发展》,西藏人民出版社 2010 年版,第 183、225—232 页。

击市场消费者和投资者信心,扰乱正常的市场交易和秩序,而且使当地经济发展环境迅速恶化,人才流失、资本外流、消费市场迅速萎缩,资产价格加速下跌或闲置,最终导致当地经济陷入日益萧条的恶性循环之中。因此,暴恐犯罪活动的频繁发生,不仅严重影响到新疆各族人民的生命财产安全,更是影响新疆市场经济发展和现代转型的重要不利因素。

第五节 对口支援开启新疆跨越式发展与国家政策扶持创新

对口援疆政策是党和国家对发展、扶持和帮助新疆全面发展所实行的特殊政策,是党的民族扶持政策和国家经济援助政策的有机结合。其实质是党和国家调动特殊的资源,扶持、帮助新疆发展经济及文化、教育等各项社会事业。因此,援疆政策的实施对新疆经济发展、社会进步和民族团结作用显著、意义重大。正如邓小平所指出的那样,"我们帮助少数民族地区发展的政策是坚定不移的"[1];"我们的政策是着眼于把这些地区发展起来"[2];"要使生产发展起来,人民富裕起来,只有这件事办好了,才能巩固民族团结"[3]。因此,对以西藏、新疆为代表的民族地区实行帮扶性的特殊援助政策,是促进这些

[1] 《邓小平文选》第三卷,人民出版社1993年版,第246页。
[2] 《邓小平文选》第三卷,人民出版社1993年版,第247页。
[3] 中共中央文献研究室:《邓小平建设有中国特色社会主义论述专题摘编》,中央文献出版社1995年版,第410页。

地区加速发展,实现民族团结和共同发展繁荣的重要条件,同时也切实体现了党和国家对民族地区发展的极大关切和迫切希望。

一、对口支援政策的由来与发展历程

新中国成立后,党和国家根据新疆、西藏等边远民族地区革命和建设的需要,陆续制定了一系列有关支边和援疆、援藏的相关政策措施。这些政策措施的出台及实施,是我国对口支援(疆)政策的早期雏形和经验基础。通过保障支边人员的相关待遇和给予特别补贴,这一时期国家积极选派了大批干部和各类专业人才到新疆、西藏等边远地区工作,使新中国成立初期我国边疆地区的社会主义经济建设和民族关系不断得到发展和改善,极大促进了这些地区的建设、发展和稳定。例如,仅新中国成立初的五六十年代,在党和政府的大力倡导下,全国就掀起了支援边疆(新疆)、建设边疆(新疆)的热潮。众多青年和有志之士怀着"到祖国最需要的地方去"的信念,投身到新疆的建设中,人数有百万之众,其中仅上海知识青年就达 10 万人。他们大多在新疆工作长达四十年以上,为新疆的建设和发展作出了巨大贡献。总之,自新中国成立后到改革开放前,党和国家通过各种援助和支边扶持政策,有力促进了新疆等边疆地区的发展。

改革开放后,为进一步促进边疆民族地区的经济发展,实现各地区、各民族经济共同发展繁荣,党和国家在 20 世纪五六十年代支边和援助政策的基础上总结提出了对口支援政策。1979 年,在全国边防会议上党中央第一次确定了我国内地省市对口支援民族地区的战略部署,如北京支援内蒙古,江苏支援广西、新疆,全国支援西藏。此后,为了加强和规范对口支援工作,1984年《中华人民共和国民族区域自治法》第61条首次以国家基本法律的形式明确规定了上级国家机关组织和支持对口支援的法律原则。这标志着对口支援政策进入了国家基本法律层面,而且成为我国民族区域自治法律制度的重要内容。1984年9月,国家经委、民委等四部委共同召开了全国经济技术协作和对口支援会议,有力推动了对口支援工作的全面展开。对口支援范围和领域不断扩大,形式更加多样。例如,这一时期国家新增加了上海支援新疆、西藏,广东支援贵州,沈阳、武汉支援青海。20世纪90年代以来,党中央、国务院进一步加强了对口支援政策的法制化建设。1991年12月国务院下发的《关于进一步贯彻实施中华人民共和国民族区域自治法若干问题的通知》强调指出,"要有领导、有计划地推进经济发达地区与民族地区的对口支援。经济发达的省、市应与一两个自治区和少数民族较多的省,通过签订协议,采取介绍经验、转让技术、交流培训人才、支持资金和物资等多种方式,帮助民族地区加速经济、文化、教育、科技、卫生等事业的发展"。[①]

二、对口援疆政策的不断加强与发展

在对口援疆政策方面,在继续实行江苏、上海对口援疆的基础上,到1996年,针对新疆经济发展和社会稳定仍面临许多特殊困难和严峻挑战的状况,党中央适时作出进一步加大援疆力度的战略决

---

　　① 熊文钊、田艳:《对口援疆政策的法治化研究》,《新疆师范大学学报(哲学社会科学版)》2010年第3期。

策。从 1997 年开始,对口援疆的省市增加到北京、天津、上海和山东等 8 个。对口支援新疆 16 个地州中的 10 个地州、56 个县市和新疆生产建设兵团的 3 个师,大大增强和扩大了对口援疆的支持力度和地区范围。截止到 2010 年,8 省市累计向新疆无偿援助资金、物资达 43 亿元,实施合作项目 1200 多个,到位资金 250 多亿元,并为新疆培训各类人员 40 多万人次。① 2011 年,为尽快实现新疆跨越式发展和长治久安,在党中央的高度重视与决策部署下,新的 19 省市对口援疆工作开始全面启动。对口援疆范围扩大到新疆 12 个地州、82 个县市和兵团 12 个师。到目前为止,各对口支援省市已组织实施超过 1600 个援疆项目,投入援助资金超过 150 亿元,并规划十年内投入约 1600 亿元援疆资金。②

同时,近年来国家各部委也积极开展对口援疆工作,通过发挥各自行政优势,出台切实有效的部门援疆政策措施,进一步促进了对口援疆的深入开展。例如,在科技与教育方面,从 2010 年起,国家每年安排 2000 万元资金支持科技援疆项目,以此助推新疆科技实现跨越式发展。③ 而在教育方面,教育部则通过实施"对口支援西部地区高等学校计划"和"援疆学科建设计划",大大促进了新疆各高校的学科建设、人才培养、科学研究和办学质量等。同时,在国家的支持及教育部教育援疆的推动下,新疆双语教育、南疆乃至全疆十五年免费

---

① 参见乔天碧:《援疆不仅仅是经济上的事情》,《今日中国(中文版)》2010年第 7 期。

② 参见《十九省市对口援疆两年:实现"两个百分百"》,2012 年 5 月 30 日,http://www.ts.cn/homepage/content/2012-05/30/content_6880953.htm。

③ 参见王大霖:《国家每年斥资两千万科技援疆》,《中亚信息》2010 年第 2 期。

教育等重大举措开始迅速实施和推广普及,极大促进了新疆基础教育的发展和各族人民素质提升。农牧业是新疆的重要支柱产业,它的发展,直接关系到新疆广大各族群众的切身利益。对此,2007年,农业部全面开启了全国农业援疆工作。"十一五"以来,据不完全统计,仅支持新疆畜牧业发展的资金就达到28.61亿元,有效加快了新疆畜牧业基础设施建设,显著改善了农牧民生产生活条件,扶持了一批重点优势产业,有力促进了新疆现代畜牧业和牧区经济社会又好又快发展。① 同时,农业部还累计安排新疆及兵团各类中央农业基本建设和财政专项资金94.7亿多元,这些都有力促进了新疆农牧业发展基础条件的改善和综合生产能力的提高。② 另外,通过转移支付、专项资金等渠道,中央投入的援疆资金规模将更大。例如,央企"十二五"期间在新疆投资将成倍增加,31家央企计划在新疆投资达9916亿元。③ 在上述全国对口援疆政策的强力推动下,新疆经济获得了新一轮前所未有的大发展。从2010年到2015年,仅五年间新疆的地区生产总值(GDP)就从5418亿元增长到9324亿元,实现了连续四年生产总值年均增长近千亿元。同时,新疆各族人民生活水平极大改善,城乡居民收入增速跃居全国前列,基础设施建设全面推进。现在,随着现代丝绸之路经济带的建设发展,以及新疆作为"丝绸之路经济带"核心区和"东联西出"战略中枢地位的确立,正在给

---

① 参见张志恒:《光辉的历程——农业援疆回顾》,《新疆畜牧业》2010年S1期。

② 参见陆军:《农业部从十个方面加强农业援疆工作》,《农业工程技术》2010年第10期。

③ 参见陆培法、林荣华:《31家央企"十二五"期间对新疆投资近万亿》,2011年8月25日,http://www.ce.cn/macro/more/201108/25/t20110825_22645871.shtml。

新疆的社会经济发展带来新的前所未有的机遇和活力。

总之,在党和国家的高度重视和大力支持下,近年来对口援疆的规模之大、力度之强、范围之广前所未有,为新疆的经济社会发展、民生改善、长治久安提供了极为重要的外部动力和政策保障。例如,在全面对口援疆政策的强力推动支持下,仅 2011 年新疆民生建设投入就超过 1400 亿元。① 这在以往是根本无法想象的。因此,全国对口援疆对新疆经济发展、民生改善的强力支持和推动作用不仅意义重大,而且其效果和影响也非常深远。

三、进一步加强对口援疆政策的完善创新

综上所述,近年来随着中央新疆工作座谈会的召开和全国对口援疆政策的确立实施,援疆政策规模、援疆资金和项目数量之多、力度之大、范围之广,在援疆发展史上前所未有。但同时,我们也发现,由于种种原因,对口援疆政策的法制化、规范化以及激励机制和地域文化针对性等都有待建立或完善。这也是保障对口援疆政策长期有效运行,并最终取得预期效果的关键所在。因此,在此基础上,进一步发展创新对口援疆政策和建立相关运行机制,是当前对口援疆工作中亟须解决的重大问题。这也是关系到最终能否实现新疆跨越式发展、民生极大改善、长治久安三大目标的重要前提条件。

第一,借鉴国内外相关援助政策的成功经验,总结援疆政策的经

____

① 参见《新疆以对口援疆成就深化主题教育活动》,2011 年 7 月 13 日,http://news.ts.cn/content/2011-07/13/content_5978846.htm。

验得失,加快对口援疆政策的法制化、规范化进程,为对口援疆政策的长期稳定、规范运行奠定制度保障。目前,国外有大量关于在现代化进程中国家各区域发展不平衡及援助政策等方面的经验和研究,例如美国、德国在现代化发展中的区域援助政策和日本的区域干预政策等,可供援疆政策参考借鉴。在国内,援藏等政策经验值得认真研究借鉴,以避免在对口援疆中"援助依赖"①的发生。在此基础上,认真全面总结以往援疆政策的经验得失,结合当前对口援疆中出现的新问题、新矛盾,研究制定今后对口援疆政策长期稳定运行的法制化、规范化准则和要求。重点做好援疆资金及使用方向、援疆项目审批及资金监管、项目后期评估和跟踪管理等方面的规范化、程序化乃至法制化建设。逐步通过援疆政策的法制化、规范化建设,使全国对口援疆有章可循、有法可依,从而达到规范政府行为,优化新疆发展与投资环境和公共服务,保障援疆政策长期稳定有效运行,形成推动新疆跨越式发展强大合力的良好局面。

第二,探索以"互利共赢"原则构建对口援疆中的长效激励机制,激发援疆省市的积极性与主动性。在当前的市场经济条件下,各省市谋求发展和竞争优势的冲动前所未有。在这种情况下,即使有中央权威的指令与鼓励,希冀援疆省市长期大量无偿援助或投入仍然不切实际。而新疆作为资源富集地和我国实施东联西出的中枢所在,其发展的前景极其广阔。新疆的丰富资源和独特商贸区位,都将可能为援疆省市未来的经济发展与市场扩大提供外在条件。因此,在对口援疆中积极探索和建立以"互利共赢"为原则的长效激励机

---

① 参见靳薇:《西藏援助与发展》,西藏人民出版社2010年版,第183、225—232页。

制,不仅是可行的,而且也必将促进新疆和援疆省市的共同一体发展,从而在实现援疆政策高效快速发挥作用的同时,促进我国各区域经济的均衡一体发展和整体经济规模的扩大。

第三,各援疆省市应根据新疆各地州地域特点、资源禀赋和文化特征等加强对口援疆政策的地域、文化针对性设计。新疆地域辽阔、民族众多,区域内各地区资源禀赋、发展水平、产业结构、文化底蕴等都差异明显。因此,各省市能否在对口援疆政策设计中把握地域特点和文化特性,是关系到援疆政策能否充分利用和发挥新疆各地区地缘和资源优势,实现各民族积极参与并成为发展主体的关键所在。同时,这也是提升新疆经济自我发展能力的有效途径和衡量对口援疆工作的重要参考标准。避免在援疆中简单照搬东部发展模式,有选择有针对性地做好东、中部产业转移承接,增强新疆自身造血和发展能力,从而奠定区域经济社会持续进步和最终实现跨越式发展和长治久安的基本途径和根本保证。

第六节　新疆自我发展能力的提升

作为全国面积最大的边疆省区,新疆的建设发展除了依靠国家的强有力扶持和援助外,还需要靠自身的努力和建设来提升自我发展能力。新疆地大物博,资源丰富,具有实现内生性增长和内涵式发展的良好条件。例如新疆是我国煤炭、石油、天然气储量最为丰富的省区,其储量分别占我国的40%和30%以上。其他矿产资源也极为丰富,而且矿产种类全,储量大,目前已发现的矿产就达138种,其中,5 种储量居全国之首,25 种居全国前五位,40 种居全国前十位,开发前景十分广阔。此外,新疆还拥有非常丰富的土地资源、草场资源和旅游资源,这些都为新疆自我发展能力的提升和跨越式发展提供了坚实的资源基础保障。因此,借助长期以来国家对新疆的一系列政策扶持措施,加快相关政策扶持体系的完善创新,不断提升新疆的自我发展能力,并最终形成维护新疆发展稳定的长效机制,意义重大。

一、改革创新民族经济扶持政策,
助力新疆自我发展能力提升

新中国成立以来,党和国家对新疆的发展稳定高度重视,并出台了一系列民族经济扶持政策,推动了新疆的发展和稳定,取得了显著成就。但随着时间的推移,特别是进入新时期以来,由于多种因素的变化影响,不少民族经济扶持政策的执行和作用出现了各种问题和不足,对新疆等民族地区的发展推动作用持续下降。因此,迫切需要改革创新民族经济扶持政策,以帮助解决新疆等民族地区的发展问题和加快自我发展能力提升,这也是推动实现各民族共同发展繁荣与中华民族伟大复兴的必然要求。

首先,改革创新,清理整合以往的经济扶持政策内容体系。有序改进传统的直接"输血式"民族经济扶持政策方式和实物性援助方式,提高其针对性和实际效果。在此基础上,逐步建立以培养新疆地区自我发展"造血"功能为主的新型扶持政策体系。新型扶持政策体系的重点应放在促进加快新疆地区改革开放步伐,激发其内在活力,为新疆地区的改革发展营造宽松环境等方面。如制定相关政策,进一步加大资源税改革力度和扩大范围,补偿新疆地区资源品的开采开发,对新疆地区资源主要输出地进行利益补偿和环境修复,以及调动当地民众的积极性与参与性等。

其次,要根据不同民族地区的特点与差异建立有区别和针对性的新型扶持政策体系。新疆各地区在历史文化传统、生态资源环境、经济发展水平及发展规律等方面差异巨大,其各自所需求的发展目标、内容和方式也因此不同于主流社会的传统实践和一般想象。因此,只有建立有区别和针对性的扶持政策体系,以内源发展为主,培育新疆各地区内生增长力为目标,统筹兼顾新疆与东部地区及其内部一般和特殊、经济和社会、生态和文化等之间的复杂关系,才能更好地为新疆地区协调可持续发展服务和实现当地民众真正需要的发展。

最后,在发展创新和建立新型民族经济扶持政策体系的过程中,特别需要尊重新疆地区文化的多样性和特殊性,以及当地民众在发展中的主体作用。只有适应当地地域环境与文化特征,立足于当地民众已有的能力和特长,并在发展中能够充分调动和发挥当地民众主体作用的政策设计,才能不断培养和发展当地民众的创造力和自信心,培育和发展少数民族的自我发展能力。而只有在这个基础上,新疆地区的跨越式可持续发展才可能真正发生和实现。

总之,以新疆为代表的民族地区现存的各种矛盾和问题,归根结底要靠全面发展进步和自我发展能力提升来解决,而这又需要通过发展创新民族经济扶持政策体系来提供外部推动力。因此,积极探索适合新疆地区发展实际的路径模式,创新相关政策扶持机制,把对少数民族的援助和扶持同促进当地少数民族自我发展能力相结合,以促进新疆地区内生增长力的发展。这是从根本上加强民族团结、实现民族平等和共同繁荣,实现中华民族伟大复兴的途径和保证。

二、改革创新民族发展扶持政策,
夯实自我发展能力提升基础

新中国成立以来,党和国家不仅确立了民族平等团结和民族区域自治等大政方针,保证了新疆各民族依法享有平等发展和当家作主的权利,而且还制定了一系列涉及少数民族权益的发展扶持政策措施,帮助促进各民族加快发展进步,尽快实现自我发展能力提升。例如在干部任用、教育培养、升学就业和人口生育等方面都予以特殊优惠照顾等。数十年来,党的上述民族发展扶持政策在新疆得到了有效贯彻和执行,并取得了举世瞩目的巨大成就。不过由于新疆起点低、底子薄以及多种因素的影响制约,虽然发展速度不可谓不快,但与东部地区相比发展差距仍旧存在。而随着改革开放以来东部地区的优先发展和先发优势,使得这种差距甚至在一段时期内有不断扩大的趋势。因此,必须正视和高度重视这种发展差距的存在,加快发展创新民族发展扶持政策,不断加大对新疆地区发展的支持力度。通过国家的西部大开发、对口支援等重大战略举措来扶持发展新疆地区。借助国家重大扶持政策的有利外部支持,推动新疆经济发展,不断夯实新疆自我发展能力提升的基础。

同时,还需要不断创新民族发展扶持政策,使其能够为新疆自我发展能力提升发挥更大的作用。应该看到,此前的民族发展扶持政策大多制定于新中国成立初期和计划经济时代,伴随着时代发展和社会经济变迁,不少民族发展扶持政策措施存在的环境和基础早已发生改变,许多方面都出现了与新疆地区实际发展不相适应的情况。因此,在新的形势下,需要顺应时代潮流,适时发展创新相关政策扶持措施,才能更好地促进新疆各民族的现代发展与共同繁荣,才能尽快为实现新疆地区的自我发展能力提升提供人才、技术、文化等基础支撑。总之,只有不断发展创新民族发展扶持政策,进一步适应新疆当地的地域环境与经济文化特征,紧密结合当地民众已有技能和特长,才能不断培养和发展当地民众的自我创造力和自信心,培育和发展少数民族的自我发展能力。而只有在这个基础上,新疆地区的自我发展能力才可能真正实现提升,跨越式可持续发展才可能真正发生,长治久安才可能最终实现。

三、创新民族人口与教育扶持政策,为自我 发展能力提升提供人才智力保障

调整和发展创新新疆民族人口生育照顾政策,统筹人与自然的和谐发展。当前,我国和新疆的民族人口政策目标应为促进少数民族实现现代型繁荣,而不是传统型繁荣。数十年来,新疆的少数民族已经实现了在数量上的大幅增长,达到了传统型民族繁荣的目标,而与以结构合理、素质提升为标志的现代型民族繁荣还相差甚远。在现代经济时代,只有追求现代型民族繁荣,才能最大程度提高新疆少数民族的人口素质;只有促进新疆少数民族的现代发展,才能为新疆

自我发展能力提升夯实人才基础。

改革和完善新疆少数民族教育招生照顾政策。少数民族教育政策特别是招生政策以降分、加分、优先录取等照顾性措施招收民族学生,这虽然有助于民族学生有更多机会接受高等教育,在一定时期内有积极作用,但这种长期以降低入学标准为代价的照顾性政策,其负面影响也不容忽视。由于基础较差,使得相当一批少数民族大学生缺乏相应的文化科技水平,既不能适应现代化建设事业发展的要求,也不利于本民族的发展与进步。在计划经济时代,由国家统一分配工作,民族毕业生的就业基本没有问题。但在市场经济条件下,公平竞争,择优聘用,相当一部分民族毕业生的就业就会遇到较大困难,很容易因此产生失落感和歧视感。而继续实行照顾性的招工就业政策,既与市场经济的原则背道而驰,又有可能严重影响企业的员工素质、工作效率。因此,在新时期需要加快调整改革相关政策,加大对新疆各地区基础教育和职业教育的投入,改善其设施条件、师资力量,提升教学水平,培养民族学生自强自立、努力拼搏的精神。在给予一定照顾政策的同时,严格培养过程,从根本上提升其综合素质和科技水平。这也是提升少数民族素质、促进其现代发展的重要保证。而只有在此基础上,新疆地区的自我发展能力提升才真正有了人才与智力支撑,才有可能早日实现。

四、畅通底层利益诉求表达渠道, 建立维护稳定的长效机制

新疆的发展稳定问题关系到我国的国家安全和现代化事业成

败。因此,在新疆积极探索建立维护稳定的长效机制至关重要。目前,除了在经济上大力援助发展新疆地区经济、改善民生外,还需要在社会管理和问题矛盾解决方面加快改革步伐,及时了解与化解各种问题和矛盾,密切党和政府同群众之间的血肉联系,促进各民族之间的交往与互信。其中,通过制度化设计,有效畅通新疆底层群众利益诉求表达,是建立维护稳定长效机制的重要方面。在新疆,制度化利益诉求渠道虽然有自治机构、人大、政协、信访等多种渠道,但由于相关制度设计安排较为复杂,同时新疆底层群体文化不高、语言能力单一,对复杂的行政程序缺乏了解,其利益诉求表达很难符合行政程序要求,导致实际中政府决策往往与底层利益诉求相脱节,其作用有效性受到较大影响,也使底层群体对原有的制度化利益诉求信心不足。而通过工会、妇联、新闻媒体等渠道只能起到单向信息传递的诉求作用,无法及时解决问题。在这种情况下,底层群体为达到引起决策部门重视和问题解决的目的,极易转向集体上访、静坐、游行乃至较极端方式进行诉求表达,也极易被民族分裂分子等"三股势力"所利用,成为新疆不稳定的重大影响因素。

因此,亟须改革创新制度化利益诉求表达与解决机制。当前,新疆地区改革加速深化,传统的社会、经济与民族关系迅速变化,不同群体、族群利益关系不均衡性加速凸显。这些都使底层群体利益诉求趋向不断多元化、复杂化、个体化。传统的信访接待以及疏导劝说解决方式已难以满足来自多方面的不同利益诉求。因此,需要根据新疆地区发展稳定实际,加快制度化利益诉求表达与解决机制改革创新,建立维护稳定的长效机制。首先,通过制度设计乃至立法畅通底层群体利益诉求表达渠道,从制度层面上消除底层利益诉求表达障碍与解决困境。通过将畅通底层利益诉求表达与解决纳入各政府部门的工作职责以及领导政绩考核之中,以法律等形式对畅通与及时解决利益诉求问题作出明确规定,才能真正促使政府各部门积极主动作为,加快解决问题。这样才能把底层群体利益诉求问题引入制度化、合法化途径,维护新疆地区的发展稳定。

其次,建立加强对底层群体利益诉求的司法救济、救助制度。通过司法救济,引导底层群体依法解决利益诉求问题,及时化解矛盾冲突。同时,通过司法救济达到降低群众诉讼成本,方便群众,使现有的司法制度真正成为底层群体利益诉求表达与问题解决的主阵地,从而逐步引导其从非理性的集体上访、游行等方式转向合法化途径,降低底层群体利益诉求表达的个人成本和社会成本。而这也是党和国家要求依法治疆的重要实践方面。同时,通过司法救济途径,还有助于防治政府部门及工作人员中的推诿、拖延、搁置等不利于底层群体利益诉求问题的行为,实现用法律手段规范、促进行政机构及人员积极作为,及时解决矛盾问题。

再次,运用现代先进技术,建立快捷方便的网络诉求渠道和主要领导负责的工作制度,把处理底层群体来信、来电、电子邮件、网络留言等作为重要的工作内容,使其真正成为听取与化解底层群体利益诉求问题的重要手段。运用高效快捷的现代信息系统,建设开放的信息咨询与处理平台,尽最大可能方便底层群体通过网络进行诉求表达与查询解决情况。让社会各界了解、参与对底层群体利益诉求的解决与评判。同时,建立由主要领导负责的行政督查工作制度,从制度层面上加强督导与解决问题能力。

最后,开拓利益代言人渠道,发挥底层(族群)精英、专家学者、非政府组织等底层群体代言人作用。民族地区底层群体由于受文化、语言等障碍制约,有必要通过开拓利益代言人渠道,帮助其准确合理表达利益诉求和理解政府决策。同时,通过开拓利益代言人渠道,还可将底层(族群)精英等纳入规范有序的政治参与中,进而增强底层群体与政府的联系沟通与互信,有利于促进民族地区的发展稳定和长治久安。

五、加快治霾去污进程,不断巩固民生改善基础

当前,雾霾污染对人类生活生产、经济发展、身心健康乃至国家安全等的严重影响已日益引起全社会的广泛关注。因此,加快防治雾霾污染,再现蓝天绿水,已成为普惠民生的最大福祉和保障区域乃至国家安全及可持续发展的必然要求。但是,由于种种原因,与东部地区相比,当前各界对新疆雾霾污染的严重程度及其潜在危害却较少关注。而实际上,新疆由于特殊的环境与气候等因素影响,长期以来部分区域尤其是南疆的喀什、和田、阿克苏等地雾霾(主要为沙尘)污染十分严重,甚至长期成为全国雾霾污染最严重的地区。对此,如果不能尽快加以防治改善,必然会给新疆当地的经济发展、民生改善带来巨大障碍,进而对新疆的反恐维稳和工作总目标实现造成严重不利影响。因此,只有加快实施新疆治霾去污,才能不断巩固新疆民生改善的基础,为新疆实现社会稳定和长治久安总目标创造有利环境。

(一) 当前新疆严重雾霾污染的现状及其特征

近年来,由于气候变化、生态退化、工业污染等因素的变化影响,

新疆部分绿洲区域雾霾污染日益加重,其空气质量指数(AQI)长期处于污染状态,甚至高居全国榜首并屡屡"爆表"。但是,相对于东部地区,当前各界对新疆严重的雾霾污染却较少关注。这一方面是由于此前新疆在人们的印象中总是原生态的草原雪山、戈壁大漠,另一方面则是由于新疆的雾霾污染主要集中在占其总面积仅8%的适宜人居的绿洲上而易给人以错觉。但事实上,由于地理、气候、工业污染等因素的影响,当前新疆尤其是南疆绿洲区域正在遭受空前严重的雾霾污染。

首先,近年来新疆全区城市环境空气质量迅速下降,雾霾污染日益加重。根据近年《新疆统计年鉴》和新疆各地发布的《环境状况公报》相关统计来看,从2009年到2015年,新疆全区城市环境空气质量状况呈逐年下降趋势,即从2009年的空气质量优良天数占全年的85.5%下降到2015年的70.2%,短短数年间下降幅度即达15.3个百分点。而全区污染天数占比却从2009年的14.5%迅速增加到2015年的29.8%,增加了1倍以上。而在这个过程中,新疆除乌鲁木齐等少数城市的空气质量有所改善外,大部分城市空气质量呈现下降甚至是急剧下降趋势,并导致2015年全疆近八成城市空气质量未达标。

其次,南疆部分城市空气质量下降明显,雾霾污染严重。在全区空气质量迅速下降的过程中,南疆喀什、和田、阿克苏等地冬季雾霾、春夏季尘霾污染迅速加剧和凸显。据统计,从2012年到2015年,上述地区全年空气质量优良天数占比分别从34.9%、43.4%和63.1%剧降到22%、19%和41.3%,下降幅度最大的和田甚至被"腰斩"。而仅2016年上半年喀什的重污染天数就达84天(其中严重污染天数又占55天),占比达46.1%。与此同时,在当地沙尘暴引发的严重雾霾污染影响下,喀什"白昼如黑夜"等报道屡见报端。

最后,部分长期以空气优良著称的城市如石河子、哈密、五家渠等地空气质量日趋下降,雾霾污染爆发并显著增加。据统计,从2012年到2015年,上述地区全年空气质量优良天数占比分别从92.9%、90.2%和92.9%下降到77.5%、82.1%和76.5%,下降幅度虽然不及喀什、和田等地,但仍十分显著。而且其雾霾污染主要集中在冬季采暖期内爆发,并与天山北坡经济带其他城市共同形成了雾霾污染的带状分布,再加上其发生成因与气候条件、燃煤污染、工业布局等多重因素相关,防治难度十分复杂艰巨。

(二) 新疆严重雾霾污染的成因分析

当前,随着各族人民健康环保意识的迅速增强和全国各地空气质量状况的即时发布,新疆凸显的严重雾霾污染已日益引起各族人民的高度关注。同时,鉴于雾霾污染对各族人民生产生活、身心健康、经济发展和生态保护等方面带来的严重威胁,以及进而对新疆民生改善、反恐维稳基础巩固和新疆工作总目标顺利实现带来的巨大阻碍,都要求我们必须科学分析、客观揭示其发生成因。这既是加快新疆治霾去污,为推进新疆工作总目标创造有利环境的前提要求,也是疏导不良情绪和稳定社会心理、维护社会稳定的必然选择。综合来看,新疆严重雾霾污染的成因主要如下。

1. 自然原因,包括地理、气候与生态退化等因素。新疆居于亚欧大陆中心地带的地理环境和干旱半干旱的气候特点,使得当地生态十分脆弱(生态非平衡性),且环境(容量)自净能力非常有限。同时,新疆又是全球四大沙尘暴区和现代沙尘暴的高活动区之一。因此,处在当地沙漠、戈壁包围中的绿洲区域,遭受扬沙浮尘乃至沙尘暴袭击导致空气严重污染也就在所难免了。而即使在历史时期,当地也不乏"土雨"、"飞沙走石"的记载。因此,当前新疆严重的雾霾污染首先与当地的地理环境、气候特点有着重要关系。而近年来新疆雾霾污染的迅速加重则又与当地生态退化、植被覆盖减少等导致的沙尘天气增加有着紧密关系。

据统计,新疆2012年比2011年全区区域性沙尘天气增加了7次,局地性沙尘天气增加了58次,而南疆部分区域沙尘天气呈全年多发态势。而新疆2015年比2014年区域性沙尘天气又增加了2次,全区共发生区域性沙尘天气18次。从中不难看出,新疆尤其是南疆局部沙尘天气的发生已呈全年均有发生的严重程度。同时,从空气污染物成分来看,南疆区域的主要污染物为可吸入颗粒物即PM10,喀什等地含量年均高达300微克/立方米以上,而细颗粒物即PM2.5含量则相对较低,但也在100微克/立方米左右。这些都表明,由气候与生态因素引起的扬沙浮尘是造成南疆局部区域雾霾严重污染的主要原因。而绿洲边缘过渡带的缩小乃至消失以及草原退化又是新疆总体生态恶化的重要成因和表现。据统计,新疆目前85%的天然草场发生退化,其中30%属于严重退化。而绿洲边缘过渡带的不断退化缩小又使绿洲直接面对沙漠的侵蚀。这些都使得地表植被盖度严重下降和绿洲缺乏外围生态屏障,为扬尘起沙天气不断增加提供了可能。

2.发展原因,包括能源与产业结构、工业污染与布局等因素。不可否认,近年来新疆雾霾污染的迅速加重与能耗猛增、工业污染加剧有着紧密关系。新疆以燃煤为主的能源结构和以重化工业为基础的产业结构,导致其长期以来工业污染一直较重。而近年来冬季逆温静稳天气的增加,造成污染物不易扩散而迅速累积,更加凸显了其与新疆雾霾污染的紧密联系。一方面,新疆漫长的冬季采暖期(一般为半年)内燃煤消耗和污染物排放大量增加,而城市人口、机动车的增加和供热面积的扩大又使相关污染排放迅速累积;另一方面,不少地区为发展经济,近年来大建工业园区和引进高能耗高污染企业,导致在狭小的绿洲空间内污染物排放成几何级数增长,这些都使各族人民赖以生存的有限绿洲生态环境及空气遭到日益严重的污染。

此外,在有限的绿洲空间内工业布局不当和过密则是造成天山北坡雾霾污染加重的又一成因。例如,在距五家渠市仅数十公里范围内就有各类工业园区 4 处,最近的直线距离仅有 7 公里。而在整个天山北坡经济带的狭长有限地域内,从东向西密集分布着隶属于不同行政主体的数十家工业园区。它们在贡献全疆 70% 工业产值的同时,也把严重的污染带给了当地。同时,由于主体责任不清造成的监管困难,致使这一地带工业污染相互叠加和迅速累积,并形成了天山北坡带状的严重雾霾污染区域。例如,2016 年 1 月与上年同期相比,五家渠、乌市米东区、石河子的 PM10 分别增加了 110%、71.6% 和 121%,致使空气受到严重污染,长期处于污染状态。另外,石化等挥发性有机物挥发、工程施工与道路扬尘、散煤与秸秆焚烧、季节性地表裸露起尘等,也在一定程度上造成新疆空气质量下降乃至污染。

(三) 严重雾霾污染对新疆工作总目标的多重不利影响分析

新疆严重的雾霾污染正在给当地各族人民的生产生活、身心健康、经济发展以及生态保护等带来多重不利影响,如果不尽快加以防治,势必严重威胁到新疆民生改善、反恐维稳的基础和新疆工作总目标的实现。对此,只有尽快治霾去污,才能为实现新疆工作总目标创造有利环境和基础保障,而且有利于为我国整体雾霾防治积累经验和提供借鉴。

1. 雾霾污染严重威胁各族人民身心健康和社会心理稳定

研究表明,空气污染物导致的人体疾病可达 25 种之多。[①] 同时,空气污染与呼吸系统疾病、心肺疾病及肺癌死亡率的增加都有密切关系。[②] 新疆作为气候恶劣的边疆落后区域,各族人民原本就易受到各种疾病的困扰,从而导致因病致贫、因病返贫等严重影响民生改善的事件发生。而近年来新疆各地雾霾污染的迅速加重,无疑将使上述情况变得更加严重。而这对于新疆的精准扶贫、民生改善和各民族共同发展繁荣显然有极为不利的影响。同时,雾霾污染使天空阴暗,能见度下降,甚至"白昼如黑夜",使人感到压抑、焦虑、情绪低落等,容易引起灰暗心理和狂躁情绪,这种情绪如果不能及时疏导,就容易引发社会心理不稳,而这对于新疆维护社会稳定的工作目标显然是不利的。此外,严重的雾霾污染还会遮蔽监控设施,使反恐监控网络难以发挥作用。因此,雾霾污染不仅严重影响新疆各族人民的身心健康和幸福指数,而且也不利于社会心理稳定和民生改善基础的巩固,更不利于反恐维稳的战略需要。

---

① 参见王建忠、武晓宁、贾丽红:《乌鲁木齐冬季雾霾天气对城市人群健康危害浅析》,《第 26 届中国气象学会年会气候环境变化与人体健康分会场论文集》,2009 年 10 月。

② 参见郭蕾:《大气污染及对人体健康的影响》,《卫生研究》2003 年第 3 期。

2. 雾霾污染严重影响新疆经济发展与现代治理能力提升

雾霾污染严重影响新疆工业生产以及现代交通物流等产业发展,而这些产业是新疆经济发展的重要支柱。新疆是我国的能源基地和西气东输、西电东送的起点,而严重的雾霾污染却正在给新疆的工业生产和能源输出带来日益沉重的压力。同时,严重的雾霾污染又给当前国家在新疆发展大规模航空物流产业造成巨大阻碍。例如严重雾霾多次使大量航班延误乃至取消,造成高速公路封闭以及各种交通事故频发,这些都严重制约了新疆交通瓶颈的突破和现代治理能力的提升,并进一步影响到新疆作为东联西出交通物流中枢地位的确立和发展。

3. 雾霾污染严重影响新疆旅游、农业发展与民生改善

旅游、农业产业是新疆的优势产业,也是促进各族人民就业和增收致富的重要基础。研究表明,每增加 1 名旅游从业人员就能为社会提供 5 个就业机会。[1] 但是,严重的雾霾污染不仅造成交通受阻和游客却步(避霾已是旅游趋势),大大制约了新疆入境客流量的增加,使其难以做大做强,[2]而且又给新疆旅游产业的基础——原生态的景观风光等带来了日益严重的侵蚀。例如,早在 2001 年新疆著名的天山天池景区就已受到一定程度的雾霾污染。[3] 由于新疆生态环境的脆弱性等原因,其原生态的自然景观极易受到雾霾污染的破坏

---

① 参见杨智勇:《草原旅游发展对牧区社会经济影响的研究——以内蒙古自治区锡林郭勒盟为例》,《内蒙古财经学院学报》2008 年第 6 期。

② 参见高广阔、马利霞:《雾霾污染对入境客流量影响的统计研究》,《旅游研究》2016 年第 4 期。

③ 参见吐尔洪·依明:《天池景区大气污染现状及改善措施》,《新疆师范大学学报(自然科学版)》2001 年第 2 期。

侵蚀。而从国际经验来看,即使像新加坡这样生态优越的国家,旅游经济也曾因雾霾影响受到严重打击,导致旅游景点歇业,游客骤减。① 另外,严重雾霾污染遮挡阳光,其降尘遮蔽农作物叶面,既影响其光合作用和正常生长,又使其品质受到影响,这就严重影响到新疆无霜期短的农业发展和农民增收致富。同时,长期的严重雾霾污染势必造成地表光热辐射不足,造成绿洲赖以生存的冰雪融水趋于减少,长此下去会给新疆农业甚至会给整个绿洲带来致命危机。

4.雾霾污染严重影响新疆形象

与暴恐等突发危机事件相似,严重雾霾污染给新疆的形象和发展前景笼罩上了又一层阴影。而两者叠加更使其具有了巨大的负面社会心理作用,导致新疆形象严重受损和精英人才、资金、技术等加速流出,进而对新疆的发展后劲和长治久安造成根本削弱。同时,媒体对雾霾报道的偏窄如集中于其可能的严重危害等,这就导致一方面由于公众对雾霾的认识不足而疏于防护、造成对健康的损害;另一方面则容易引发公众的恐慌、不满等情绪,严重威胁到社会心理稳定。尤其是当前公众环保、健康意识的迅速增强和全国空气质量指数的即时发布,更加凸显了新疆南疆喀什、和田等地雾霾污染的严重性。但同时又缺乏对其产生综合成因(如生态退化、扬沙浮尘、能耗结构等因素)及政府积极应对的解释说明。这就容易造成公众的误解和不良情绪,也容易被敌对势力所利用,成为其进行蛊惑煽动和负面解读的"依据"。而这些无疑将对新疆反恐维稳的大局产生极其不利的负面影响。

---

① 参见《新加坡雾霾导致旅游景点歇业　游客数量骤减》,2013年6月26日,http://go.huanqiu.com/news/2013-06/4066325.html。

（四）加快新疆治霾去污的对策建议

综上，新疆由于特殊的生态、气候等条件，以及近年来燃煤能耗、工业污染等的迅速增加，导致其容易在漫长的冬季采暖期和春夏季扬沙浮尘等天气下形成严重雾霾污染，且呈逐年加重趋势。对此，如果不尽快加以防治改善，势必严重威胁各族人民的身心健康、经济发展和民生改善，使大美新疆形象受损和生态遭到进一步破坏，进而严重影响新疆民生改善和反恐维稳的基础巩固，也无法为新疆工作总目标创造有利环境。因此，只有加快治霾去污，才能既实现普惠民生等多重效果，又有利于为新疆工作总目标乃至全国雾霾治理创造有利环境。

1. 从国家层面和战略高度，应首先将雾霾最重、生态脆弱和沙尘源头的新疆作为全国治霾的突破口，既为全国治霾积累经验和消除沙尘输入影响，又有利于迅速扭转当前新疆雾霾加重、污染加剧的严峻局面，为新疆反恐维稳和工作总目标创造有利环境。这也是由新疆作为我国的能源基地和西北生态屏障，以及反恐维稳主战场的特殊地位决定的。多年来，新疆作为我国的能源基地，为我国的经济发展和雾霾防控作出了巨大贡献，但其自身也面临着日益加重的雾霾污染。而这又与其传统能源利用比重大、新能源发展不足和技术落后直接相关。新疆丰富的光、热、风、生物质等资源则因此无法充分利用。对此，只有从国家层面和战略高度出发，从国家层面实现相关技术、资金以及统筹协调机制等的供给保障，才能为新疆发展新能源和工业结构优化提供坚实支撑。同时，防沙治沙、生态修复和环境美化，也需要国家层面的生态补偿统筹协调和资金、技术等投入。因此,国家层面的相关支持是加快实现新疆治霾去污和可持续发展的关键前提,也是促进实现新疆工作总目标和推进绿色"一带一路"建设的必然要求。

2. 从自治区层面,在推进环保机构监测监察执法垂直管理制度改革和严禁高污染企业进疆的同时,借助反恐维稳监控网络和联防联控优势,加快推进治霾去污网格化、精细化治理进程,实现对治霾去污的高效精确监控。同时,依据不同区域雾霾污染具体成因加快针对性治理进程。如南疆应首先加大沙尘污染治理,通过土地承包确权、生态用水保障和奖励措施等调动各种力量,加快退化草场恢复(禁休轮牧与人工改良)、绿洲荒漠过渡带生态修复(飞播种草)等,实现地表植被覆盖和固土封沙。这就需要政府提供制度、用水配额、生态奖励金以及必要基础设施等,加快农牧民产业转移和积极进行林草种植等生态建设。而以工业污染为主的北疆,则首先要加大工业排污治理,通过法规细化落实、环评完善和权益协调引导,加快去煤炭产能,改进能耗结构、工业布局,推动各地政府、园区和企业协同防治雾霾污染,加快清洁生产和减少对资源环境的破坏。此外,继续推进兵地联防联控、优势互补、开放共赢等相关机制改革创新,持续凝聚治霾合力和完善雾霾的社会风险防范与化解体系。

3. 从兵团层面,将治霾去污与兵团的特殊使命相结合,充分发挥兵团执行力强等特殊优势,通过率先践行五大发展理念加快治霾去污和实现兵团特殊作用发挥。首先,兵团要加快高效节水农业、精准农业先进技术在全疆的推广应用,通过其实现新疆生态用水保障和实现农业去污减排并生态化,有效保障新疆环境绿化和大美新疆建设。其次,兵团要依托新能源发展优势(2015 年底其装机规模占比已达总量的 16.3%），在相关领域示范发挥创新、绿色等发展理念，引领新疆发展新能源和绿色循环经济（需国家层面的资金技术等支持），使新疆丰富的光、热、风、生物质等资源优势得到充分利用，如光伏及风能发电、地热及沼气开发等推广应用，既促进新疆能耗结构优化和工业减排，又有效降低散煤与秸秆焚烧，改善环境和提高人民生活质量。而新疆尤其是南疆极为丰富的光热资源（全年日照时数近 3500 小时）和大量无法利用的荒漠空间，由此也将实现有效利用和优势转换。最后，以"气化兵团"、家庭户用光伏发电技术为示范，推进新疆各族居民屋顶、大棚与光伏发电、太阳能利用结合，实现以新能源广泛应用促进治霾去污。

4. 从行业及企业等层面，运用环保执法和政策扶持等"组合拳"，加快行业及企业对治霾去污相关技术、工艺的改善和推广应用。例如，通过税收减免等鼓励促进煤化工、煤电企业对湿法脱硫脱硝工艺的改进完善，石化等行业加强对挥发性有机物的挥发扩散控制等；采用补贴等引导个体、企业、经营单位等加大新能源、清洁能源的使用，加大对各自所属范围内的绿化和植被覆盖；通过相关法规到位加快对各种施工和道路扬尘的控制治理等。同时，传媒行业要加快治霾去污传媒内容、舆论引导方式的改进创新，努力通过多种传媒方式和多种语言形式，采用如公益短片、环保节目录制等方式，及时发布环境保护权威信息，用各族人民喜闻乐见的形式科学介绍雾霾成因、影响及政府的积极应对措施等。在雾霾严重时期，更要加强舆论引导，加大对政府积极应对举措的报道以及科学防护的方法，同时加大公众参与和互动力度，迅速疏导不良情绪和稳定社会心理，不给敌对势力以可乘之机，维护社会稳定和引导全社会共同积极应对雾霾污染。

六、加快深化兵团改革,加速促进兵团
发展壮大和维稳戍边能力提升

聚焦维护社会稳定和长治久安,在事关新疆根本、基础、长远的问题上发力,充分发挥兵团作为稳定器大熔炉示范区的"三大功能",不断发挥兵团调节社会结构、推动文化交流、促进区域协调、优化人口资源的"四大作用",是以习近平同志为核心的党中央对新时期兵团工作的殷切期望和重大使命要求。因此,在新的形势下,对于曾成功履行屯垦戍边战略使命的兵团来说,这无疑是时代赋予的更加光荣和艰巨的历史重任。对此,兵团只有一如既往地牢记职责使命、砥砺奋进前行,以改革的勇气和智慧不断攻坚克难,加快相关体制机制改革,尽快实现从传统屯垦戍边方式向现代维稳戍边方式的转变,才能充分释放发挥兵团的活力和魅力,不断推进兵团治理体系与现代治理能力建设,并最终为高效履行和完成好党中央赋予的重大职责使命提供强大基础保障。同时,这也是兵团加速发展壮大和向南发展,更好发挥特殊作用,促进实现新疆社会稳定和长治久安总目标的必然要求。

由于国内外反恐形势的变化,新疆迫切需要通过兵团等维稳力量实现稳定发展。而兵团作为长期执行屯垦戍边战略使命的特殊组织,也迫切需要通过加快深化改革以实现快速发展壮大和反恐维稳能力提升。因此,加快深化兵团改革,是确保兵团特殊作用充分发挥和完成党中央对兵团"三大功能四大作用"要求的必然选择。特别是在当前兵团向南发展的进程中,只有进一步弘扬兵团精神,在精神

引领下加快深化改革进程,促进顶层设计与基层首创相结合,加快兵团经营模式和用人机制改革,加快运用大数据技术提升兵团现代治理能力等,才能不断推进兵团尤其是南疆团场的经济结构优化、吸纳就业与集聚人口能力增强,最终实现兵团向南发展与维稳能力提升。

(一)进一步弘扬兵团精神,为兵团改革和维稳能力提升提供强大精神动力

兵团自成立以来,就以南泥湾精神为依托,通过不断发扬军人品格和奉献精神,战天斗地、不畏艰险、前赴后继,用空前的激情和艰苦卓绝的努力圆满完成了党和国家交付的屯垦戍边创业使命。当前,在新的形势和挑战下,要想加快实现兵团改革进程和维稳能力提升,就需要一如既往地牢记使命,进一步弘扬兵团"热爱祖国、无私奉献、艰苦创业、开拓进取"的伟大精神,从而不断凝聚、鼓舞和激励广大干部职工,牢记时代使命和职责担当,为完成各项改革任务和维稳能力提升提供强大精神动力、思想引领和有利舆论环境。尤其是在南疆各师团,更要大力弘扬大漠胡杨、戈壁红柳、绿洲白杨、天山雪松所代表的兵团扎根边疆、坚韧不拔、顽强不屈的精神,不断激发干部职工积极扎根南疆、自觉履行使命的精神追求。同时,进一步加大力度弘扬抢抓机遇、锐意改革、勇于创新、攻坚克难、敢于担当、主动融入、借势发力等新时代兵团精神,加快塑造形成时不我待、改革进取、奋力拼搏、砥砺奋进的兵团精神风貌,不断促进发挥兵团精神敦风化俗等文化示范与引领作用,为加快实现兵团改革落实和维稳能力提升提供不竭精神动力和支持。

（二）坚持顶层设计与基层首创精神相结合，最大限度促成改革合力与活力

首先，要通过顶层设计加快兵团相关管理经营体制模式改革，全面破除农垦企业等传统思维定势和计划经济思想，加快推进兵团内部政企、政资、政事、政社分开和职责界定，不断健全和转变兵团"政"的职能。按照精简、统一、效能的原则健全其行政机构，并整合其原有机构，实行大部制。在健全其行政职能和行政执法权的同时，要尽可能提高行政效率，严格管控规范编制管理，减轻兵团财政负担。其次，要切实尊重基层首创精神，尤其在政企、政资、政事、政社分开的改革进程中，更要坚持顶层设计与基层首创精神相结合，以实现最大限度促成改革合力和活力，最大程度满足与保障基层（职工）利益诉求。只有如此，才能加快探索实践政企分开的有效实现形式，加快促成企业改革改制和经营类事业单位转企改制。而在加快理顺政资关系、加快实现兵团国有资产所有权与经营权分离的过程中，只有大力发扬基层的首创精神和调动广大职工的积极参与，才能形成集思广益、群策群力和民主监督的有利氛围，最大限度增加经营活力和保障国有资产保值增值。最后，在政事、政社分开的过程中，既要通过顶层设计加快分类改革，又要通过积极倡导基层首创精神，调动与发挥广大基层职工群众的能动作用，合力做好基层公共事业与社会工作。对此，既要从顶层设计上区分类别通过给予财政保障或补助的方式，推动经营性事业单位转企改制和公益性事业单位严格机构编制管理。同时，要通过鼓励基层首创精神，让其自由积极探索具有兵团特色的社会管理模式和社会组织形式，以加快处理好目前兵

团普遍存在的老龄化严重、贫富分化加剧等社会问题,革除以往"官办社会"模式的不足与缺陷,使社会组织、社区、事业机构等真正成为服务社会、整合社会的主体。

（三）加快经营机制尤其是用人机制改革,增强兵团凝聚人口与人才魅力

市场经济条件下,兵团要实现凝聚人口和不断发展壮大的目标,就必须尽快解决好兵团经营机制尤其是用人机制的问题。只有实现人尽其才并享有充分的获得感、成就感,才能不断吸引和凝聚各种人才献身兵团事业。因此,要在加快兵团相关体制机制改革完善的同时,重点加快用人机制的改革优化完善,不断提升兵团魅力和对人才的吸引力,实现"引得来、用得上、干得好、留得住"等综合效果。同时,要把兵团经营机制改革和用人机制改革有机结合,协同发力。例如,在改革完善统分结合的双层经营体制过程中,兵团要加快规范土地承包费收支管理,加快建立严格的管理制度和监管办法,有效扩大职工土地承包经营自主权,这样才能既促进激发土地要素活力,又有利于增强职工的获得感和保障收益增加。另外,通过加快推进兵团政企分开、政资分开相关机制改革,充分调动和发挥企业的经营活力和创造力,加快盘活兵团国有资产,并通过现代企业的建立发展构建形成人才培养、使用、激励等一整套高效科学的用人机制体系。同时,以企业的发展和激励措施不断增强员工的满足感和获得感,不断壮大兵团经济实力和增强其吸纳就业与凝聚人口能力。

（四）运用大数据等技术，加速提升兵团现代治理和反恐维稳能力

毫无疑问，大数据、互联网技术正在从技术上改变新疆各绿洲、兵团各团场传统上地处偏远、孤立分散、信息闭塞等不利状况，并极大影响到新疆各族人民的生产生活方式和文化、信息交流方式。同时，当前大数据技术已成为反制恐怖组织通过网络空间散播谣言、发布恐怖信息、传播暴恐音视频等非法活动的关键科技支撑。因此，大数据技术、互联网技术对于当前兵团及各团场提升现代治理和维稳能力无疑也是最好的技术选择。一方面，通过运用大数据技术，构建大数据平台，即可以迅速实现对各团场、连队的行政、执法、反恐、经济、社会、生态、人员等海量信息的即时收集处理，极大提升兵团以及师团对其治理现状与反恐趋势的科学研判与决策能力，以及迅速作出部署反应、政策调整并即时传达执行的能力，实现兵团范围内各层级之间、不同主体之间的高效信息传达与交流互动，从而迅速提升兵团的现代治理与维稳能力。另一方面，以大数据技术为支撑、以"互联网+"为代表的新型产业对于兵团的发展也具有重要作用，它既能够促使兵团顺应和紧跟"互联网+"时代潮流，又有利于加快促进兵团特色农牧产品等"走出去"和外部信息、技术、人才等"走进来"，促进区域乃至全国范围内各民族商贸、文化交流和就业增收。而兵团也只有紧跟时代步伐，加快以现代科技占领产业发展制高点，才能迅速发展壮大经济、加快实现人口集聚和优化人口结构。因此，兵团要在新时期发挥特殊作用，提升现代治理和反恐维稳能力，就必须加快占据科技制高点，通过掌握大数据技术和构建互联网大数据平台，才

能实现现代治理和高科技反恐维稳能力提升。也只有这样，才能不断促使兵团从传统屯垦戍边模式向当前现代治理和反恐维稳模式转变。

（五）以共享发展理念为指引，加快兵地融合和各民族共享共荣发展

共享是中国特色社会主义的本质要求，也是保障发展成果由人民享有，使全体人民有更多获得感的前提条件。因此，对于兵团来说，要在新时期完成职责使命，就必须以共享发展理念为指引加快相关体制改革进程，从而促进新疆兵地、各民族人民都能共享改革发展的成果，进而实现共同发展繁荣。因此，要创新完善兵地之间各级各层次融合发展的机制，加快形成共享经济和融合发展格局，以此促进形成各民族文化交融共建与优势互补、和衷共济的局面。对此，兵团要和周边乡村尽快建立发展融合经济的体制机制，通过经济的融合实现资源共享、优势互补以及产业链的延伸，最终形成"风险共担，利益共享"的共享经济共同体。同时，兵团要在落实兵地融合发展城镇体系的过程中，加快实施推进兵地产业发展和工业园区建设。通过创新完善利益调节与共享分享机制，加快兵地共建产业园区、企业以及合作开发资源步伐。同时，在南疆兵团要加快先进生产方式和先进文化的示范共享，如加快一产精准农业技术、高效节水农业技术的共享和示范推广，造福周边民族乡村和各族人民。此外，要充分利用当前"一带一路"倡议给新疆带来的优势转换机遇，加快实施"请进来、走出去"战略，推动兵地携手、各族人民群策群力发展外向型产业和共享经济、分享经济模式。在有条件的地区，兵团还可以通过尝试接收或托管周边乡村,实现与各民族的共建共享与嵌入式融合发展。

(六) 以特色小镇融合式发展为契机,加快推动南疆师团城镇化建设步伐

要以加快兵团建设特色小镇为契机,加快推动南疆兵团城镇化建设步伐和实现兵团职权健全完善。当前,兵团仅有建制镇 10 个,仅为团场总数 176 个的零头。因此,无论是从促进兵团城镇化发展还是通过设市建镇来实现行政职权健全方面来说,都是远远不够的。对此,要以国家培育建设特色小镇为契机,加快选择在维稳戍边战略支点、交通便利和人口、经济规模较大的团场建设特色小镇。通过兵团尤其是南疆师团建设特色小镇,推进其加快管理经营模式转变和产城融合发展,不断提高公共服务水平,增强集聚人口能力,实现兵团向南发展和嵌入式融合发展。对此,抓住国家培育建设特色小镇的机遇,在南疆师团重点布局建设 10 个左右的特色小镇,实现通过特色产业发展形成产业聚集。产业聚集带来就业人口增加,形成常住居民并带动各种需求,进而促进地产、金融、公共服务等配套产业及设施的发展,不断推动城镇化架构的形成。同时,以特色小镇进一步培育壮大特色产业和提升城镇核心竞争力,不断夯实和做大特色小镇的产业资源基础,最终转化为面向市场的核心吸引力,进而实现发挥其区域经济引擎综合效应,带动周边乡村特色产业发展和人口向特色小镇聚集等。

总之,只有在兵团精神的鼓舞下,牢记职责使命、砥砺奋进前行,不断加快兵团改革,推进实现兵团在管理经营模式理念、体制机制、

科技支撑等方面的全面优化完善,才能为打造魅力兵团、迅速发展兵团经济、优化人口资源、壮大人口规模和提升维稳能力提供有利前提保障。也只有在此基础上,兵团尤其是南疆各师团才能真正成为先进生产力和先进文化示范传播的重要载体和支点,成为促进当地各民族交往交流交融的可靠平台和熔炉,成为维护稳定、反制暴恐与分裂的坚固前沿阵地和堡垒。

第六章　改革开放以来国家政策扶持新疆发展的实证分析——以农业为例

新疆是我国传统的农牧业大区,同时也是经济落后、少数民族聚居的最大边疆省区。因此,农业不仅是新疆社会经济发展的重要组成部分,更是关系到广大各族群众增收致富的基础产业。而新疆作为我国生态环境相对脆弱、经济发展水平较低的区域,又给其农业产业发展带来了如生产成本高、销售渠道不畅、附加值低等困难。对此,改革开放以来,在国家的大力扶持下,自治区通过一系列农业相关政策变革和支农政策,在推动新疆农业迅速发展的同时,不断提高农业经济效益和各族农牧民增收水平,切实改善了新疆各族人民的生产生活水平,有效促进了新疆的发展稳定和农业安全。

第一节　改革开放以来新疆农业发展的基本状况与主要成就

新疆是我国的农业大省和相对落后的省区。长期以来,农业一直都是新疆经济的重要支柱。在 1990 年之前,新疆农业产业产值占 GDP 的比重长期高于二、三产业。① 改革开放后,在国家政策的大力扶持下,伴随着相关农业政策制度变革、投入增加、科技进步以及农业资源开发等多重因素的合力推动,新疆绿洲农业发展迅速,农业现代化水平不断提高,农民收入增加明显,取得了一系列前所未有的发展成就。

一、改革开放以来新疆农业发展的基本状况

自古以来新疆就以独具特色、丰富多样的农牧产品闻名于世。新疆的绿洲农业历史悠久,特色鲜明,长期以来为当地经济发展、社会进步作出了巨大贡献。新中国成立以来尤其是改革开放后,在国家一系列政策改革和支农措施的推动下,自治区加快了相关农业政策变革以及财政支农步伐,通过政府推动下的土地制度变革与相关农业政策改革,极大地调动了新疆各族农民这一发展农业的主体力量,实现了改革开放以来新疆农业的跨越式发展,推动新疆绿洲农业的发展进入了一个崭新的时期。

从整体上看,改革开放以来,新疆农业发展呈现出高速增长的良好态势。其各项指标如农林牧渔总产值、粮食产量、棉花产量、农业机械总动力、农民人均纯收入等都保持了长期的大幅增长,甚至是两位数以上的高速增长(见表6-1)。而在新疆农业长期保持快速发展的同时,新疆耕地总面积的增长幅度相对十分有限。这表明改革开

---

① 参见朱金鹤、崔登峰:《新疆产业结构:演进、升级与优化》,《新疆农垦经济》2007 年第 8 期。

放以来,新疆农业的发展主要得益于提高单位面积产出、加速机械化和提高土地生产率,而不是简单依靠耕地面积的大幅增加等因素。因此,毫无疑问,这一时期是新疆农业机械化水平迅速提高、集约化进程加速推进的代表时期,也是新疆农业现代化发展进程不断加快的关键时期。同时,随着新疆农业的迅猛发展,农民人均纯收入获得大幅增高,农民人均生活消费支出也同时实现大幅增长。这说明新疆农业的发展对于各族农民增收致富作用巨大,也是其提高生活水平、改善生活状况的最重要收入来源。

表6-1 改革开放以来新疆各时期农业经济增长情况统计

指 标	平均增长速度(%)					
	1980—1985	1985—1990	1990—1995	1995—2000	2000—2005	2005—2015
农林牧渔总产值	10.2	10.0	6.7	6.9	6.0	5.9
农业产值	11.0	10.7	7.0	6.4	4.9	7.1
年末耕地面积	-0.6	0.0	0.3	1.8	0.2	0.1
粮食产量	5.2	6.4	1.5	2.1	1.6	5.6
棉花产量	18.8	20.1	14.8	9.9	5.5	7.7
农业机械总动力	9.2	6.3	4.5	5.4	5.6	8.1
农民人均纯收入	14.5	11.6	10.7	7.3	8.9	7.7
农民人均生活消费支出	13.8	11.8	13.3	5.6	9.3	9.4

数据来源:新疆维吾尔自治区统计局编:《新疆统计年鉴》(1989—2016),中国统计出版社。

具体来看,改革开放以来新疆农业的发展主要经历了三个阶段。由于不同阶段农业发展的内外部环境与条件差异较大,因此,在这三个阶段中新疆农业发展的速度、规模呈现出较大的区别。

第一阶段(从1978年到20世纪90年代初期)是新疆农业的高

速增长时期。这一阶段正是改革开放之初全国实行农村家庭联产承包责任制,由政府推动下的农村土地经营制度变革以及农副产品收购价格的大幅提高,直接激发了新疆各族农民发展农业的积极性,同时农业贷款与财政支农力度也不断加大,有效弥补了农业资金短缺与投入不足,农业的物质投入迅速增加,农业基础设施显著改善,农产品产量大幅提升(如表6-1中所示这一时期粮食、棉花产量增长状况),农民收入与生活状况显著改善,农业高速发展(如表6-1中所示这一时期新疆农民收入、农业产值等增长状况)。

第二阶段(从20世纪90年代初到21世纪初期),家庭联产承包责任制对农民积极性的促进作用已日益衰微。而在这期间由于农业生产资料价格大幅上涨,以及农业种植结构相对单一和粮食连年丰收,新疆农业发展开始出现"卖粮难"、"增产不增收"等结构性问题,一定程度上打击了农民生产的积极性。例如,1997年全疆三种粮食和棉花的亩均物质费用分别比1996年增长46%和18.7%,亩均总成本分别增加32%和32.3%①,使新疆农业发展受到一定影响。同时,政府在这一时期未能很好地调控农业赋税、摊派等农民负担问题。例如1994—1999年,新疆农民人均纯收入实际平均增长约为5.4%,而农民人均农业税赋和社会负担却分别年均增长约为12.7%和29.3%,负担的增长速度远远超过收入②,导致农民增收困难和农业发展速度趋缓。好在20世纪90年代中期以后,随着我国市场化改

---

① 参见王宁:《新疆农民收入分析与农民增收对策》,《新疆农垦经济》2003年第6期。

② 参见王永宁:《新疆农民收入现状分析及其对策》,《新疆农垦经济》2003年第5期。

革不断深入,政府于 1994 年、1996 年两次大幅提高粮食收购价格,水稻、小麦、玉米三种主要粮食作物的收购价格比此前提高了 75%[①],在一定程度上降低了税赋负担等的负面影响,刺激了新疆农民继续发展农业的积极性。此外,这一时期新疆大量农业后备资源的开发利用部分地扩大了农业经营规模(如表 6-1 所示,1990—2000 年间新疆耕地面积持续增加),一定程度上增加了农民收入,使新疆农业发展趋缓的状况有所改善。

第三阶段(从 21 世纪初至今),随着市场经济的深入发展,农业的比较效益不断下降,政府号召农民进行结构调整和转移就业。这一时期政府开始对粮食生产进行补贴,并且相继实施了农业税减免、新农村建设等一系列惠农支农政策。而新疆作为西部多民族聚居区,同时又得到了在西部大开发、全国对口援疆等国家战略下更多的政策帮扶措施。例如仅 2012 年,新疆就安排财政各项强农惠农富农政策补助达 295 亿元,较上年新增近 29 亿元,按照全区 1200 万农牧民计算,预计实现农牧民人均转移性收入年度新增 240 元。[②] 与此同时,还安排重点支农专项资金 1.8 亿元,主要用于支持现代种业发展、扶持棉花高产创建、机械化采棉和加强农产品市场开拓等方面。因此,在上述强有力惠农支农政策的推动下,大大降低了农业生产经营的成本,有效增加了农业收益和农民收入,重新激发了新疆各族农民发展农业生产的积极性和主动性。同时,随着农产品商品化程度

---

① 参见王祖力、肖海峰:《中国粮食综合生产能力实证分析(1978—2004)》,《新疆农垦经济》2007 年第 6 期。

② 参见简咏梅:《今年新疆惠农政策补助预计达 295 亿元》,2012 年 4 月 5 日,http://www.xjxnw.gov.cn/c/2012-04-05/933074.shtml。

的加速提高,在市场需求变化的引导下,农业结构调整不断加快,主要表现为粮食作物种植比例持续降低,经济作物如棉花、林果业种植比例持续上升。例如从 2000 年到 2015 年,粮食作物的种植比例从42.66%下降到 38.61%,而棉花的种植比例则从 29.87%增加到37.11%。而由于农业种植结构变化与市场需求保持一致,经济作物比例的不断提高,有效增加了农业产值和农民收入。因此,这一阶段在多种政策支持措施的推动下,新疆农业发展速度再次加快,农业结构调整取得显著进展,农业现代化水平进一步提高,农民收入增加明显。

此外,特别值得一提的是,兵团农业作为新疆农业的重要组成部分,在改革开放以来的农业发展中扮演了重要的技术示范与发展引领作用。兵团农业作为新疆农业中技术最先进、现代化水平最高的农业,不仅具有农业规模化经营和技术装备先进的优势,而且还率先开展了以节水农业、精准农业为主的现代农业技术探索应用,并且建成了由国家科技部批准建立的智能化农业信息技术应用示范工程——新疆兵团示范区。现已初步完成了新疆棉花综合管理专家系统、小麦综合管理专家系统、棉花生长模拟专家系统及新疆棉花病虫害诊断防治多媒体系统,还与北京环宇大众数码技术有限公司合作,共同开发了 PDA"农福星"掌上电脑专家系统。它包括棉花、小麦、玉米、西瓜及甜瓜等栽培技术过程,病虫害综合防治技术等。①

目前,兵团在规模种植、机械化程度和农业生产水平等方面,已基本具备向现代化集约农业转化的条件,实施精准农业战略势在必行。

---

① 参见魏敏、何勇、马蓉:《精细农业在新疆绿洲的应用研究与探讨》,《农机化研究》2003 年第 1 期。

兵团率先实施精准农业技术,为新疆农业发展起到示范带头作用。但是关于精准农业的研究和应用,新疆还处于起步阶段,许多技术支持手段还不十分成熟,有待于不断研究和完善。开展精准农业这一新技术的研究、示范和推广,需要从新疆农业的具体情况出发,高效、合理地利用新疆绿洲资源,减少浪费,降低成本,减少过量投入对环境造成的污染,保持生态农业,实现绿洲农业可持续发展的目标。

二、改革开放以来新疆农业发展的主要成就

改革开放以来,在政府农业相关政策的改革、调整、创新以及财政扶持等措施的推动下,新疆农业取得了迅猛发展和辉煌成就,实现了改革开放以来新疆农业的跨越式发展,特别是在农业总产出、机械化水平、农民收入等方面都获得了显著提高。可以说,在现代常规农业的发展方面,新疆绿洲农业无疑已经走在了全国各省区的前列,主要表现在以下几个方面。

在农业产出方面,2015 年新疆农林牧渔总产值达到 2804.41 亿元,是 1978 年的 146.7 倍。[①] 其中粮食总产量由 1978 年的 370.01 万吨增加到 2015 年的 1501.30 万吨,增长了 3 倍多;同时,经济作物尤其是棉花的种植面积与产出大幅增加,由 1978 年的 5.5 万吨增长到 2015 年的 429.80 万吨,增长了 77 倍多。[②] 同时,

---

① 根据《新疆统计年鉴》数据计算所得,新疆维吾尔自治区统计局编:《新疆统计年鉴 2016》,中国统计出版社 2016 年版,第 338 页。

② 根据《新疆统计年鉴》数据计算所得,新疆维吾尔自治区统计局编:《新疆统计年鉴 2016》,中国统计出版社 2016 年版,第 359 页。

林果业作为新疆的特色农业,以其特有的优良品质日益受到国内外市场的欢迎,改革开放以来发展也十分迅猛。因此,从 2000 年起,新疆就成为我国最重要的棉花和特色林果主产区。① 当前,新疆正以占全国棉花 30% 的棉花播种面积,生产着占全国棉花总产量 40% 以上的优质棉花产品,这不能不说是新疆农业发展的一大重要成就。

在农业机械化方面,2015 年末新疆农业机械总动力是 1978 年的 20 倍多,达到 2483 万千瓦;其中农业拖拉机的拥有量比 1978 年增加了 28 倍多,达到 75.1 多万台,仅大中型拖拉机就达 47.06 万台,占拖拉机总拥有量的 60% 以上,表明新疆农业的规模化经营水平达到了较高的程度,此外还有各类拖拉机配套农机具 142.2 多万件。② 在农业机械装备迅速增加的推动下,新疆农业的机械化水平得到了快速提高。到 2012 年,新疆主要作物综合机械化作业水平已达 81.06%,农林牧渔综合机械化水平也已达 60.03%,即使是以往机械化水平较低的玉米收获机械化水平也达到了 58% 左右。③从 2004 年起,新疆主要农作物的机械化作业水平已位居全国前三位。

在农民收入方面,2015 年新疆农民收入增加到 9425 元,比 1978 年的 119 元增长了 78.2 倍。同时,新疆农民的恩格尔系数从 1978

① 参见陶永红:《新疆特色农产品市场竞争力影响因素初探》,《新疆经济管理干部学院学报》2000 年第 4 期。
② 参见新疆维吾尔自治区统计局编:《新疆统计年鉴 2016》,中国统计出版社 2016 年版,第 343、345 页。
③ 参见袁晓东:《新疆 2012 年农机科技水平明显提升》,2013 年 1 月 16 日,http://www.amic.agri.gov.cn/nxtwebfreamwork/detail.jsp? articleId = 4affaa3f3ba7c8d6013c3c5df5020043&lanmu_id=null。

年的 60.8%下降到 2015 年的 32%左右。① 综上可见,随着改革开放
以来各种有利因素的积极推动,新疆农业向现代常规农业发展迅速,
极大促进了新疆农业产出的增长、机械化水平的提高和农民收入的
增加。

此外,随着新疆农业的现代化发展,新疆农业的区域化、专业化、
商品化程度也在不断提高,以特色农业为代表的林果、蔬菜、花卉、药
材种植规模日益扩大。例如,现在新疆的林果种植面积已超过 2000
万亩,成为农业发展和农民增收的新亮点。同时,随着新疆经济的加
速发展,农民非农就业和收入不断增加,为新疆农业的规模经营和机
械化发展提供了良好条件。总之,改革开放以来,新疆农业发展十分
迅猛,在常规农业现代化发展方面已经取得了一系列突出发展成就,
实现了在国内常规现代农业发展的较高水平。

第二节　改革开放以来国家政策扶持新疆 农业发展的主要措施及作用效果

改革开放以来,新疆农业实现了前所未有的快速发展,取得了举
世瞩目的辉煌发展成就。在这个过程中,政府的政策变革与财政扶
持起到了至关重要的作用。正是在国家政策的大力支持和财政扶持
下,极大调动了新疆各族农民的积极性和创造性,同时有效解决了农

---

① 参见新疆维吾尔自治区统计局编:《新疆统计年鉴 2016》,中国统计出版社
2016 年版,第 305 页。

业发展中的资金短缺、产品销售等难题,并大大降低了农业发展的成本,从而为新疆农业的高速发展提供了重要条件和支撑保障。从这个意义上来说,如果没有改革开放以来国家政策的大力扶持,就不会有今天新疆农业的辉煌发展成就。而要继续推进新疆农业向现代化的更高水平稳步发展推进,仍然需要国家政策的持续支持和推动。

一、改革开放以来农产品购销与补贴等政策变革及其对新疆农业发展的作用

农业是自然再生产与经济再生产相结合的重要基础产业。由于农产品是一种特殊商品,具有重要的社会功能与战略意义,因此其生产、销售以及价值的实现具有特殊重要意义。我国农产品尤其是粮食购销政策正是基于上述原因而备受重视。同时对于农业发展与农民增收来说,能否及时实现农产品价值兑现至关重要。而新疆作为深居内陆的绿洲农业区域,其农产品的销售因受到交通、市场等不利因素的影响而更为困难。因此,改革开放以来农产品特别是粮食购销政策改革对新疆农业的发展影响巨大,作用显著。

1980年后开始的新疆农村经营体制改革充分释放了广大农民的生产经营积极性,直接推动了新疆农业的迅猛发展与农业产量的迅速增加,多种农产品产量均实现了跨越式增长。而粮食购销政策的适时调整改革很大程度上满足了农产品销售兑现价值的要求,从而不断促进新疆农业投入增加、经营规模扩大与农民增收。从1982年开始,新疆维吾尔自治区人民政府决定放宽农副产品购销政策,逐步放开部分农产品价格,进行市场调节。自此,农产品

特别是其中最重要的粮食购销体制改革逐步展开,适时满足和刺激了实行家庭联产承包责任制后农业迅速发展的形势。1985年,政府进一步调整改革农产品购销政策,新疆开始取消粮食统购,实行合同定购,农村实行粮油购销同价政策,并制定了较为详细的相关政策措施。随后,政府还提高了部分农产品的收购价格,对完成定购任务之外的余粮实行敞开收购,大大缓解了20世纪80年代中期以来新疆农业高速发展中的农民"卖粮难"问题。同时,为了继续调动广大农民的积极性,政府还进一步出台了粮食合同定购与供应平价化肥、柴油、预定金的"三挂钩"政策,一定程度上降低了农业生产的成本投入,刺激了农民发展农业生产的积极性,有效缓解了这一时期农业生产资金较为短缺的困境,给新疆农业的发展注入了新的动力。

1990年政府开始相继实施粮食收购最低保护价政策和粮食专项储备政策。这两项政策贯穿了整个90年代我国及新疆粮食购销政策改革的全过程,具有重大而深远的意义。粮食收购最低保护价政策从很大程度上保护了农民的利益和农业生产的积极性,缓解了当时非常突出的农民"卖粮难"的经济社会矛盾。同时,政府不断提高粮食的收购价格和强化按保护价收购的粮食政策,有效保证了农业生产的价值实现,降低了农业经营风险,避免了"谷贱伤农"对农业发展的负面影响。这对于二、三产业发展相对落后的新疆地区来说,作用和意义更加不可估量。

2003年以后,在新的形势下,政府又对相关政策进行了重大调整,在"多予、少取和放活"方面出台了一系列新的政策措施,开始实施粮食"直补"等农业补贴政策,既降低了农业生产成本,又增加了农产品销售收益和农民收入,间接增强了农民进行农业投入、进一步发展农业生产的能力和积极性。据统计,从 2003 年至 2009 年,新疆已连续 6 年实行粮食直补政策,累计拨付粮食直补资金 17 亿余元。为确保粮食丰收,政府积极扶持粮食生产,鼓励农民种植小麦,逐年加大对小麦生产的资金政策支持,仅每年用于扶持粮食生产的资金就达 6 亿余元,并连续 3 年实施小麦良种补贴、农民购置农机具补贴、小麦良种补贴等政策,从 2007 年又进一步开始实施农资综合补贴政策。① 此外,从 2010 年起,自治区财政将按照每亩 200 元的标准,对新建高效节水灌溉农业项目进行补贴,届时每年新增高效节水灌溉面积将达到 300 万亩以上。② 一系列农业补贴政策的推出,不仅大大减轻了农民的负担,增加了农民收入,而且增强了新疆农业的竞争力和抗风险能力,为新疆发展现代农业增加投入开辟了广阔的空间和资金渠道。

2014 年国家又适时启动了新疆棉花目标价格改革试点工作,即国家开始对棉花这一新疆农业的主导优势产品进行补贴,并规定中央补贴资金的 60%按棉花种植面积补贴,其余 40%按实际籽棉交售量补贴。例如,当平均市场价格低于目标价格时,国家对棉花生产者给予补贴。这样,通过国家出台的棉花补贴政策就能够保障农民在市场波动面前仍可以获得相应收益。例如克孜勒苏柯尔克孜自治州 2014 年棉花种植总面积为 19.18 万亩,当年亩均获得补贴 224 元。

---

① 参见《新疆继续对粮食种植实施直补政策》,2008 年 2 月 21 日,http://news.21food.cn/35/276679.html。

② 参见赵春晖:《新疆全面推行高效节水农业 提高水资源利用率》,2009 年 12 月 19 日,http://news.china.com/zh_cn/news100/11038989/20091219/15743336.html。

经过近两年的发展,国家对新疆棉花的补贴政策得到了进一步发展完善。广大棉农的生产收益得到了一定保障,有利于新疆农业尤其是棉花种植业的持续健康发展。

二、改革开放以来财政支农与转移支付不断加大及其对新疆农业发展的作用

财政支农是国家支持农业发展、繁荣农村经济、促进农民增收的重要政策安排。在新疆,财政支农不仅是解决农业发展资金需求和加快农业现代化发展的重要举措,更是促进各族农民增收致富、走向共同发展繁荣的重要抓手。改革开放以来,随着国家经济实力的不断增强,各级政府的财政支农力度持续增大,显著增加了农业投入。这一时期,无论从新疆还是全国来看,财政支农资金在农业投资中都占有重要的地位。财政支农资金是构成农业固定资产、改善农业生产条件、提高农业科技水平和综合生产能力的重要资金来源。同时,财政支农政策是政府调控农业生产进而影响农民收入的一个基本工具,财政支农能有效地解决促进农业发展所必需的众多公共产品的外部性问题,并具有规模经济的优势。特别是对于西部欠发达地区来说,政府财政支农资金在农业发展中的作用更加重要。改革开放以来,新疆财政支农力度不断加大,再加上农业贷款的大量持续增加,有效地缓解了新疆农业高速发展中的资金短缺问题,取得了良好的效果。

表6-2　改革开放以来新疆财政支农资金情况统计

（单位：亿元）

年份	财政支农资金总额	年份	财政支农资金总额	年份	财政支农资金总额
1980	3.8498	2003	23.1983	2010	220.4962
1985	3.5129	2004	33.8104	2011	297.5868
1990	5.6234	2005	34.1399	2012	365.390
1995	9.3730	2006	46.4519	2013	387.420
2000	12.8198	2007	98.4255	2014	477.270
2001	18.5180	2008	143.1573	2015	605.340
2002	21.7666	2009	196.7828		

数据来源：新疆维吾尔自治区统计局编：《新疆统计年鉴》（1996—2016），中国统计出版社。

由表6-2可以看出，改革开放以来新疆财政支农资金总额持续增加，2015年财政支农资金总额达到605.34亿元，是1980年的157倍，为新疆农业的发展作出了重要贡献。当然，财政支农资金中有很大一部分是用于政府农业相关部门人员供养和行政运行费用的，这自然会导致财政支农资金的效益有一定的外溢性；但同时，财政支农资金用于农、林、水、气象等事务的费用支出，无疑对于保障农业健康发展、农田水利建设、农业技术推广、农业灾害防治等具有重要作用。因此，这一部分资金的支出虽然没有直接用于支持农业生产，但其间接长期保障与支持农业持续发展的作用是不可忽视的。同时，在财政支农的资金总量中，还存在用于流通环节的价格补贴和粮食风险基金补贴等，这对于农业这样的弱质产业的产品流通与价值兑现以及风险防控具有重要促进作用。因此，财政支农资金中虽然直接用于农业补贴和农业生产支出等方面的比例较小，但这并不意味着财政支农资金对农业的发展缺乏重要作用和意义。而在实际上，改革开放以来，当农业发展处于起步阶段或受到不利因素影响制约而发展趋缓时，政府就会加大财政支农资金直接用于农业生产支出和农业综合开发的比例份额，从而直接增加农业发展的资金投入，推动农业加快发展。

表6-3　改革开放以来部分年份新疆财政支农资金使用情况统计

（单位：亿元）

年份	农业生产支出	农业综合开发支出	年份	农业生产支出	农业综合开发支出
1985	1.3270	0	2000	2.4314	1.9136
1990	2.8866	0	2001	2.4568	2.2838
1995	2.8431	0.9196	2002	2.3615	2.5566

数据来源：新疆维吾尔自治区统计局编：《新疆统计年鉴》（1986—2003），中国统计出版社。

由表6-3不难看出，从1985年到2002年间，新疆财政支农资金中都有很大一部分直接用于农业生产支出和农业综合开发支出。这对于改革开放初期新疆农业的迅速发展，以及20世纪90年代中后期新疆农业走出困境、加快结构调整和转型发展具有重要促进作用。随着财政支农在实践中的发展和对农业发展、农民增收的重要促进作用不断显现，2007年，新疆维吾尔自治区党委、人民政府又出台了《关于促进农民收入持续快速增长若干问题的意见》，其中明确指出："从2007年起，自治区财政支农投入的增量要确保占到年度地方新增财力的15%以上。"这样，此后每年的财政支农资金及其投入量的长效增长机制得到了有效确立，为新疆农业的进一步现代化发展和农民增收提供了重要保障和支持。另外，从全国来看，2000年以来国家也在不断加大农业投入力度，到2007年，我国财政支农资金总量已达3917亿元。① 但

————

① 参见农业部课题组：《现代农业发展战略研究》，中国农业出版社2008年版，第230页。

是与国际上发达国家相比，我国财政支农水平仍然明显偏低。例如美国、加拿大、英国和澳大利亚等国政府对农业提供的财政支持相当于农业增加值的25%以上，而日本、以色列等国的农业财政支持更高达农业增加值的45%—90%。[①] 因此，政府应进一步加强对农业的财政支持和保护力度，尤其是增加对农民的直接支持。这也是繁荣新疆农村经济、提高各族人民生活水平的迫切需要。

对此，鉴于新疆农业发展与各族农民增收的重要意义，国家近年来开始持续加大对新疆农民的财政转移支付力度，以政策性惠农补贴等为代表的各项补贴相继出台并不断增加，日益成为新疆农民增收来源的重要组成部分。而且与以往不同的是，国家的财政转移支付下的各项补贴，基本都是以直接补贴的形式发放给广大农民，减少了大量中间环节，对于农民增收致富的作用效果更加直接高效。从表6-4不难看出，从2000年以来，新疆农村人均获得转移支付资金收入逐年迅速增加，不仅数额从2000年的62.17元迅速增加到2015年的1687元，增长26倍，而且其占农村人均纯收入的比例也在不断提高，从2000年的仅占3.84%，快速提高到2015年的19.44%。可见，随着时间的推移，转移支付收入正在成为新疆农民增收的重要来源。而这对于改善新疆各族农民生活、实现安居乐业和建成全面小康社会意义重大。从这个意义上说，财政转移支付所提供的各种补贴、惠农支持和财政支农一起，共同为新疆的农业发展、农民增收和农村经济繁荣作出了巨大贡献。而从近年来财政转移支付的力度和规模来看，其对新疆农民增收致富、生活改善的作用甚至要更加大于

①　参见杨林娟、戴亨钊：《甘肃省财政支农支出与农民收入增长关系研究》，《农业经济问题》2008年第3期。

财政支农的政策效果。这无疑是党和国家给予新疆各族人民的殷切
关怀和极大支持,也是为促进新疆发展稳定、长治久安和各民族共同
发展繁荣所作出的巨大努力。

表 6-4　改革开放以来部分年份新疆农村人均获得转移支付情况统计

(单位:元)

年份	转移支付资金总额	占纯收入比例(%)	年份	转移支付资金总额	占纯收入比例(%)
2000	62.17	3.84	2012	975.88	15.26
2005	145.88	5.87	2013	1100.05	15.08
2010	436.43	9.41	2014	1468.00	18.09
2011	603.13	11.08	2015	1687.00	19.44

数据来源:新疆维吾尔自治区统计局编:《新疆统计年鉴》(2013—2016),中国统计出版社。

三、改革开放以来农村信贷不断增加
及其对新疆农业发展的作用

众所周知,农业的现代化发展需要大量的资金投入,而对于新疆
绿洲农业来说,由于几乎全部需要依靠水利灌溉保障,因此其发展中
所需的资金投入更是巨大。而农业作为比较效益较低的弱质产业,
其自身积累不仅十分有限且增长缓慢,因此农业发展中迫切需要的
大量资金不可能简单依靠农业自身的积累来解决,而只能通过信贷
等金融途径来获得相应资金支持。因此,当新疆农村改革后,各族广
大农民重新成为农业生产经营的主体,生产积极性空前高涨,新疆农
业和农村经济发展步入了全新的阶段。但同时,作为农业生产经营
的主体,一家一户的个体农民又如何能负担得起农业生产发展中大

量的资金投入呢？而且由于此前僵化的人民公社体制造成的农村普
遍贫困,农民基本都缺乏资金收入和积累,因此,农村信贷投放就成
为新疆农业发展中最重要的融资渠道,也是农民从事生产经营所需
资金的主要来源。改革开放40年来,农村信贷资金已成为解决新疆
农民资金短缺、农业投入不足与农民融资需求的最有效途径。特别
是在改革开放初期,农村信贷投入比重大,覆盖面广,有效缓解了当
时农民农业生产经营投入资金严重短缺的困境。

表6-5 改革开放以来新疆农村信贷情况统计

（单位:亿元）

年份	各项贷款合计	农业贷款	农贷比重（%）	年份	各项贷款合计	农业贷款	农贷比重（%）
1978	18.26	1.00	5.48	2002	1801.15	114.45	6.35
1980	24.74	2.26	9.14	2003	2099.09	123.03	5.86
1982	32.86	3.65	11.11	2004	2214.66	149.20	6.73
1985	72.68	7.38	10.15	2005	2272.08	169.78	7.47
1987	111.14	12.61	11.35	2006	2412.69	175.86	7.29
1990	233.72	18.66	7.98	2007	2685.00	189.24	7.05
1992	380.26	29.76	7.83	2008	2826.53	220.77	7.81
1995	843.38	43.34	5.14	2009	3782.92	301.6	7.97
1996	1016.20	54.51	5.36	2010	4973.16	439.1	8.83
1997	1215.39	51.31	4.22	2011	6270.21	396.49	6.32
1998	1318.41	83.41	6.33	2012	7914.00	535.61	6.77
1999	1386.78	91.51	6.60	2013	9840.46	644.29	6.55
2000	1403.13	84.13	6.00	2014	11671.39	721.20	6.18
2001	1584.73	99.46	6.28	2015	13041.00	798.00	6.12

数据来源:新疆维吾尔自治区统计局编:《新疆统计年鉴》(1989—2016),中国统计出版社。

由表6-5可知,改革开放以来新疆农业贷款数额持续加大,由
1978年的1亿元增加到2015年的798亿元。无论是其资金数额还是

增长规模,都远远大于同期财政支农资金,有效地缓解了新疆农业发展中的资金短缺、投入不足等问题。特别是从 1980 年到 1990 年间,农业贷款所占比重基本保持在 10% 以上,有效解决了改革开放初期农民资金严重短缺、农业基础薄弱与积累严重不足的问题,有力推动和支持了新疆农业在 20 世纪 80 年代的高速发展。90 年代以后,虽然农业贷款绝对数额继续增加,但所占比重大幅下降,1997 年农业贷款比重仅占各项贷款总额的 4.22%,再加上这一时期农民负担加重,农业生产成本大幅上升,农业发展受到较大影响制约。2003 年后,伴随着国家及新疆农业政策的改革调整,新疆农业贷款比重开始缓慢回升,这对于正处于结构调整与现代化发展的新疆农业来说,具有重要的积极作用。

从 2005 年到 2010 年,新疆农业贷款占各项贷款总额的比例都在 7% 以上。同时随着金融机构各项贷款总额的迅速增长,新疆农业贷款的绝对数额也保持了迅速增加,从 2005 年的 169.78 亿元增加到 2010 年的 439.1 亿元,增长幅度达 159%。同时需要指出的是,上述农业贷款仅是指投放给农户的农业贷款。而在实际上,金融机构还针对农业经济组织、涉农企业等投放了大量信贷资金。而在农业向现代化发展转型的过程中,这些农业经济组织、涉农企业等实际上正在发挥着越来越重要的作用。因此,如果从广义的农业信贷支持来看,其规模、比例要比表 6-4 中的数额大得多。例如,据统计2009 年末,仅新疆农村信用社就投放各项支农贷款 521.7 亿元,其中农业贷款 313.7 亿元(含年内短期贷款)、农户小额信用贷款 86.3亿元、农户联保贷款 121.6 亿元。[①] 同时,新疆农信社还加大了对信

_____

① 参见《2009 年新疆农村信用社投放支农贷款突破 500 亿元》,2010 年 1 月 7日,http://news.ts.cn/content/2010-01/07/content_4695111.htm。

用好的农村地区的信贷优惠政策和贷款投放力度,实现政企农多方共赢。从中不难看出,实际中信贷对新疆农业发展的投入支持力度是远远大于表6-4中的狭义统计额的。

从2011年到2014年,投放给农户的农业贷款从396.49亿元增加到721.20亿元,年均增长率达22%。到了2015年末,金融机构投放的涉农贷款余额更是达到了1170.74亿元,其中仅农户贷款余额就达798亿元,较年初增加77亿元,增幅10.67%。① 同时,伴随着农户贷款总额的大幅增加,农户贷款覆盖率明显提升,为新疆各族农民有效解决了农业现代化发展中所亟须解决的大量前期投入问题。

总之,改革开放以来,国家在推行农村家庭联产承包责任制改革的基础上,先后通过农产品购销政策改革、不断加大财政支农、农村信贷投入、财政转移支付力度等措施,有效解决了新疆农业发展中的资金投入不足、产品销售困难等难题,在降低农业发展成本的同时,增加了农业生产经营收益和农民收入,保障了新疆各族农民充分享受到改革开放与农业发展的成果。这对于新疆的发展稳定、民族团结和各民族共同发展繁荣具有重要意义。

四、改革开放以来政策扶持农业发展
对促进民族团结和谐的作用

综上所述,改革开放以来新疆农业发展取得了巨大进步和辉煌成就。而在其发展过程中,政府的相关政策变革、财政支农、转移支付、

---

① 参见刘大为:《新疆农村信用社2015年存贷款规模实现两位数增长》,2016年1月9日,http://news.iyaxin.com/content/2016-01/09/content_10002979.htm。

信贷支持等起到了不可替代的重要作用。随着农业的高速发展,新疆各族农民收入增长明显,生活水平不断提高,农村经济日益繁荣,为民族团结和各民族共同发展繁荣奠定了坚实的物质基础和产业支撑。

首先,改革开放以来,在国家各项惠农支农政策的推动下,新疆农业发展步入了自新中国成立以来又一个快速增长时期。而且与新中国成立初期相比,改革开放以来新疆农业的发展起点更高、高速发展持续的时间更长,各族农民生活改善与提高的幅度也更大。同时,随着国家财力的增强,国家对新疆的财政转移支付力度也规模更大,甚至成为近年来新疆各族人民增收的重要来源。对此,新疆广大各族人民切实感受到了国家各项政策带来的巨大实惠和福祉,从而自觉增强了对党和国家的向心力和凝聚力。同时,随着新疆农业的现代化发展,农业物质技术装备水平的不断提高,彻底改变了以往新疆传统农业劳动强度大、农业产出极其有限且抗风险能力极低等严重不足,使各族人民在短期内充分享受到了农业机械化、农业科技进步和农业优质高产等带来的生产极大改善,这是在任何其他国家和地区、任何时代都难以想象的。

其次,农业的现代化发展需要大量的现代生产要素投入,新疆的绿洲农业现代化更是如此。而新疆绿洲农业作为各族人民长期以来赖以谋生和发展的基础产业,其加速发展和走向现代化无疑对于新疆各族人民的生产生活具有特殊重要意义。因此,改革开放以来,党和政府从多个方面持续提供的惠农支农服务和巨额信贷支持,以满足农业现代化发展中的大量要素投入就显得格外重要。一方面政府通过惠农支农政策与补贴以相对低廉的价格向广大农民提供各种现代生产要素,甚至以转移支付、发放粮棉直补等直接方式增加农民收入,支持农业发展;另一方面政府又积极通过政策引导、贴息等方式促使金融机构向各族农户提供急需的信贷服务,以保障农户有能力支付农业发展中大量的投入支出。除此之外,政府还通过财政支持、项目安排等措施,为新疆农业、农村的发展进行了大量基础设施建设和改造,例如乡村道路、节水灌溉设施、农民职业培训等。正是通过上述多方面的努力,新疆的农业发展和社会主义新农村建设才会取得巨大成就,各族人民才能过上日新月异的幸福新生活。

最后,改革开放以来新疆的农业现代化发展和各族农民脱贫致富,政府都发挥了无可替代的组织者和推动者作用。众所周知,农业现代化绝不是传统农业自我演变的过程,而是政府按照农业现代化的发展规律,充分发挥市场机制的作用,调动、组织农民和企业等市场主体,采取强有力的政策引导和支持措施推动的过程。为此,政府长期以来不断从价格、收入、补贴、信贷、税收、对外贸易等多方面为农业发展和农民增收作出政策努力,以及为改善农业内外部环境和农村社会生活进行不懈奋斗。这些努力,不仅保证了新疆农业现代化的快速发展和农民收入稳定增长,更在这个过程中,日益促进了各族农民之间、农民与政府之间的紧密联系,使民族团结、社会和谐和各民族共同发展繁荣有了可靠的现实基础。同时,这也是政府认真贯彻党的民族政策,积极采取一系列加快少数民族地区经济社会发展的重要措施体现。近年来,随着农业现代化的加速推进,政府在大力搞好现代农业基础设施配套建设的同时,积极引导剩余劳动力就地转移就业,为新疆农村地区经济社会发展创造更好的条件。

总之,改革开放以来,国家通过各项政策加大了扶持农业发展的力度,促进了新疆农业现代化的加速发展和各族农民增收致富,进而推动了新疆广大农村地区的经济社会发展,进一步夯实了促进新疆民族团结、实现各民族共同繁荣进步的经济社会基础。近年来,随着全国对口援疆措施的实施,政府正在以空前的力度加大对新疆经济社会发展的推动扶持,这对于新疆的经济社会发展和民族团结将具有划时代的重要意义。一个现代化的、各民族共同发展繁荣的大美新疆正在向我们走来。

第三节　政策启示与对策建议

改革开放以来,在政府的政策变革与财政扶持等推动下,新疆农业取得了显著发展进步和辉煌成就,为新疆农村的经济社会发展、各族农民增收致富和民族团结和谐奠定了坚实基础。而随着时代发展,农业现代化的要求和标准也在不断提高。因此,总结以往经验,结合时代发展特征,不断加大对新疆农业现代化发展的扶持力度,开拓多元投入渠道,做强做大新疆特色农业,不断增强其竞争力,才能有助于新疆农业现代化目标的早日实现。同时,不断创新政策扶持内容方式,加速精准扶贫和基层弱势群体的民生改善,是落实党和国家扶贫脱困战略方针、切实改善基层民生、促进民族团结和谐的必然要求。

一、开拓多元投入渠道,不断加大对新疆
农业现代化发展的扶持力度

农业是国民经济的弱质产业,现代农业产业体系建设需要资金、

技术、信息等要素的大量投入。目前,大多数发达国家对农业的支持水平一般在30%—50%,美国和欧盟更是分别达到50%和60%,巴基斯坦、泰国、印度、巴西等发展中国家也在15%左右,而我国尚不足10%。① 而对于相对落后的新疆地区来说,发展现代农业、加快农业现代化的任务更为艰巨。而发展现代农业不仅是政府、农民的要求,更是全社会的共同目标。因此,面对当前现代农业的要求和标准日益提高,其发展投入与支撑保障要求不断增加的现状,只有在继续发挥政府主导作用的前提下,调动整合全社会的力量和各种资源,共同参与和支持现代农业建设,形成合力,才能迅速增加对新疆发展现代农业的投入力度,促进其加速发展。

(一) 继续发挥政府在农业现代化发展投入中的主导作用

首先,政府职能部门作为新疆发展现代农业的主导力量,可以通过整合现有项目、资金、技术和人力等各种要素和资源,以国家投资为引导,充分调动各地州县政府和农业部门、广大农民群众和社会力量的积极性。通过建立现代农业示范区,探索新疆发展现代农业的模式、方法和路径。在此基础上,总结经验,发挥现代农业示范区的示范和带动作用。充分利用网络、电视、报纸、杂志等多种媒体,广泛宣传加快现代农业建设和发展的重要意义,借助典型范例和成功经验,调动新疆农民投身现代农业建设的积极性,形成全社会关心、支持现代农业建设发展的良好氛围,形成共同推进现代农业建设和投入的合力。

---

① 参见农业部课题组:《现代农业发展战略研究》,中国农业出版社2008年版,第121页。

　　其次,进一步加大财政资金投入力度,通过财政支农和完善、强化农业补贴政策,加大对农业的支持投入力度,调动农民的积极性。改革财政支农资金管理体制,提高资金使用效率。强化对财政支农资金的管理和监督。加强不同资金的相互配套和协调,提高支农资金的使用效率,提高财政支农资金使用的透明度。优化调整政府财政支农的方式,实现不同的财政支农方式与其他支农方式的有机结合。参照国内外成功经验,采取多种财政支农方式,除目前我国采用较多的财政无偿投资外,还可以采取贴息、税费减免或投资补助等形式。对于公益性较强的领域如农村公共基础设施建设、农业科技推广体系建设等,采取财政无偿投资的方式。而对于良种推广、农产品营销体系建设等竞争性领域,可以采用贴息、税费减免或投资补贴等形式,鼓励和吸引广大企业和社会组织的力量进入。这样既可以使有限的财政支农资金更大限度地发挥作用,又可避免政府过多介入竞争性领域的投资活动。

　　最后,通过农业补贴政策有效增加农民收入和农业投入。在当前的基础上,进一步加大"四补贴"力度,扩大补贴范围和品种,提高补贴标准,使补贴的增长幅度高于农资价格的增长幅度,从而不断提高农民收入水平,让更多农民随着政府支农惠农政策的进一步强化和落实而不断增加收入。增加补贴资金规模,充分发挥农业补贴政策的效益。稳步提高种粮农民收入补贴标准,同时大幅增加特色农业和专项补贴的资金规模。此外,有效增加农业投入品、农作物病虫害防范体系、农业技术推广应用、生态保护和资源合理利用、农民培训等方面的投入,确实发挥补贴政策对新疆农业生产和发展的导向作用和效果(见表6-6)。

表 6-6 政府今后支持农业发展的主要措施及其作用

序号	名称	作用
1	扩大小型农田水利设施建设补助专项资金规模	调动农户的积极性,加快小型农田水利设施建设,提高农业综合生产能力
2	扩大良种补贴的范围	增加农民收入,增强投入能力
3	提高农业保险和灾害救助的标准	增强农民抗风险能力和减小损失
4	出台农业结构调整补助政策	促进农业结构调整,形成优势布局
5	全面实施农业政策性保险	增强农民抗风险能力和减小损失
6	探索建立农业信贷担保制度	解决农民投入资金短缺问题

此外,创新补贴机制,规范操作方式。充分运用直接补贴方式,调动农民投入的积极性。同时,充分使用信贷贴息、担保等方式,鼓励社会资金和信贷资金投入农业,提高财政补贴资金的使用效率。加大对农民专业合作社、龙头企业的补贴力度,提高农业生产的组织化程度,促进新疆农业适度规模经营。

(二) 政府主导,调动社会力量共同参与,加大农业重点领域投入

发展现代农业所涉及的领域广、配套设施和产业体系建设等都需要大量相关投入。而目前新疆的整体经济发展水平仍相对较低,无论政府还是各族农民,都没有足够的资金和能力对发展现代农业进行全面投入。因此,只有通过政府的主导,积极调动社会力量共同参与,加大对发展现代农业的重点领域投入,来高效推动新疆农业现代化的加速发展。根据新疆农业现代化发展的现状以及发展现代农业的要求,当前投入的重点领域主要为以下方面。

1. 加强农产品市场与农业市场化营销平台建设

发达的农产品流通产业和完善的市场体系,是沟通生产和消费的重要纽带。新疆要发展以特色农业为主导的现代农业,首先必须解决市场营销问题。这也是当前新疆农业发展所面临的首要问题。因此,在新疆发展现代农业,政府首先要集中扶持建设和改造一批上规模、多功能、管理优的农产品产地批发营销市场,加强市场信息检验检测系统、仓储和运输等基础设施建设,促进批发市场升级,积极改造农贸市场。大力发展现代流通方式,鼓励和引导农业产业化龙头企业、批发市场和大型农产品经销企业积极发展连锁配送、电子商务等新型流通方式,推进入市农产品质量等级化、包装标准化和经营规范化。

此外,在新疆推动规范健全农产品期货市场,充分发挥其引导生产、稳定市场、规避风险的作用。在新疆奎屯、石河子、库尔勒等地区建立农产品如棉花、干果等交割仓库。利用期货的远程交易功能规避风险,套期保值,吸引全国乃至国际经销商广泛参与新疆农产品市场。同时,积极培育壮大市场主体,加强农产品营销、促销服务。不断改善农产品流通环境,继续完善鲜活农产品绿色通道网络建设。

2. 加大农业社会化服务与技术推广领域的投入建设

完整的农业技术推广体系是现代农业发展的重要保障。新疆要最终发展以精准农业为技术体系的现代高科技农业,技术的推广培训至关重要。从近期来看,农业的节水灌溉技术、病虫害防治技术、田间管理技术的推广和普及也迫在眉睫。但由于种种原因,目前新疆除兵团技术推广体系较为完善外,大多处于名存实亡的半瘫痪状态,严重制约了农业科技成果的推广应用。因此,加大对技术推广服务的投入建设,非常必要。健全新疆农业技术支持和推广服务体系,加快农业科技创新和成果转化应用,对目前新疆农业的跨越式发展意义重大。而增加相关投入,加强农业基础和应用研究、加大农业技术推广公共服务,是加快农业现代化发展、提升科技含量的首要途径。同时,改革和完善农业科技推广体系和机制,充分调动和发挥各级农业专业技术推广机构的作用。大力发展农民和企业技术推广服务组织,建立科技人员、农民和企业等广泛参与的多元化农技推广队伍,进一步提高农技推广服务水平,为发展现代农业提供可靠的技术支持和保证。

3. 重点投入,扶持培育现代农业产业经营主体

首先,积极扶持农民专业合作组织发展。现代农业是外向的市场化程度极高的农业产业体系。因此,扶持和发展农民专业合作组织,是克服小农与市场矛盾、降低交易成本和提高农业竞争力的有效保障。按照《农民专业合作社法》的要求,新疆应尽快完善扶持专业合作社发展的财政、税收、信贷等方面的政策,进一步加大对农民专业合作社的投入,支持农民专业合作组织开展市场营销、农资采购经营、信息服务、技术培训、农产品加工储藏运输和农产品质量标准与认证等。

其次,加大对农业产业化组织的支持力度。对符合条件的龙头企业贷款给予适当贴息或其他优惠政策,对能带动当地主导产业发展的大型农业产业化项目,国家或地方财政采取资本金注入或参股的形式予以支持。对龙头企业开展科技研发、资助科研单位进行科技研发以及进行技术改造,给予适当补贴和税收优惠。完善农产品加工业增值税政策,进一步减轻农产品加工企业的税负。

最后,加大投入,实施农民素质促进和提高战略。农民是发展现代农业的主体力量,其素质高低直接关系到现代农业发展的方方面面。而目前新疆农民整体科技文化素质较低,严重制约了新疆农业的现代化发展。因此,建立多渠道、多层次、多形式的农民素质培训和转移就业的农民培训体系至关重要。一方面,有必要分目标、分层次、分阶段确定农民素质培训的内容,以适应农业发展的需要;另一方面,在这个过程中,必须加强培训的针对性、可操作性,以达到农民学以致用,能够发挥实效的目的。同时,转变传统的对农民培训方法和内容,由过去对农民进行单项技术培训,转变为对农民进行市场经营素质和创业素质的培训,为新疆各地建设现代农业培训众多有文化、懂技术、会经营的新型农民。

（三）创新机制,调动发挥科技创新、农民投入在农业现代化发展中的作用

创新机制,鼓励科技创新和投入,通过提高科技对农业增产、农民增收的贡献份额,增加农民收入,调动农民掌握科技、投入农业的积极性和信心。农业科研投入不仅回报率高,而且对农村扶贫、农民增收和缩小地区差距具有重要作用。农业科技推广能够大大改善农业生产。通过加大农业科技投入和结合新疆特点进行科技创新、品种创新,特别是特色林果业,可以大幅度提高其产量、品质和农民受益。此外,节水灌溉技术、病虫害防治和标准化栽培等实用技术的推广使用,可以大大提高农业产量,降低成本和风险,大幅度增加农民收入和农民发展农业和投入的积极性。总之,通过科技创新和投入,不仅可以提高农业的科技水平和效益,还可以促进农民科技素质的

提高和对农业的投入水平。

建立有效的利益诱导和激励机制,调动和激发农户对农业投入的内在积极性和动力。通过建立土地有偿流转机制,提高农业经营的规模效益。强化农户对土地投入的长效机制。同时通过建立农业投资补偿机制,在税收、补贴、贴息、价格等方面给予农户一定优惠和收益保障。引导和鼓励农户把资金更多地投向农业。例如,在中央补贴政策的带动和指引下,农民、社会资本和信贷资金投资农业的积极性提高。2006年,农业固定资产投资达到2749.9亿元,比2003年增加了66.4%。此外,建立合理的利益共享机制,稳定提高农户农业投资的收益水平。通过实施农业产业化经营战略,完善农业产业化经营中的利益分配机制,让农户获得更多收益。

二、创新政策扶持内容方式,以精准扶贫加快基层弱势群体民生改善

新疆作为多民族聚居的边疆地区,虽然改革开放以来其农业发展总体上取得了巨大进步和辉煌成就,但由于新疆各地区之间、各乡村之间乃至乡村内部,都存在着不同程度的发展差异和不平衡性,因此在实际的发展中仍然存在一定数量的贫困人口和弱势群体。对此,仅仅依靠宏观的农业增长和经济发展,显然无法解决这部分群体的现实困境,而需要通过进一步改革创新政策扶持的内容方式,加快实施以农村精准扶贫为主要抓手的新型反贫困措施,不断促进农村基层尤其是弱势群体的民生改善乃至脱贫致富。这样才能在加速推进农业现代化发展的同时,实现农村经济社会的协调发展和民族团

结和谐。

反贫困,顾名思义,"就是一种以经济效益为前提,以贫困社区的综合发展为内容,以贫困人口的发展为核心的社会积极变迁"①。特别是对于新疆这样的边疆民族地区来说,由于不少地区自然环境相对恶劣、社会经济相对落后、发展基础相对薄弱等原因,导致其长期以来发生贫困现象的几率较高,因此对反贫困的要求也更加迫切。对此,如前文所述,自新中国成立以来,党和政府先后出台了一系列扶持少数民族及地区发展的优惠政策措施,以帮助和扶持少数民族及地区加快发展、尽快脱贫致富,加速实现各民族共同发展繁荣。但是,随着时代变迁特别是改革开放以来新疆经济的迅猛发展,在新时期以往那种高度同质化的群体性贫困已经基本不复存在,而是日益演化为部分个体农户千差万别的发展能力不足和增收困难问题。对此,上述宏观的优惠扶持政策显然已无法做到针对个体贫困农户发挥作用,而只能通过加快改革创新政策扶持内容方式,以精准扶贫方式瞄准贫困个体,通过精准扶贫实现精准脱贫,从而更加高效地改善基层弱势群体民生,促进民族团结和谐。

(一) 精准扶贫的提出、内涵与新疆农村贫困现状分析

毫无疑问,精准扶贫的概念是在不断总结反贫困与传统扶贫经验得失,深刻把握当前贫困新特征的基础上提出的。2013 年 11 月习近平总书记在湘西土家族苗族自治州十八洞村考察时首次正式提出"精准扶贫"。此后,在第十二届全国人民代表大会第四次会议

---

① 红文、晓林:《哈达献给中南海——中共中央办公厅玉树扶贫纪事》,《民族团结》1997 年第 2 期。

上,李克强总理在政府工作报告中强调,要把实施脱贫攻坚工程列入2016年的重点工作。同时,《"十三五"规划纲要》提出,要贯彻精准扶贫、精准脱贫基本方略。精准扶贫的具体落实是消除贫困、实现共同富裕的关键所在。2016年3月习近平总书记在中央扶贫开发工作会议上进一步指出,消除贫困、改善民生、逐步实现共同富裕,是社会主义的本质要求,是我们党的重要使命。要坚持精准扶贫、精准脱贫,重在提高脱贫攻坚成效。可见,精准扶贫是新时期党和政府在总结以往扶贫经验、模式基础上的新要求,是我国扶贫进行到新阶段后的新举措,符合我国国情。① 而根据中办发〔2013〕25号文件,精准扶贫是指通过对贫困户和贫困村的精准识别、精准帮扶、精准管理和精准考核,引导各类扶贫资源优化配置,实现扶贫到村到户,逐步构建扶贫工作长效机制,为科学扶贫奠定坚实基础的新型扶贫方式。而张笑芸等人则认为,精准扶贫是针对不同贫困区域环境、不同贫困农户状况,运用合规有效程序对扶贫对象实施精确识别、精确帮扶、精确管理的治贫方式。②

对于新疆来说,作为多民族聚居的最大边疆省区,无论在不同地州之间还是县乡之间,乃至在各行政村之间以及村庄内部,农户收入水平差异较大,贫富分化明显,而其中尤以少数民族聚居集中的村庄经济发展状况更加不容乐观。如果长此以往,显然不利于当地的民族关系发展和民族团结。究其原因,通过调查研究不难发现,当前新

---

① 参见张一鸣:《精准扶贫为新时期中国扶贫格局带来新变化——访北京师范大学经济与资源管理研究院教授张琦》,《中国经济时报》2014年10月9日。
② 参见张笑芸、唐燕:《创新扶贫方式,实现精准扶贫》,《资源开发与市场》2014年第9期。

疆农村发生贫困的原因是极为多样的,并且具有显著的个体差异性特征,这与此前计划经济下的体制性贫困截然不同。例如其中既有因医疗、教育等负担重而致贫的,如家人有病或残疾、小孩多负担重或需要供养大学生花费等,也有因缺乏增收能力和途径贫困的,如家庭耕地少、成年劳动力缺乏、缺乏职业技能和非农就业增收渠道,还有因经营不善或市场风险造成贫困的,如经商或投资等失败、传统行业如马车载客运输等被市场淘汰、民间借贷经营导致陷入债务危机等。此外,还有一些特殊原因造成的贫困尤其值得注意,例如因当地水土环境变化导致生活水平下降乃至陷入贫困的,如干旱、地下水位下降导致当地地表河流断流、泉水干涸,进而使沿河居住并赖以发展园艺果蔬业的农户陷入困境,而这些农户大多数都是少数民族。同时还有非农就业中因缺乏了解信任、饮食起居不便等因素导致有意无意对民族同胞的排斥与拒绝,以及贸易、土地承包流转中对少数民族的缺乏信任和排斥等,不仅造成了当地农户尤其是少数民族农户的贫困以及大大增加了其通过努力走出贫困的难度,而且在一定程度上影响到当地的民族关系和民族团结。

为了便于更加清晰直观地描述新疆农村贫困发生的多样性原因,我们使用了 PRA 分析方法和贫困原因"问题树"分析工具,绘制了农户贫困发生原因的问题树,如图 6-1 所示。

从图 6-1 可见,以少数民族为代表的农户贫困发生的原因是极为多样的,其中既有人均耕地较少与民族同胞在非农就业、经营方面的市场竞争劣势等原因,也有自然生态环境改变和水资源日益短缺等原因,还有计生、医疗、教育等政策不完善等方面的原因。而具体到每个农户,其贫困原因又可能是上述原因中的一种或几种或者更

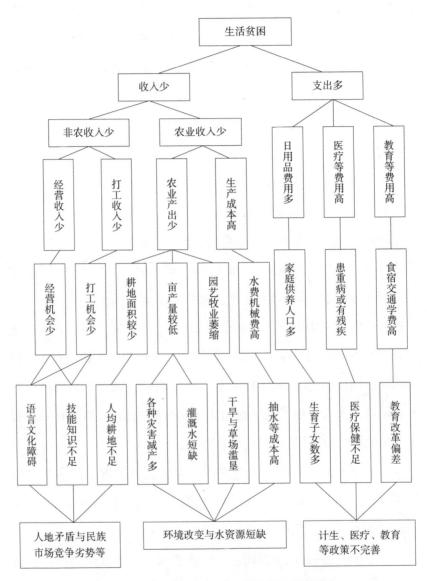

图6-1 案例地少数民族农户贫困原因问题树

具体的原因。而传统的"一刀切"式扶贫政策手段显然难以针对上述极为多样化的贫困原因对症下药,因此也就难以迅速取得反贫困成效和促进民族关系的改善,实现民族团结和各民族共同发展繁荣。

例如,传统的扶贫方式不仅目标指向较为宏观模糊,如以确定的贫困区域、贫困县等为对象,而在扶贫政策执行上经常"一刀切",扶贫工作缺乏灵活性、目标准确性和地方合理性,往往导致扶贫资金不能到达真正的扶贫对象手里,反而成了一些部门、相关人员获取好处的"唐僧肉"。特别是在民族地区,由于民族同胞在语言、文字等方面的劣势以及应对繁琐政策程序能力的不足,则更容易被排除在扶贫政策之外。这样既极大影响到扶贫政策的实施效果,又严重影响到民族同胞对国家政策的认可与信心,长此以往必然严重影响到民族关系和民族团结大局。对此,只有从根本上变革传统的扶贫方式手段,以精准扶贫为发展方向,才能真正做到因地制宜、因户而异、目标明确、不打折扣发挥政策效果,把反贫困与扶贫真正落到实处。这也是符合当前贫困"不仅是谋生资源的缺乏,也是谋生能力的缺乏,更是某种发展机制的缺乏"[①]特点的最佳选择。因为只有精准扶贫,才能有效针对上述的多样化贫困原因,才能有的放矢,针对不同的贫困原因进行应对和解决。

(二) 精准扶贫在新疆农村扶贫中的实践应用与良好效果

精准扶贫的概念虽然在国家层面提出较晚,但在新疆农村扶贫实践中,实际上早已开始自觉应用,并取得了显著的反贫困效果,切实解决了不少贫困农户所面临的难题和困境。尤其是针对少数民族同胞的特殊困难和发展障碍的点对点精准帮扶,更是起到了既雪中送炭、急人所困的高效扶贫效果,又在这一过程中加深了各民族之间

① 林乘东:《中国:走出贫困》,云南教育出版社1999年版,第25页。

的了解、沟通与互信，进而极大促进了民族关系的改善和民族团结的显著加强。

案例1 在少数民族集中聚居的 E 村，C 支书是生活在当地为数不多的汉族。从 20 世纪 90 年代开始，他就积极参与村庄公共事务，深入了解当地少数民族同胞的生活生产情况。在了解到民族同胞在农产品销售、经商贸易等方面所遇到的语言、信任等困难，他就主动提供力所能及的帮助，并充分发挥自己社会关系广泛的优势，积极帮助那些社会资本缺乏的民族同胞。此外，他还在承担看管村庄灌溉机井的工作中，坚持做到及时提醒相关农户做好灌溉准备。特别是对于交通工具落后或身体不好的贫困农户，他更是提前通知并提供可能的帮助。由于他总是能及时、准确地提供帮助，此后连续多年被少数民族同胞推选为村主任、村支书。而他在担任村支书后，更是充分发挥自己对当地情况了解深入的优势，在扶贫中自觉做到把资金、项目分配到最急需的贫困户和地方。对此，当地民族同胞都十分钦佩。他们说："C 支书办事公道，我们都愿意选他。不像有的干部，虽然和我们一个民族，但办事总偏向自己的亲戚朋友。"

案例2 新疆某驻村"访惠聚"工作组通过深入调查访谈，同时结合村支"两委"成员的意见，切实把改善民生、凝聚人心精准落实到最急需的贫困家庭和亟待解决的困难上。首先，通过精准化、有针对性地解决民族贫困家庭在教育、医疗、就业等方面的困难，不仅高效改善了其民生状况，而且在这个过程中进一步促进了各民族关系发展和民族团结的加强。例如，2014—2015 年，工作组走访了解到，不少家庭为筹措孩子的学费而困扰,甚至陷入困境。对此,工作组立即协调有关部门筹措资金,开展了"金秋助学"活动,精准帮助当地16名贫困家庭大学生得到及时资助。其次,针对少数民族青年剩余劳动力多、就业难这一难题,工作组先后通过深入摸底调查、登记报名、联系企业、技能培训等全程精准服务,举办了3期90多人次的职业特殊技能培训班,以帮助解决其就业难问题。由于技能培训具有很强的当地企业岗位针对性,大多数学员很快就被当地企业录用或达成就业意向。最后,精准化解决当地群众反映强烈的突出问题,如农村低保、危房改造、残疾人保障以及节水灌溉工程等。通过与相关部门对接,精确瞄准贫困家庭与危房、急需实施的节水灌溉工程等,保证在这些项目实施中目标准确,真正发挥政策效果。这样,通过上述努力,为当地民族团结、和谐发展提供了长足动力和可靠保障。

由上述案例不难看出,在实践中人们对精准扶贫的自觉应用,已经取得了非常良好的扶贫成效和促进民族团结的效果。这表明,对于多民族地区日益复杂多样化的贫困成因,选择使用精准扶贫方式既是理论上最佳的选择,也是实践所证明的较好方式。同时,对于当地的民族关系改善和民族团结来说,在实践中精准扶贫方式的优点和效果也同样明显。因此,总结以往的扶贫经验,加快精准扶贫政策的完善与开展,是关系到民族地区反贫困成效和民族团结的大事,势在必行。

(三) 新疆农村精准扶贫实践与民族团结关系分析

新疆农村精准扶贫的成功实践是对精准扶贫促进民族关系改

善、增强民族团结的最有力证明。但众所周知，新疆地域辽阔，不同地区在自然环境、民族构成、经济水平、市场发育、产业状况等方面差异显著，因此一个具体的精准扶贫成功实践以及由此带来的对民族关系的改善和民族团结的增强，是否具有更加普遍的借鉴意义？显然，分布在全疆不同地区的乡村聚落千差万别，不可能彼此完全一致。这既是在当前的反贫困中需要实施精准扶贫的根本原因，也是要求我们对精准扶贫实践进行深入剖析，从而揭示其与民族团结之间深层次关系的缘由。因为只有对事物本质的认识才具有普遍意义。

首先，精准扶贫的实践表明，在当前多民族乡村贫困问题发生原因极为多样和不断变化的情况下，精准扶贫的实施有助于通过具有针对性、个性化的措施来取得更好的扶贫效果。但这需要实施者对当地情况的深入了解和社会生活的长期融入，诸如对各农户的经济状况、技能水平、发展意愿和思想认识等的了解，也只有在社会生活的长期融入中才能实现深入了解。而对于民族团结来说，不同民族成员之间的相互了解、互动和信任正是其重要前提。正如案例 1 中的那位支书一样，正是由于其长期融入当地的社会生活，为其给民族同胞提供各种有针对性的帮扶措施提供了可能。在这里，精准扶贫与民族团结已不再是一般的理论阐述，而是表现为村落内数十年无数具体细微的帮扶活动与互动实践。由此可见，实践经验所揭示的精准扶贫与民族团结的关系，实质上就是通过精准扶贫自觉实践来践行各民族"共同团结奋斗、共同繁荣发展"的伟大理念。而在这个过程中，精准扶贫以其所具有的较强针对性和高效反贫困效果，将对民族关系的改善和民族团结的增强起到明显正向作用。

其次,精准扶贫的实践还表明,当前更多的贫困现象属于"相对贫困",且与民族同胞的人力资本提升和未来发展能力等紧密相关。例如案例 2 中所提及的接受高等教育、就业培训、节水灌溉工程等,针对这些方面的精准扶贫不仅有助于其当下渡过难关,而且有利于其未来的发展能力提升和竞争力增强。对此,实践经验所揭示的精准扶贫与民族团结的关系,显然不仅仅在于当下的扶危济困,更在于注重民族同胞长远发展能力的提升和竞争力增强。这样才能有助于促进各民族在平等、共同进步的前提下,不断向各民族"共同团结奋斗、共同繁荣发展"的目标前进。也只有这样,才能为民族团结奠定最坚实的基础。

最后,通过精准扶贫实践及其所揭示的精准扶贫与民族团结的关系,不难发现,对于当前全疆来说,加快实施精准扶贫十分必要。这不仅是因为"改革开放以来,新疆各族人民的绝对生活水平是逐年提高的,但同全国平均水平相比,相对生活水平是逐年下降的,城乡人民收入水平同沿海地区的差距越来越大"①,从而使新疆各族人民明显感受到经济利益失衡和"相对贫困"的压力,更是因为当前新疆民族同胞在人力资本提升、市场竞争力与产业发展能力等方面存在的相对劣势不断凸显。如果这种压力和劣势长期不能够得到解决,不但会使未来新疆与内地发展差距更加拉大,而且将会严重损害各民族平等、团结与共同进步的基础。因此,近年来,新疆在全国对口援疆的支持下,不断加大了精准扶贫的力度,其中仅 2016 年新疆

---

① 杨发仁:《新疆党的执政能力与民族工作研究》,新疆人民出版社 2009 年版,第 75 页。

就实现了包括 810 个贫困村、近 60 余万人的精准脱贫任务,尤其加强了对南疆四地州、边境地区和特困山区等产业基础薄弱、基础设施和公共服务滞后的贫困地区的精准扶贫力度。一方面,政府通过将贫困农户纳入低保等实行政策性兜底保障;另一方面,通过大力发展纺织服装、食品加工、民族手工业等劳动密集型产业,促进贫困人口通过就业脱贫。据统计,2016 年全疆农村剩余劳动力转移就业达 275 万人次。2017 年,新疆将力争完成 8.39 万建档立卡贫困人口异地扶贫搬迁,完成 59 万贫困人口的精准脱贫。总之,加快实施精准扶贫,尤其是加快对民族同胞今后发展能力的精准帮扶支持,是同加快新疆发展缩小地区差距同等重要甚至更为重要的大事。这也是新疆实现长治久安和跨越式发展的根本保障。

综上,由于各种原因的影响制约,新疆在农业现代化快速发展的同时,农村仍然存在极其复杂多样化的个体农户贫困现象。对此只有加快创新政策扶持内容方式,选择具有更好瞄准性和针对性的精准扶贫方式,才能取得更快更好的民生改善政策效果。同时,这也是从传统"输血式"扶贫向"造血式"扶贫转变的关键所在。对于新疆广大农村千差万别的扶贫对象来说,其帮扶方式、发展目标、内容等不可能完全一致,而只能根据其特点,建立有针对性的个性化帮扶方案,以充分发挥其优势和特长,培育其自我发展能力,提升其人力资本和竞争力,这样才能真正取得反贫困和民生改善的长期效果,并进而增强其发展的主动性和自信心,而这只能通过精准扶贫方式实现。同时,精准扶贫方式还有利于尊重少数民族文化的多样性和特殊性,以及其在发展中的主体作用,这对于各民族之间相互尊重、共同发展繁荣具有重要意义,也是巩固民族团结的重要基础保障。总之,只有在精准扶贫方式下,才能立足于少数民族已有的能力和特长、资源禀赋与文化特性,才能在发展中充分调动和培养发展其创造力和自信心,最终培育和发展其自我发展能力,从而推动各民族共同发展繁荣和民族团结的真正实现。

三、构建支持农业发展的长效机制, 不断促进新疆绿洲现代农业发展

建立健全支持新疆现代农业发展的长效机制,是保证新疆现代农业建设的关键所在。对此,有必要通过法律、法规等手段,把国家以及地方各级政府的重大支农惠农政策制度化、规范化,同时防止财政对农业投资的盲目性和低效性。同时,建立合理的引导、激励机制,通过在税收、补贴、贴息等方面对投资农业给予优惠和鼓励,吸引社会资金以及广大农民对农业投入。完善政府对农业支持的管理体制。建立有力、有效的长效保障机制,确保政府支持农业的各项政策和资金投入的高效率和稳定性。

目前,在国家层面,中央将进一步调整国民收入分配格局,健全完善国家支持农业发展的政策体系。继续坚持对农业"多予、少取、放活"的方针,加快"工业反哺农业,城市支持农村"的进程,进一步调整国民收入分配格局,加大对农业、农村和农民的投入力度,正在逐步形成国家支持保护农业发展的完整政策体系。因此,新疆应当抓住时机,借助国家推进新疆跨越式发展的有利机遇,尽快建立完善本地区支持现代农业发展和投入的政策体系。

（一）建立财政支农、科技兴农等政策支持新疆现代农业发展的长效机制

通过长效的政策措施,进一步调整新疆财政支出结构,不断加大对"三农"的扶持投入力度。明确农业投入占整个财政支出规模的具体比例,建立财政支农资金稳定增长机制。完善相关法律法规,加大对农业的金融信贷和农业保险扶持力度。创新农业产业体系发展融资机制。采取对农业投入相关业务给予贴息、减税、担保或补助等措施,鼓励商业金融机构加大支农力度。加大对农业基础设施建设、农业产业化经营等方面的支持力度。同时,通过逐步改善财政用于农业支出的结构,扩大对农村社会保障和农村基础设施的投入。建立国家、地方对农民收入的补贴机制,在全面实施现有补贴政策的基础上,增加农业补贴种类和规模,完善补贴方式,促进农民收入长期稳定增长和农业持续稳步发展。

此外,改革基本建设投资政策。调整基本建设投资结构,大幅度增加农业投入。提高农业基本建设投资比重。继续加大对土地产出和资源综合利用、农业科技创新和利用、农业物质装备、农民自我发展、农产品加工转化和市场开拓、农业综合支持和服务等六大能力建设投入的力度,全面促进农业综合生产能力提高,推动农业向现代化发展。

（二）建立新疆保障现代农业发展的长效金融支持机制

现代农业是资本高度密集、技术先进发达、装备现代智能的高投入、高产出的农业。在新疆,发展以资源节约型、环境友好型为特征,

以精准农业为技术目标的现代农业,需要长期大量的各种要素投入,而其中资本的投入和支持又至关重要。同时,它也是当前推进农业向现代化发展,增加其他要素投入的主要推动力。但由于种种原因,目前新疆农业发展所需要的金融信贷服务还存在着不少问题。广大农民特别是农业发展相对落后地区很难获得金融信贷服务和支持。因此,建立新疆发展现代农业投入的长效金融支持机制,对新疆发展现代农业意义重大。

首先,调整信贷资金投放结构,加大对农业金融支持力度。继续深化农村信用社改革,进一步发挥其农村金融的主力军作用。改进和加强金融信贷支农工作,进一步深化农村金融改革,完善农村金融市场。充分发挥政府财政支农资金对金融等其他支农资金和民间投资的引导作用。采取有效政策措施,例如,国家财政通过补贴、担保和税收减免等措施,提高金融机构增加对农业和农村信贷投放的积极性,研究建立符合农村特点的担保办法,解决农民贷款难的问题。加大政策性支农力度,增加支持农业和农村发展的中长期贷款。

其次,培育农村民间金融组织,在充分防御金融风险的基础上,鼓励民间资本进入农村和农业领域,开展各类金融服务。研究出台"民间信贷管理规定",在加强对农村民间金融活动的规范管理的基础上,适度放宽农村金融市场准入条件。鼓励政府、企业和社会资金合作建立针对农户和农村中小企业的多种抵押贷款担保组织和担保基金。建立激励机制,鼓励社会投资。运用经济手段调动各方投资农业的积极性。通过税收、贴息、补助等手段引导社会资本投向广大县域农村地区及农业领域。尤其应引导社会资本投向县域农业龙头企业和名优特产品的产业化生产,以吸引更多的社会资本投入。不断完善农业信贷功能,对需贷款的企业及农民给予低息或贴息的待遇,使社会资金更多地流向农业。总之,通过研究制定优惠政策,鼓励和支持多种主体参与现代农业建设,形成多元化的现代农业投入机制。

最后,借鉴二、三产业融资经验,开展农业资本运营,实现资源的优化配置,形成多元化的投入格局。建立健全新疆发展现代农业的相关保障机制。创新农业产业体系风险分散机制。不断扩大农业政策性保险的范围,鼓励商业性保险机构开展农业保险业务。通过保险降低农业经营风险,保障农民及相关企业收入,调动各方对农业投入的积极性和稳定性,逐步形成稳定长效的农业投入保障体系。

(三)建立以新疆农民收入稳定增长为基础的农业投入长效机制

农民是发展现代农业的主体力量和关键因素。没有农民收入的稳定增长和进行现代农业投入的积极性,发展现代农业就无从谈起。因此,建立农民收入稳定增长的机制是发展现代农业投入的重要前提和最终保障。当前,新疆农业发展的总体水平不高,建立农民收入增长的长效机制需要做好以下几方面的工作。

首先,大力发展农村二、三产业和加快城镇化进程,有效增加农民收入。大力发展农村二、三产业是促进农民增收的重要途径。一方面,发展二、三产业以新疆当地资源为基础,立足于农副产品的精深加工,延长了农业的产业链和增加了农产品附加值,可以大大提高农产品的增值能力,从而长期有效增加农民收入。另一方面,加快新疆城镇化发展进程,可以加速促进农村剩余劳动力向城市非农产业有序转移,提高农业的劳动生产率和规模效益,增加农民收入。在农民收入稳定增长的基础上,积极鼓励引导农民进行现代农业投入。用现代农业发展的稳定收益吸引鼓励农民进一步加大投入,从而形成以农民收入稳定增长为基础的农业投入长效机制和良性循环。

其次,完善农产品市场体系,通过科技投入等不断降低农业生产成本,增加农民收益和投资农业的能力。加快进行农产品市场建设,大力培育和发展各种类型的市场流通主体,加快建立完善农产品信息网络营销体系。依靠科技进步和电子商务,不断提高农产品品质和多层次营销体系建设。完善新疆农田水利设施,强化发展节水灌溉、精准农业等技术,不断降低生产投入成本。有效调控化肥、种子、农用柴油等农资和农业用电、机械作业价格,降低农业生产成本费用。进一步落实和长期实行对农业的保护支持政策、农产品收储政策、农业补贴政策和精准扶贫政策,使农民得到更多的实惠,为农民增收创造良好的政策环境。通过降低农业生产、流通成本,不断增加农民收入,推动以农民收入稳定增长为基础的农业投入长效机制形成和发展。

再次,培养新型农民,加强农民的人力资本投资。新疆农民的人力资本处于较低的水平,不仅大大制约了其发展现代农业增加收益的能力,还严重影响到其向其他产业转移从而增加收入的能力。因此,只有提高农民的人力资本水平,才能从不同方面增加农民收入。对此,一方面需要加强对农民农业知识技能培训,提高其农业生产中的科技含量,引导农民依靠科学技术提高产量、增加收入。另一方面,在现阶段,要大力开展先进实用技术培训等教育,加快培养新一代农民。做好农村劳动力转移就业培训工作,提高农村劳动力的就业竞争力,从而通过非农就业增加农民收入,进而不断促进以农民收入稳定增长为基础的农业投入长效机制建设。

最后,健全农业保险和农民社会保障体系,增强农业与农民抗风险能力。全面发展面向农业生产和农产品经营、流通的政策性农业保险,探索建立财政支持对农户保费给予补贴的方式、品种和比例,对保险公司经营政策性农业保险给予适当补助或税收优惠。不断增加对农业生产、流通等环节的保险水平。进一步健全农村社会保障事业,加快建立覆盖新疆全农村的医疗、养老保险和低保救助体系。通过不断提高农民的社会保障水平,逐步增强农民的抗风险能力和投资能力,使其在没有顾虑的情况下积极进行现代农业投入,并最终成为保障农业投入长效机制形成与发展的重要基础。

第七章 对今后加快新疆和我国民族地区建设发展的政策启示

我国的现代化离不开西部民族地区的现代化发展。对此，国家一方面出台了一系列民族扶持政策，从国家层面上调动大量的资源支持推动当地加快发展，从外部给新疆等地区持续"输血"。另一方面，国家也迫切期望民族地区自我发展能力的提升与现代化发展的早日实现。这就需要当地在有利的外部"输血"环境下，加快改革创新和产业升级，加速资本积累和人才集聚，早日形成自我发展的"造血"功能。这样才能推动民族地区的可持续和永续发展，才能最终实现长治久安和中华民族伟大复兴。

第一节 政策扶持与对口支援"输血"新疆跨越式发展

政策扶持与对口支援是国家扶持推动新疆经济社会加速发展的重要手段，也是国家不断探索总结，从外部"输血"新疆发展的重大战略实践。数十年来，国家的政策扶持与对口支援措施不断发展完善,为新疆的全面快速发展输入了源源不断的资金、技术、人才等关键要素,取得了显著成效。进入新时期以来,国家不失时机地进一步提出了全国 19 省市对口援疆战略,为进一步"输血"新疆发展,推动新疆的跨越式发展提供了强大外部推动力。

一、政策扶持与对口支援"输血"新疆大发展

进入新时期以来,国家根据新疆发展稳定的实际需要,进一步加大了政策扶持和对口支援力度。不仅实施了全国 19 省市对口援疆战略,而且加大了国家层面上各部委援疆的政策力度,安排专项资金、项目助力新疆各项事业发展。如从 2010 年起,国家每年安排2000 万元资金支持科技援疆项目,助推新疆科技创新实现跨越式发展。① 在教育方面,教育部通过实施"对口支援西部地区高等学校计划"、"援疆学科建设计划"等,大大促进了新疆各高校的学科建设、人才培养、科学研究和办学质量等。农业部则从 2007 年就全面开启了全国农业援疆工作。"十一五"以来,仅支持新疆畜牧业发展的资金就达到 28.61 亿元,有效加快了新疆畜牧业基础设施建设,显著改善了农牧民生产生活条件,扶持了一批重点优势产业,有力促进了新疆现代畜牧业和牧区经济社会又好又快发展。② 同时,农业部还累计安排新疆及兵团各类中央农业基本建设和财政专项资金 94.7 亿

---

① 参见王大霖:《国家每年斥资两千万科技援疆》,《中亚信息》2010 年第2 期。

② 参见张志恒:《光辉的历程——农业援疆回顾》,《新疆畜牧业》2010 年S1 期。

多元,这些都有力促进了新疆农牧业发展基础条件的改善和综合生产能力的提高。①

　　此外,国家通过转移支付、专项资金等渠道,对新疆投入的援疆资金规模则更大。例如,央企"十二五"期间在新疆投资将成倍增加,31 家央企计划在新疆投资达 9916 亿元。② 总之,在党和国家的高度重视和大力支持下,近年来国家对口援疆,"输血"新疆规模之大、力度之强、范围之广,前所未有,为新疆的经济社会发展、民生改善、长治久安提供了极为重要的外部动力和政策保障。例如,仅在最近两年来,在国家政策扶持和全国对口援疆的强力推动下,对口援疆"输血"新疆发展已取得显著成效(见表 7-1)。

表 7-1　2011—2012 年部分省市对口援疆主要区域、内容与新疆发展民生改善成就简表

各省市与支援地区	时间	对口支援主要内容
浙江—阿克苏地区及阿拉尔市(农一师)	2011—2012	2011 年完成投资 41.23 亿元,到位援助资金 16.5 亿元,完工项目 118 个,2012 年计划安排项目 117 个,投资 48 亿元,其中援助资金 13.3 亿元③
辽宁—塔城地区	2011	对口支援项目 65 个,安排援建资金 4.5 亿元④

---

　　① 参见《农业部从十个方面加强农业援疆工作》,《农业工程技术》2010 年第 10 期。

　　② 参见陆培法、林荣华:《31 家央企"十二五"期间对新疆投资近万亿》,2011 年 8 月 25 日,http://www.ce.cn/macro/more/201108/25/t20110825_22645871.shtml。

　　③ 参见张铁玲:《去年援疆成效大　今年援疆步伐大》,《阿克苏日报》2012 年 3 月 8 日。

　　④ 参见范春海:《塔城地区各族群众分享援疆成果》,《新疆日报》2012 年 3 月 19 日。

续表

各省市与支援地区	时间	对口支援主要内容
江苏—阿图什市、乌恰霍城、伊宁等县及六十六团	2012	组织"百企千亿"产业援疆,签约项目 111 个,预计总投资 1200 多亿元,目前已开工建设 38 个,10 个项目投产,投资金额超过 110 亿元①
黑龙江—阿勒泰	2011	对口支援项目 64 个,安排援疆资金 2.2 亿元
安徽—皮山县	2012	计划援疆项目 40 个,年度援疆资金 2.7025 亿元
福建—昌吉	2012	计划安排援疆资金 4 亿元,援建项目 43 个
广东—疏附、伽师等县	2011	投入援建资金 10.78 亿元,开展了近 70 个项目的建设
2010—2011 年全面对口援疆政策取得的新疆发展与民生改善辉煌成就		近 4 万户零就业家庭至少有一人就业;2.3 万未就业大学毕业生到对口援疆省市学习培养;安居富民、定居兴牧和南疆天然气利民工程提高百姓幸福指数;提高农村"四老"人员、城乡低保人员、企业职工和退休人员等共 400 多万人工资收入和生活补贴水平;26.7 万贫困人口收入越过低收入贫困标准线;2011 年为"民生建设年",民生建设投入将超过 1400 亿元②

二、"输血"新疆发展政策的进一步完善创新

由上文可知,对口援疆"输血"新疆发展已在全疆各地全面展开,为新疆的跨越式发展提供了强有力的外部推动力。但是,基于新疆目前发展稳定所面临的复杂形势,简单的直接的资金投入"输血"

---

① 参见颜芳:《新一轮援疆成效喜人 深度援疆稳步推进》,《新华日报》2012 年 4 月 12 日。

② 参见《新疆以对口援疆成就深化主题教育活动》,2011 年 7 月 13 日,http://news.ts.cn/content/2011-07/13/content_5978846.htm。

方式只能起到短期的效果,而难以长期持久发挥作用。而且这种方式还极易使新疆各地产生"等靠要"等消极思想,形成对相关扶持政策的"援助依赖",不利于调动和发挥当地各族民众的发展积极性和主动性。因此,有必要对对口支援等政策扶持措施不断进行调整和完善,创新相关机制,以保证"输血"新疆发展政策发挥最大和最有效的作用,最大程度推动新疆经济社会全面快速协调和可持续发展。

首先,在资金投入支持上,不能简单依靠国家和对口援疆省市的直接财政投入和物资援助。为使新疆经济发展尽快步入良性积极轨道,要探索按市场原则和国际惯例,以创新思路再造新疆发展中的资金有效"输血"机制。通过政策扶持和引导,调动和发挥我国和新疆现有政策性金融机构的作用,逐步解决新疆发展所需的资金短缺问题。同时,加大对新疆地区的金融支持力度,从国家层面尝试发行新疆发展金融债券,专项筹集资金用于新疆的建设和发展。另外,在资金投入的使用上,改变以往简单上项目、进行基础设施建设等。创新扶持方向和方式,重点扶持符合国家宏观经济政策和产业政策、有利于新疆生态环境建设和保护的项目,促进新疆经济、生态可持续发展。

其次,新疆地区国有企业比较集中,重工业较多。针对新疆企业的特点,除了要加大财政对新疆地区的转移支付、支持企业进行技术改造升级以及增加企业的资本金外,还应考虑加大各种融资力度,解决企业发展中的资金不足问题。否则,短期内会影响企业周转资金的充裕,长期下去将严重影响企业的长远发展,进而影响新疆整体经济的发展和现代化水平提升。因此,应考虑设立新疆重点行业产业投资基金、创业基金,把全国的社会闲散资金集中起来用于产业投资,发掘新疆的资源、产业优势。同时,加大加快新疆符合上市条件的企业上市,通过股份制改造,完善法人治理结构,在新疆建立现代企业制度。通过兼并、收购和债权债务重组等多种形式,盘活新疆各种资源、资产存量。

再次,充分抓住新疆在对外开放和丝绸之路经济带中的有利战略地位,以及国家积极推行"东联西出、向西开放"的时机,在充分利用好国内疆内资金的基础上,积极开拓利用外资的渠道。对于一些不涉及国家安全和经济命脉的产业或行业,可允许多种形式的外资参与,如直接投资、借款、合资以及设立中外合资的产业投资基金等方式。同时,积极引进外资银行、国际金融机构。加入世界贸易组织后,我国已逐步允许外资银行在全国各地设置分支机构和开办人民币业务,而目前的外资银行基本上集中在东部,我们要借西部大开发的有利时机,鼓励和创造条件吸引外资银行在新疆开设机构,发展业务。

最后,进一步加大对新疆农村的政策支持力度,"输血"到最急需的地方。加大新疆支农惠农政策,将税费减免、农资价格稳定、农产品补贴和"多予、少取、放活"政策落到实处。进一步增加中央的政策支持资金,强化对新疆农村金融的扶持力度。结合新疆实际,重点抓好农村信用社的发展与改革,抓紧制定县域农村信用社承担支持"三农"义务的政策措施。真正发挥其农村金融主力军的作用,为新疆各族农民增收作出努力。同时,加大发展农村教育和职业培训的投入力度,以此增强农民脱贫增收的长效机制。新疆农村教育长期滞后,使农村劳动力素质低下,无法与现代化、市场化发展相适应,制约了农民增加收入的能力。只有提高农村劳动力素质和人力资本,才能提高生产效率增加收入。因此,通过加大教育培训力度,特别是加大南北疆广大农牧区的民族教育投入,发展和构建具有新疆地方特色的农村教育模式,不断增加人力资本投资,才能形成新疆经济持续发展的最强大人力资本。这也是新疆要实现跨越式发展和与全国同步现代化的重要前提保障。

第二节　新疆自我发展"造血"功能加强, 推动新疆可持续发展

新疆的发展稳定归根到底需要新疆各族人民的共同努力,需要新疆自我发展能力的形成与提升。即在国家的民族扶持政策和全国对口援疆的强力外部"输血"推动下,新疆要加快自身经济发展的资本积累、产业升级和竞争力提升,加速形成自我发展的"造血"功能,这样才能从根本上解决新疆的跨越式发展和永续发展问题,才能最终实现各民族共同发展繁荣和新疆的长治久安。

一、以新型工业化为主导,打造新疆 自我发展"造血"功能基础产业

新型工业化是新疆现代工业经济发展的根本方向,也是充分发挥新疆资源优势,实现新疆经济、生态协调可持续发展的可靠保证。因此,新疆要实现从外部"输血"到自主"造血"的转变和自我发展能力的提升,就必须以新型工业化为主导,打造现代新型工业产业体

系。特别是建立形成新型的能源、矿产开发和深度利用为主的基础产业体系,对于新疆"造血"能力的迅速形成作用重大。正如新疆自治区第八次党代会报告指出的那样:"新型工业化事关新疆现代化建设的全局。""要坚持把新型工业化作为第一推动力。"可见,新型工业化对于推动新疆经济发展和现代化建设意义重大,同时也是增强新疆"造血"功能的主要动力来源。

新疆拥有极其丰富并且国家发展急需的各种矿产、能源资源。新疆不仅矿产资源种类全、储量大,目前发现的矿产就有 138 种。其中,9 种储量居全国首位,32 种居西北地区首位,开发前景广阔;而且新疆还拥有储量极为丰富的能源资源,例如石油资源量为 208.6 亿吨,占我国陆上石油资源量的 30%,天然气资源量为 10.3 万亿立方米,占我国陆上天然气资源量的 34%。而全疆煤炭预测资源量更高达 2.19 万亿吨,占我国的 40%。因此,借助全国对口援疆和产业援疆的有利时机,统筹规划,改革创新,结合新疆的矿产、能源资源状况以及周边市场情况,打造具有新疆特色的新型工业化主导基础产业,厘清新疆现代工业发展思路和发展重点,推动新疆现代新型工业科学健康发展。在此基础上不断增强新疆自我"造血"功能和提升自我发展能力。

同时,进一步加强铁路、公路等基础设施建设,为新疆优势资源及产品输出提供便捷通道。紧紧抓住当前国家向西开放和丝绸之路经济带建设的时机,充分发挥新疆在我国东联西出战略中的中枢优势,发展形成一批以新疆优势资源和特色产品为依托的龙头企业,打造知名品牌和企业集团。为此,新疆要积极引进和并购重组形成一批大企业、大集团,以新型工业化为引领,高起点、高水平、高效益地推进优势资源转换,最终形成低碳循环经济与产业集群效益相结合的产业布局。逐步形成以化工、冶金、电力、光伏、纺织、特色农产品加工为龙头的产业集群。此外,通过援疆资金等不断加大科技投入,推动形成以企业为主体、市场为导向、产学研相结合的新疆产业技术创新体系。以科技创新、产业集群,推动新疆循环经济、生态经济的发展,从而形成长效的新疆自我发展"造血"功能和永续发展。

二、以现代文化旅游业为引领,打造新疆
自我发展"造血"新兴产业

现代文化旅游业是新兴的具有丰富文化和地理内涵的可持续产业发展模式,具有保护地区生态,传承与交流民族文化,促进农牧民增收,带动地区经济发展的多重功效。因此,发展现代文化旅游产业不仅是实现当前新疆加快经济发展和保障当地生态安全的有效途径,而且还可以发掘新疆多民族交融的优秀文化,减少资源的消耗性利用,实现新疆景观资源及其生态环境和民族文化的有效保护,增加农牧民收入,实现新疆经济、社会、生态的可持续发展和综合利用。[①]在国外,随着现代文化旅游的迅猛发展,在一些国家景观旅游收益已经接近农业总产值的一半。[②] 而世界旅游组织 2020 年国际旅游业

[①] 参见杨光梅:《草原牧区可持续发展的生态经济路径》,《中国人口·资源与环境》2011 年 S1 期。

[②] 参见杨富裕、陈佐忠、张蕴薇编著:《草原旅游理论与管理实务》,中国旅游出版社 2007 年版,第 1 页。

展望预测指出,对异域文化的了解和崇尚生态旅游是新世纪旅游的主要趋势。① 因此,拥有丰富多样文化和独特绚丽自然风光的新疆,加快发展现代文化旅游产业正当其时。同时,这也是在新时期转变新疆经济发展方式、提高农牧民生活水平、打造新疆自我发展"造血"功能新兴产业和保障区域生态安全的重要手段。

新疆自古以来就以其独特的自然风光、深厚的历史文化底蕴和多元交融的民族文化与风情著称于世。例如在新疆广阔的地域中,不仅拥有多种多样得天独厚、绮丽多姿的自然风光,特别是横亘新疆中部的天山,更是以其雄姿美景而入选世界自然遗产,而且还有维吾尔族、塔塔尔族、哈萨克族等多元民族文化风情以及古丝绸之路等为代表的悠久历史文化遗存,这些都为当地发展特色文化旅游奠定了坚实基础和良好准备。因此,只要运作得当,科学布局,充分发掘当地的巨大文化旅游资源潜力和优势,就可以将当地的资源优势转化为经济优势,达到转变新疆经济发展方式,促进地区增收、实现资源生态保护和文化传承交流的多重效果。

首先,加大投入,开发打造具有新疆民族民俗风情特色的现代生态景观旅游产业。新疆独特的自然生态景观,加上维吾尔族、塔塔尔族、哈萨克族等独特的民族服饰、歌舞乐器、手工刺绣、饮食文化,为新疆发展民族特色现代生态旅游业奠定了坚实基础。同时,还可以起到展示与保护民族文化,开辟多元增收途径,合理利用自然资源的良好效果。例如,可以把塔塔尔族特有的"萨班节"打造成开放的旅游节庆活动。发展以民族歌舞演出和传统体育活动等民族风情表演

---

① 参见张坤:《我国发展草原旅游的意义及草原旅游产品开发类型探析》,《现代经济信息》2011 年第 22 期。

为主要内容的旅游服务,再加上塔塔尔族特色饮食"古拜底埃"、"伊特白里西"①和"卡特列提"②以及石板烤肉服务和"克热西曼"、"科赛勒"③等特色饮品服务,将大大增强当地生态旅游产业的吸引力和发展壮大。

其次,加大扶持与引导,发掘新疆文化内涵,发展壮大新疆民族特色工艺产业与文化旅游产业。新疆维吾尔族、塔塔尔族、哈萨克族的特色工艺产品如民族手工艺品、刺绣、饰品,既是民族优秀文化遗产的典型代表,也是悠久西域文化在当代传承的符号象征。如塔塔尔族妇女绣制的种类繁多的装饰绣品,以及许多特色手工艺品如"库涅"④、"塔力彦"⑤、"曼达林"⑥等,其工艺之精美、制作之精巧、艺术之高超都早已闻名遐迩。而新疆文化旅游纪念品产业要想提升竞争力和品位,开拓市场,就必须通过发展壮大和融合塔塔尔族、哈萨克族等特色工艺产业,来拓展提升新疆旅游产业的文化内涵,增强旅游产业提供服务的种类、范围与品位。这样既可以增加旅游产业收益途径,又可以实现保护与传承民族优秀文化遗产,还可以拓宽各族人民参与旅游产业发展的途径与增强参与能力。研究表明,每增加 1 名旅游从业人员能为社会提供 5 个就

---

① 塔塔尔族特有的风味食品,用奶酪、杏干、大米和用南瓜、肉、大米焙烘的两种糕点。

② 塔塔尔族特有的风味食品,用面、米、土豆制成。

③ 塔塔尔族特有的饮品,"克热西曼"是一种用苹果等水果和蜂蜜发酵制成的饮品,"科赛勒"是一种用葡萄酿制的饮品。

④ 塔塔尔族的一种乐器,是一种二孔直吹的木箫。

⑤ 塔塔尔族的一种乐器,形似手风琴,最小的比火柴盒稍微大,有两个或三个键盘、四个或六个音。

⑥ 塔塔尔族的一种乐器,种类繁多,主要为椭圆形或扁形音箱,琴把较短,琴声高亢。

业机会。① 而手工艺品的制作与销售不仅可以吸纳大量农牧民的参与,解决就业和多元增收,还可以起到当地民族文化与外界互动、交流和文化互信的效果。

最后,加强区域旅游合作,联合打造特色鲜明、内涵丰富的黄金旅游线路,不断增强新疆文化旅游产业的吸引力和市场拓展能力。这也是解决旅游产业发展的外部性问题,以合作整合做强做大区域旅游产业的有效途径。因此,新疆各级政府要统筹协商,共同打造文化内涵丰富、历史遗产厚重、景区变幻多样、风光异彩纷呈的国内一流黄金旅游线路。只有这样,新疆的文化旅游产业才能充分发挥当地自然景观、民族特色、历史文化等复合优势,才能不断发展壮大,为新疆经济发展、环境保护、文化传承交流等作出应有贡献。总之,不断做大做强新疆文化旅游产业规模和丰富其内涵,是推动新疆现代经济发展和"造血"能力提升的重要新兴产业选择,同时也是实现民族文化传承与交流、各族人民有效参与、促进新疆资源生态保护与可持续发展的必然选择。

三、以民生改善为目标,强化新疆自我发展 "造血"功能制度设计

新疆的跨越式发展和自我发展"造血"功能的增强,都首先要把提高各族人民生活水平作为根本的出发点和落脚点。这是因为,只

---

① 参见杨智勇:《草原旅游发展对牧区社会经济影响的研究——以内蒙古自治区锡林郭勒盟为例》,《内蒙古财经学院学报》2008年第6期。

有把民生问题解决好,才能更好地凝聚民心、民智、民力,才能为新疆经济社会发展提供持久动力,才能真正实现新疆的跨越式发展和自我发展"造血"功能提升。因此,在这一过程中,一定要以民生改善为目标,强化新疆自我发展"造血"功能的制度设计。特别是对于新疆农牧民等相对弱势群体的制度设计,更要做到切实可行和充分保障。

农牧民民生改善的首要途径是通过多元增收来提高其生活水平,进而改善其生产条件,使进一步提高其生产效率和增加人力资本投资成为可能。而这也是增强其自我发展"造血"功能的必由之路。以此类推,如果全疆的农牧民通过民生改善、自我发展"造血"能力增强,那么新疆的自我发展"造血"功能增强与跨越式发展当然也就有了坚实基础。因此,加快相关环节和制度设计配套改革,至关重要。首先必须深化城乡二元管理体制改革,消除人口自由流动的制度障碍。由于自然地理条件的影响和历史发展的原因,特别是优先发展重工业及城乡分割政策的实行,导致新疆城乡二元经济结构特征尤为突出。只有从制度设计上彻底打破城乡二元经济制度,才能打开农牧民多元增收的空间,才能加快劳动力转移和城乡一体化发展。同时,进一步加快新疆农村社会保障制度改革和增强保障力度,从根本上解除农牧民的后顾之忧,不断增强农牧民抵御各种自然、市场等风险的能力。

其次,加快新疆农村社会管理体制改革。新疆农村管理体制自家庭联产承包制改革后就处于停滞状态,导致无法与市场经济的发展相适应,在职能上不仅无法适应新的环境和进行利益协调,反而甚至演变成了农民增收的障碍和利益侵害者。特别是乡村社会管理行政色彩浓厚,基层管理者利用职权不时侵害农牧民权益,导致基层群众反映强烈,干群矛盾突出。而在农牧民急需的组织和引导发展乡村经济、搞好经营、进入市场和参与竞争等方面,却明显不足,甚至一无所能,远远不能适应农民和农业发展的要求。同时,乡村机构、人员、开支却不断膨胀,许多地方乡镇人员严重超编,造成农民负担不但难以减轻,反而日益加重,严重影响到农民生活的改善和基层的稳定。因此,迫切需要加快新疆农村社会管理体制改革,严格控制人员数量和质量,不断增强乡村管理机构的服务能力,把服务能力作为衡量其工作的主要指标,为农民在获取市场信息、获得技术和资金扶持、顺利销售农产品等方面提供全面服务和帮助,成为农民多元增收、提高自身技能的引路人和中介人。只有这样,新疆的民生才能有效改善,自我发展"造血"功能形成与提升才能拥有坚实基础保障。

四、以丝路经济带核心区建设为契机,加快新疆优势转换强化"造血"功能

以"政策沟通、道路联通、贸易畅通、货币流通、民心相通"五个方面为特征的"丝绸之路经济带"战略已经拉开帷幕。但是,众所周知,溯源于古丝绸之路的丝路经济带所涵盖的中亚、西亚等众多国家和地区,其民族、宗教、文化等都与我国差异显著。因此,要推进"丝绸之路经济带"重大战略布局,就必须首先要考虑上述各个方面的高效衔接和沟通合作问题。而新疆作为与中亚接壤,历史上民族、宗教、文化等与之联系紧密的边疆省区,可以而且应当在其中发挥应有的重要联通作用和优势。同时通过丝路经济带核心区建设和向西开

放,新疆还可以实现前所未有的区位等优势转换,即从先前的内陆边疆一跃成为对外开放和贸易的前沿和窗口,从而在新的战略机遇期获得经济社会发展的强大动力,不断强化"造血"功能和提升自我发展能力。

(一)新疆在丝路经济带战略中的特殊联通作用优势分析

1. 政策沟通作用优势。新疆与中亚地区不仅地缘相连,而且自古以来在经济政治文化等方面联系紧密,甚至长期以"西域"的整体形象存在。近年来,新疆与中亚在经济贸易、文化交流以及反恐合作等方面的联系不断加强。同时,随着上述交流合作的持续深入开展,新疆对中亚各国的经济、贸易、文化、法律等政策制度的了解日益深入。这些都为新疆在丝路经济带战略中发挥政策沟通作用提供了有利条件和沟通优势。

2. 道路联通作用优势。新疆作为与中亚接壤、毗邻8个国家的最大边疆省区,显而易见,无论是在古丝绸之路,还是当前的丝路经济带战略中,新疆都具有核心地理区位和交通中枢位置优势。当前,通过新疆与中亚、西亚地区的铁路、公路、航空等通道建设和管道联通,可以实现我国与中亚、西亚乃至欧洲区域的陆上最短距离联通,相比海运节约大量的运输空间与时间成本,保障我国与这些区域商品、能源等的快捷畅通和物流安全。

3. 贸易畅通作用优势。新疆自古就是丝绸之路贸易的中转站和商品集散地。隋唐时期的粟特商人、蒙元时期的色目商人等都是来自西域,并把当地作为重要贸易中转地的。当前,以中国制造为代表的众多工业产品和新疆特色农牧产品深受丝路经济带沿线国家欢迎。新疆完全可以依托其区位优势和文化、语言等与丝路经济带沿线国家相通优势,在贸易畅通中发挥重要中介作用。

4. 民心相通作用优势。新疆自古就是多民族聚居区,其中不少民族如哈萨克族、柯尔克孜族、塔吉克族、塔塔尔族、俄罗斯族等都是跨界民族。同时,新疆民族与中亚、西亚国家在宗教信仰、文化传统等方面都有着历史渊源和重要联系。再加上新疆作为多文明交汇地的开放、包容优势,都将为新疆在丝路经济带战略中发挥民心相通作用提供绝好条件。

5. 安全合作作用优势。丝路经济带战略所涉及的中亚、西亚等区域是当今世界最不稳定和最不安全的区域,也是伊斯兰原教旨主义和恐怖主义的滋生地。因此,丝路经济带战略的实施首先要考虑和应对上述安全风险。而新疆作为与之毗邻,且具有长期反恐维稳成功经验的地区,在推进丝路经济带沿线国家安全合作,共同防范安全风险方面显然具有无可替代的特殊优势。

(二) 目前新疆发挥特殊联通作用优势的主要困难与障碍

1. 政策沟通方面。新疆作为我国的省级行政区,与中亚国家显然不具有对等的行政地位。而丝路经济带战略中所涉及的关键政策领域如外贸、关税等方面,只有国家层面才具有进行政策沟通和调整的权限。对此,新疆虽然具有发挥政策沟通作用的特殊优势,但由于其权限及行政地位,将难以发挥相应的作用。

2. 道路联通方面。新疆虽然具有丝路经济带核心地理区位和交通中枢位置,但由于目前新疆的铁路、公路、航空等基础设施还较为落后,其所能提供的运力有限且接近饱和。同时,当前新疆与中亚道路联通总体数量偏少,造成通关时效性降低且成本居高不下。因此,在道路联通方面,就目前来看,新疆还难以发挥其应有的联通中枢优势。

3. 贸易畅通方面。新疆虽然具有丝路经济带核心区位优势和世居跨界民族等在贸易沟通、文化交流中的便捷优势,但由于新疆经济发展水平总体偏低,维吾尔族、哈萨克族、塔吉克族等仍主要以农牧业生产为主,严重缺乏现代商贸知识和相关市场技能,制约了其发挥自身优势,促进新疆在丝路经济带战略中贸易畅通作用的发挥。

4. 民心相通方面。新疆与中亚历来联系紧密,其民族宗教、语言文化、自然生态等都极为相似,这为双方的民心相通和安全合作提供了有利条件。但是,独立后的中亚各国法制尚未健全、不稳定因素较多,再加上新疆"三股势力"与区域内恐怖主义等的勾结串联活动,都严重影响到新疆在丝路经济带战略中民心相通作用的发挥。

5. 安全合作方面。无论是新疆还是与之毗邻的中亚区域,都面临着严峻的恐怖主义威胁。因此,双方加强合作以应对上述安全风险十分必要。

(三) 创新机制,充分发挥新疆特殊联通作用优势的对策建议

鉴于新疆在丝路经济带战略中的核心区位和作用优势,有必要通过国家层面的政策与机制创新,以推动和促进新疆特殊作用优势的发挥。而这无论是对于新疆跨越式发展还是丝路经济带战略都将具有重大意义。

1. 鉴于丝路经济带战略所涉及的国家众多且情况异常复杂,建议从国家层面先尝试将新疆与中亚的经济贸易合作作为试点,率先

建立新疆—中亚自贸实验区,并以此为基础和平台,不断推动丝路经济带战略中的政策沟通与贸易畅通。对此,需要国家相关管理机构,加快政策与机制创新,赋予新疆更多更灵活的政策权限。

2. 从丝路经济带战略大局出发,加大对新疆边境口岸、交通运输、仓储物流、通讯信息等基础设施的建设力度。力争早日建成能够适应丝路经济带战略发展要求的高标准立体交通、通讯和仓储物流网络体系,并在此基础上,将新疆若干中心城市打造成为国际物流商贸中心。

3. 以丝路经济带战略发展为契机,设立专项基金,加快对新疆少数民族商贸等人才的培养储备力度。同时,出台相关优惠政策,支持鼓励少数民族积极投身于丝路经济带贸易发展与文化交流,使其能够在发挥自身优势的过程中获得可观回报,从而吸引调动更多的后来者通过努力积极加入。

4. 以保障丝路经济带战略为抓手,以上合组织为依托,推动实现新疆与中亚反恐和区域安全风险防范的深度合作。在协助中亚国家反恐的同时,最大限度将新疆及境外的"三股势力"组织彻底铲除。这既是促进新疆跨越式发展和长治久安的要求,更是保障丝路经济带战略实施的基本要求。

5. 充分发挥新疆多元文化作用优势,在丝路经济带建设中实现优势转换。新疆作为与中亚接壤的多元文化区域,新疆的许多民族与中亚、西亚国家在民族、文化、宗教等方面都有着历史渊源和重要联系。因此,在新的战略机遇期,新疆完全可以充分发挥多元文化在丝路经济带战略中的优势作用,加快实现优势转换,实现经济的外向型发展和竞争力提升。

6.充分发挥新疆位于丝路经济带核心的区位优势,在丝路经济带核心区建设中实现区位劣势向优势转换。今后,以往处于我国西北最边缘的喀什、伊犁等地区将一跃成为我国向西开放的经贸、物流中心。而在这一过程中,当地的丰富资源、独特区位都将实现优势转换,从而实现社会经济的大发展,进而促进新疆自身"造血"功能的不断加强和自我发展能力的持续提升。

第三节　对国家加快民族地区发展稳定的政策启示与对策建议

新疆作为典型的民族省区,其发展稳定与国家政策扶持的相互关系值得其他民族地区参考借鉴。我国民族地区虽然分布广泛,各地区在民族、资源、区位等方面有很大的差异,但在发展稳定方面总的来说是具有相似性的。因此,通过研究分析新疆发展稳定与国家政策扶持的关系,不仅可以为国家创新政策扶持体系推动新疆跨越式发展和长治久安服务,而且有助于为我国加快民族地区发展稳定提供可供借鉴的政策启示与对策建议。

一、不断加大对民族地区的经济扶持力度

民族地区总的来说经济发展相对滞后,民生问题突出。而在市场经济条件下,只有从国家层面上进一步加大对民族地区的经济扶持力度,才能帮助其加快发展,实现发展和稳定,这也是落实"两个

大局"战略构想的必然要求。因此,首先要进一步加大中央财政支持力度,以促进民族地区经济社会协调发展,提高民族地区政府的公共支出和服务水平。同时,增加对民族地区基础设施建设和生态环境保护等方面的政府采购支出,强化中央政府对民族地区财力的平衡和调节功能,使各民族地区都能享受均等化的公共支出和服务。

其次,进一步加大中央转移支付力度,建立健全财政转移支付的各项规章制度,加强财政转移支付的法制化建设。在逐步增强中央财政转移支付民族地区的同时,也要完善民族地区财政向州县基层的转移支付制度,不断增强民族地区财政实力。同时,明确从中央到地方各级财政责任的划分以及法制化建设。在资金投入方向与力度上要充分考虑民族地区的特殊因素,如在投入方向上,要加大用于解决少数民族和民族地区在发展中遇到的特殊困难和协调民族关系的投入力度;而在投入力度上,要充分考虑民族自治地方公共服务支出成本差异,适当提高投入预算比例。

最后,加大税收优惠政策力度,降低民族地区经济发展成本。要实行有效的税收减免政策,体现国家对民族地区的实际扶持,使民族地区得到实惠。同时对投资于民族地区的企业,适当提高折旧率或折旧额,在一定期限内实行企业所得税减免。对到民族地区工作的高级人才实行个人所得税减免优惠政策,通过提高个人所得税扣除标准,以及吸引人才的专门补贴予以免税,实现对人才的有效吸引。进一步改革完善对民族地区企业、民族贸易、少数民族特需商品和传统手工业品生产等方面的优惠扶持政策,在税收、金融和财政政策上予以照顾。把国家财政安排的企业贷款贴息,优先支持民族自治地方企业发展、民族贸易网点建设、少数民族特需商品定点生产企业技术改造和传统手工业品生产方面。

二、加强基础设施和生态建设,不断
改善民族地区民生状况

自然条件恶劣、基础设施薄弱、信息闭塞是制约民族地区经济发展的瓶颈,也是当地民生难以改善的重要原因。因此,国家要继续帮助加强民族地区的基础设施建设,改善当地群众的生产生活条件。国家应继续对民族地区的基础设施建设在项目、资金上予以倾斜,重点帮助民族地区建设一批对带动当地经济社会发展起重大作用的交通、水利、能源、信息、市政公用等基础设施项目,优先安排与少数民族群众生产生活密切相关的中小型公益性项目。帮助民族地区研究、论证和争取实施一批发展项目。同时,加强以退耕还林、天然林保护为主的生态环境治理和建设工作,并在地质灾害和草原退化、沙化、鼠害治理等方面加大中央资金投入,尽快建立合理的生态建设和环境保护补偿机制,切实解决农牧民增收和长远生计问题,最大限度地为改善民生作出努力。

首先,加大对民族地区社会事业发展的投入。教育、卫生、文化、社会保障等社会公共事业关系到民族群众的健康、生活保障和长远发展,对民生改善意义巨大。因此,国家要不断加大对民族地区社会事业发展的投入。在教育方面,要重点支持办好半寄宿制民族中小学、民族大中专院校,不断巩固发展民族教育。保障寄宿制学生生活补助费、中学民族生助学金,改善办学条件。不断提高民族地区少数民族的初中、小学学生实行"三免费"教育比例。在卫生、文化、社会保障等方面,也要进一步加大投入。民族地区财政自给率低,卫生、社会保障水平相对较低,对当地民生改善造成极大影响。因此,国家应不断加大投入,尽快建立起覆盖民族地区的基本医疗与社会保障制度,提高民族群众的健康水平和社会保障水平,解决其后顾之忧,有效改善其民生状况。

其次,国家要加快建立生态建设和资源开发补偿机制,保障民族地区在生态建设和资源开发中获得应有利益补偿,实现民生改善。坚持开发者付费、受益者补偿、破坏者赔偿的原则,对因保护野生动植物、建设自然保护区和执行环境保护政策而造成收入受损、支出增加的民族地区,应由上级财政通过转移支付、项目支持等方式给予合理补偿。民族地区通过退耕还林、还草、退牧工程等保证了我国的生态安全和低碳排放,对此国家应协调东部地区给予一定的利益补偿。此外,国家在矿产资源补偿费、新增建设用地土地有偿使用费、水资源费、排污费的征收留用方面,应给民族地区更多的照顾,切实体现输出资源与获取利益的基本一致。在民族地区开发资源,要充分考虑当地群众的利益,在配套产业、社会服务业、劳动用工等方面给予特别扶持照顾,带动当地群众脱贫致富,改善民生。

最后,要不断创新帮扶方式,以精准帮扶促进民族地区发展中弱势群体的民生改善和发展转型。现代化发展和经济转型中,往往会产生大量遭遇"失败"或"挫折"的弱势群体及个体。对此,如果不能采取有效政策干预措施,极有可能造成社会风险因素的不断累积和大量矛盾冲突。因此,面对民族地区加速发展转型中可能出现的日益复杂多样的弱势群体或个体,无论理论上还是实践中,精准帮扶都是最好的政策干预选择。同时,这也是符合民族地区民族、文化、生态、宗教等多样性和发展不平衡性特点的必然选择。民族地区的发展转型涉及众多少数民族的切身利益和福祉,而由于多种因素的影响制约,在发展转型中不同群体乃至个体所遇到的障碍、困难千差万别,因此只有通过精准帮扶,采取具有针对性和个性化的帮扶方案,才能充分发挥其优势和特长,培育其自我发展能力,提升其人力资本和竞争力,真正促使其适应市场经济的发展,在发展转型中成功实现身份、职业等转换,并进而增强其发展的主动性和自信心。这样,通过精准帮扶,就能加快实现民族地区加速发展中弱势群体的发展转型,从而最终实现民族地区的发展进步和繁荣稳定。

三、充分发挥民族地区自身优势,加快特色优势产业和外向经济发展

民族地区拥有丰富的资源和沿边开放优势,适合发展特色优势产业和外向经济。因此,在国家大力政策扶持与对口支援的推动下,紧紧依托民族地区各类资源和产业优势,大力发展能源、矿业、旅游、特色农业、中药材加工等优势产业,通过国家科技支援强化对资源的综合开发利用,建立具有民族地区特色的新型工业化模式。优先在民族地区安排资源开发和深加工项目,鼓励国内外民间资本进入民族地区发展特色优势产业。对民族地区具有资源比较优势的产业加大政策支持力度,扶持民族地区发展具有区域优势的高新技术产业,大力发展基于民族传统文化、人文资源和自然资源的新型文化产业、旅游业。国家应尽快出台民族地区特色产业发展规划和促进民族地区特色产业发展的政策。

依托民族地区的独特自然景观和民族文化打造现代综合旅游产业，以旅游产业为龙头，加快民族地区第三产业发展，快速促进民族地区就业和民生改善。民族地区生态资源和民族文化资源十分丰富，这些独具特色的生态资源、自然景观和民族文化，既有代表性又有区域特色，是发展特色文化旅游产业的重要基础。因此，民族地区乃至国家要加大对当地生态资源、自然景观和民族文化的保护力度，支持民族文化的保护与传承，不断促进民族文化旅游经济的发展。同时，结合时代发展和文化强国战略，进一步挖掘整理和开发利用民族优秀文化，把民族文化资源的开发、创新、传承、输出作为综合的大产业体系来发展。不断增强文化产业的竞争力与吸纳就业能力，推动民族地区经济发展与民生改善。

加大对民族地区的扶持力度，支持民族地区外向型经济发展。民族地区与15个国家和地区接壤，周边国家共有15亿左右人口，目前已形成不同规模、不同层次的边境口岸近百个。民族地区要充分利用沿边开放优势，利用国内外两种资源、两个市场，实现与周边国家和地区的经济互补和投资贸易。特别是利用当前国家建设丝绸之路经济带等重要机遇，大力发展外向型经济，推动国内东西部区域之间以及和周边国家多边经济合作。把民族地区的资源优势、区位优势以及人口红利优势最大程度发挥出来。为此，国家应尽快出台长期、稳定、规范的边境贸易政策和管理办法，优化边境贸易环境。加强重点商品、重要口岸和外贸企业的仓储设施建设等基础设施建设。同时，加大政策优惠力度，在民族地区边贸集中地设立经济特区、贸易保税区、自由贸易区、国际贸易中心等，不断提升边贸水平和层次，做强做大民族地区外向型经济，推动民族地区跨越式发展和长治久安。

参考文献

［美］艾伯特·赫希曼：《经济发展战略》，曹征海、潘照东译，经济科学出版社1991年版。

［美］拉铁摩尔：《中国的亚洲内陆边疆》，唐晓峰译，江苏人民出版社2008年版。

［瑞典］斯文·赫定：《马仲英逃亡记》，凌颂纯、王嘉琳译，宁夏人民出版社2003年版。

阿不都热扎克·铁木尔：《关于维护新疆民族团结和社会稳定的几点思考》，《新疆社会科学》2009年第5期。

阿布力孜·玉素甫：《少数民族消费在新疆经济发展与社会稳定中的作用》，《新疆大学学报（哲学社会科学版）》2004年第3期。

白振声、［日］鲤渊信一主编：《新疆现代政治社会史略》，中国社会科学出版社1992年版。

《包尔汉选集》，民族出版社1989年版。

包尔汉：《新疆五十年》，文史资料出版社1984年版。

北京大学历史系等：《沙皇俄国侵略扩张简史》，人民出版社1976年版。

蔡昉、王德文：《比较优势差异、变化及其对地区差距的影响》，《中国社会科学》2002年第5期。

曹李海：《博弈情景下新疆社会稳定与治理实践问题探讨》，《新疆社会科学》2016年第1期。

曹智：《紧紧围绕强军目标全面加强部队建设 为确保新疆社会稳定和长治久安提供坚强力量支撑》，《人民日报》2014年5月2日。

陈宏：《论国外援助政策及对援疆工作的启示》，《西北民族大学学报（哲学社会科学版）》2012年第4期。

陈宏：《论新中国成立以来的援疆政策》，《新疆师范大学学报（哲学社会科学版）》2012年第6期。

陈慧生、陈超:《民国新疆史》,新疆人民出版社 2007 年版。

陈霞、何伦志:《对口援疆、教育投入与经济发展》,《经济管理》2011 年第 3 期。

陈延琪:《杨增新是如何缓解新疆财政危机的》,《新疆社会科学》1989 年第 1 期。

陈志刚:《对口支援与散杂居民族地区小康建设——来自江西省少数民族地区对口支援的调研报告》,《中南民族大学学报(人文社会科学版)》2005 年第 3 期。

成崇德主编:《清代西部开发》,山西古籍出版社 2002 年版。

程云洁、赵亚琼:《"丝绸之路经济带"核心区建设背景下促进新疆"互联网+外贸"的发展对策研究》,《新疆大学学报(哲学·人文社会科学版)》2016 年第 2 期。

褚民谊:《新疆事件与开发西北》,《新亚细亚(新疆与回族专号)》1933 年第 5 期。

戴继诚:《保护爱国宗教领袖　维护新疆社会稳定》,《中国宗教》2014 年第 9 期。

邓翔:《经济趋同理论与中国地区经济差距的实证研究》,西南财经大学出版社 2003 年版。

丁忠毅:《对口支援边疆民族地区中的府际利益冲突与协调》,《民族研究》2015 年第 6 期。

丁忠毅:《府际协作治理能力建设的阻滞因素及其化解——以对口支援边疆民族地区为中心的考察》,《理论探讨》2016 年第 3 期。

董庆煊、穆渊:《新疆近二百年的货币与金融》,新疆大学出版社 1999 年版。

董兆武:《关于新疆南疆地区发展与稳定的战略思考》,《新疆社会科学》2015 年第 5 期。

杜鹰:《对新疆经济发展的几点思考》,《新疆社会科学》2015 年第 6 期。

段利:《对口援疆政策背景下新疆区域经济发展的思考》,《中国市场》2011 年第 19 期。

《2009 年新疆农村信用社投放支农贷款突破 500 亿元》,2010 年 1 月 7 日,http://news.ts.cn/content/2010-01/07/content_4695111.htm。

范春海:《塔城地区各族群众分享援疆成果》,《新疆日报》2012 年 3 月 19 日。

方英楷:《新疆屯垦史》,新疆青少年出版社 1989 年版。

方英楷主编:《中国历代治理新疆国策研究》,新疆人民出版社 2006 年版。

[美]费正清、费维恺编:《剑桥中华民国史》,中国社会科学出版社 1994 年版。

伏阳:《试论杨增新主政新疆时期的"弱兵政策"》,《西域研究》2001 年第 2 期。

傅援朝主编:《兵团发展和改革优秀调研报告:2002—2007 年》,新疆生产建设兵团出版社 2008 年版。

《中国共产党新疆历史大事记(一九四九·十一一九六六·四)》,新疆人民出版社 1993 年版。

高志刚、刘伟:《西北少数民族地区区域经济差异与协调发展——以新疆为例》,《南开学报(哲学社会科学版)》2016 年第 3 期。

广禄:《新疆三十年动乱亲历谈》,《周末观察》(台湾)1953 年第 10 期。

郭宁等:《新疆城乡协调发展与农村人力资源开发》,中国农业出版社 2007 年版。

郭泰山:《从维护稳定与发展的大局出发做好新时期新疆的民族工作》,《新疆社会经济》1996 年第 3 期。

郭维屏:《南疆事变与帝国主义者侵略新疆之分析》,《西北问题》1935 年第 1 期。

国务院发展研究中心课题组:《中国区域协调发展战略》,中国经济出版社 1994 年版。

国务院人口普查办公室、国家统计局人口和社会科技统计司编:《中国 2000 年人口普查国际研讨会论文集》,中国统计出版社 2005 年版。

郝时远主编:《解读民族问题的理论思考》,社会科学文献出版社 2009 年版。

红文、晓林:《哈达献给中南海——中共中央办公厅玉树扶贫纪事》,《民族团结》1997 年第 2 期。

胡鞍钢、王洪川:《新疆发展阶段与经济增长来源研究》,《新疆师范大学学报(哲学社会科学版)》2013 年第 6 期。

胡志坚、张孝成:《兵地融合发展谱新章》,2010 年 7 月 9 日,http://china.cnr.cn/news/201007/t20100709_506706368.html。

黄慕松:《我国边政问题》,西北导报社 1936 年版。

《加强民族干部培训 建设高素质干部队伍 为维护新疆社会稳定和实现长治久安提供支撑》,《人民日报》2014 年 9 月 24 日。

简咏梅:《今年新疆惠农政策补助预计达 295 亿元》,2012 年 4 月 5 日,http://www.xjxnw.gov.cn/c/2012-04-05/933074.shtml。

江泽民:《听取新疆生产建设兵团工作汇报时的讲话(一九九八年七月九日)》,《党的文献》2004 年第 6 期。

疆生:《地方国有企业在新疆稳定发展中的作用》,《云南民族大学学报(哲学社会科学版)》2012 年第 3 期。

蒋超群:《国民政府三十年代西北开发中的垦殖业》,《青海社会科学》2003 年第 1 期。

蒋君章编著:《新疆经营论》,正中书局 1936 年版。

解群、房剑森、石芳华:《走向"合作":东西部高校对口"支援"政策透视》,《教育发展研究》2012 年第 1 期。

《旧唐书》,中华书局 1975 年版。

金国珍:《马全禄制造民族仇杀的罪恶活动》,载中国人民政治协商会议乌鲁木齐市委员会文史资料研究委员会编:《乌鲁木齐文史资料》(第五辑),新疆青年出版社 1983 年版。

金树仁:《关于中原多事中央对于西北措施恐难实施给王仲英的电》,1931 年,藏新疆档案馆政 2-2-1083-138。

靳薇:《西藏援助与发展》,西藏人民出版社 2010 年版。

居正:《东北沦陷中之西北边陲问题》,《西北问题》1933 年第 5 期。

刺迪生:《正确处理新疆的民族宗教问题实现长期稳定与发展》,《天山学刊》1996 年第 2 期。

李建军:《文化对口援疆的"输血"类型及援疆路径选择》,《新疆社会科学》2012 年第 3 期。

李金叶、杜晓宇:《援疆背景下的新疆经济发展研究》,《干旱区地理》2014 年第 6 期。

李庆滑:《我国省际对口支援的实践、理论与制度完善》,《中共浙江省委党校学报》2010 年第 5 期。

李天炽:《新疆旅行记》,《大公报》(天津)1934 年 7 月 2 日。

李学习:《党的三代领导集体关于新疆发展与稳定的思想》,《新疆大学学报(哲学社会科学版)》2004 年第 2 期。

李延成:《对口支援:对帮助不发达地区发展教育的政策与制度安排》,《教育发展研究》2002 年第 10 期。

李莹:《构建和谐的民族关系　促进新疆的稳定发展》,《实事求是》2008 年第 4 期。

李玉华:《新疆少数民族地区高等教育与经济协同发展研究》,《贵州民族研究》2016 年第 1 期。

厉声:《千年一部兴疆史》,《决策与信息》2010 年第 8 期。

厉声:《乾隆年间新疆协饷拨解及相关问题》,《清史研究》1998 年第 2 期。

厉声:《新疆对苏(俄)贸易史(1600—1990)》,新疆人民出版社 1993 年版。

厉声主编:《中国新疆:历史与现状》,新疆人民出版社 2003 年版。

梁勇:《高校对口援疆模式的探索与实践——构建可持续性"造血型"高校对口援疆新模式》,《中国高教研究》2009 年第 2 期。

林乘东:《中国:走出贫困》,云南教育出版社 1999 年版。

林竞:《新疆纪略》,载甘肃省古籍文献整理编译中心编:《中国西北文献丛书二编》,西北民俗文献第六卷第三辑第 27 册,线装书局 2006 年版。

刘成:《影响新疆社会稳定和长治久安的因素探析》,《云南民族大学学报(哲学社会科学版)》2015 年第 2 期。

刘大为:《新疆农村信用社 2015 年存贷款规模实现两位数增长》,2016 年 1 月 8 日,http://xj.people.com.cn/n2/2016/0108/c340881-27498260.html。

刘红艳:《论党的执政能力建设与新疆的稳定与发展》,《民族论坛》2012 年第 8 期。

刘江海:《中国共产党三代领导人关于新疆的稳定与发展的论述与决策》,《新疆社会经济》2000 年第 2 期。

刘荣:《中国共产党民族干部政策研究》,社会科学文献出版社 2010 年版。

刘溶沧、焦国华:《地区间财政能力差异与转移支付制度创新》,《财贸经济》2002 年第 6 期。

刘世薇、张平宇:《1989—2010 年新疆经济发展差异的区域分析》,《经济地理》2012 年第 9 期。

刘铁:《从对口支援到对口合作的演变论地方政府的行为逻辑——基于汶川地震灾后恢复重建对口支援的考察》,《农村经济》2010 年第 4 期。

刘铁:《论对口支援长效机制的建立——以汶川地震灾后重建对口支援模式演变为视角》,《西南民族大学学报(人文社科版)》2010 年第 6 期。

刘文强、雪合来提·马合木提:《西部大开发视角下新疆经济发展比较研究》,《安徽农业科学》2011 年第 26 期。

刘玉、刘毅:《区域政策的调控效应分析——以我国财政转移支付制度为例》,《地理研究》2003 年第 2 期。

刘月兰、李豫新:《新疆产业结构变动对经济增长效应的实证分析》,《干旱区资源与环境》2010 年第 6 期。

刘振华:《发展经济改善民生是维护新疆社会稳定的基石》,《党政干部学刊》2010 年第 8 期。

龙爱华:《推进法治文化繁荣发展 努力维护新疆社会稳定》,《中共伊犁州委党校学报》2015 年第 2 期。

陆军:《农业部从十个方面加强农业援疆工作》,《农业工程技术》2010 年第 10 期。

罗正钧:《左宗棠年谱》,岳麓书社 1983 年版。

马大正:《国家利益高于一切——新疆稳定问题的观察与思考》,新疆人民出版社 2002 年版。

马大正:《新疆历史发展中的五个基本问题》,《学术探索》2006 年第 2 期。

马海霞、奥布力·塔力普:《中巴经济走廊建设对新疆发展的影响分析》,《新疆社科论坛》2016 年第 1 期。

马戎:《新疆对口支援项目实施情况的调查分析》,《中央民族大学学报(哲学社会科学版）》2014 年第 1 期。

买玉华：《金树仁主政新疆五年述评》，《新疆社会科学》2011 年第 5 期。

毛欣娟：《跨界民族问题与新疆社会稳定》，《中国人民公安大学学报（社会科学版）》2006 年第 2 期。

蒙雪琰、韩德林：《新疆交通发展战略的完善与区域开发方略的调整》，《经济地理》1999 年第 6 期。

纳日碧力戈：《现代背景下的族群建构》，云南教育出版社 2000 年版。

娜拉：《民国新疆地方政府对游牧民族的统治政策》，《中国边疆史地研究》2008 年第 1 期。

农业部课题组：《现代农业发展战略研究》，中国农业出版社 2008 年版。

《新疆继续对粮食种植实施直补政策》，2008 年 2 月 21 日，http://news.21food.cn/35/276679.html。

潘志平：《"三个代表"重要思想指引下的"文化整合"——联系新疆稳定与发展的思考》，《新疆社会科学》2003 年第 5 期。

彭修建：《19 世纪后期新疆危局的策略应对与屯垦发展研究》，《石河子大学学报（哲学社会科学版）》2009 年第 4 期。

齐清顺：《清代新疆的协饷供应和财政危机》，《新疆社会科学》1987 年第 3 期。

齐清顺、田卫疆：《中国历代中央王朝治理新疆政策研究》，新疆人民出版社 2004 年版。

乔天碧：《援疆不仅仅是经济上的事情》，《今日中国（中文版）》2010 年第 7 期。

秦波：《"十三五"时期新疆经济社会发展思路和战略选择》，《宏观经济管理》2015 年第 11 期。

秦放鸣、焦音学：《"丝绸之路经济带"背景下新疆区域经济发展不平衡水平测度及应对之策》，《新疆大学学报（哲学·人文社会科学版）》2016 年第 1 期。

热合木江·沙吾提：《改革开放以来维护新疆社会稳定的实践形势及其启示》，《科学社会主义》2009 年第 5 期。

热孜燕·瓦卡斯：《援疆对南疆三地州产业发展作用分析》，《新疆师范大学学报（哲学社会科学版）》2014 年第 6 期。

任群罗：《中央财政支持政策对新疆经济发展的贡献评价》，《新疆社会科学》2015 年第 3 期。

沈志华：《中苏结盟与苏联对新疆政策的变化（1944—1950）》，《近代史研究》1999 年第 3 期。

石晶、李林：《对口支援背景下对新疆兵团自我发展能力的探讨》，《对外经贸》2012 年第 12 期。

石来宗：《邓小平理论与新疆的发展》，新疆人民出版社 1999 年版。

石平:《筑牢新疆社会稳定和长治久安的思想根基》,《求是》2014 年第 12 期。

《十九省市对口援疆两年:实现"两个百分百"》,2012 年 5 月 30 日,http://www.ts.cn/homepage/content/2012-05/30/content_6880953.htm。

宋爱荣:《治标又治本　发展促稳定——关于维护新疆稳定的几点思考》,《理论前沿》1998 年第 12 期。

苏北海:《西域历史地理》,新疆大学出版社 1988 年版。

孙华:《基于问题导向的我国高校对口支援政策分析》,《上海交通大学学报(哲学社会科学版)》2010 年第 3 期。

孙岿、张晓琼、朱军:《援疆企业对促进就业的作用及其局限性——基于山东援助喀什 4 县的实证研究》,《中南民族大学学报(人文社会科学版)》2014 年第 5 期。

孙岿:《对口援疆与少数民族农牧民自我发展能力的提升》,《中南民族大学学报(人文社会科学版)》2012 年第 3 期。

孙中山:《中国实业如何发展》,《孙中山全集》(第五卷),中华书局 1985 年版。

孙中山:《中国之铁路计划与民生主义》,《孙中山全集》(第二卷),中华书局 1982 年版。

《唐六典》,中华书局 1992 年版。

瓦力·哈力阿巴克:《双向掌握语言是新疆稳定、发展的需要》,《实事求是》1998 年第 5 期。

汪峰:《西北各族人民两年来在毛泽东旗帜下团结前进》,《民族政策文献汇编》,民族出版社 1953 年版。

王大霖:《国家每年斥资两千万科技援疆》,《中亚信息》2010 年第 2 期。

王冀青:《斯坦因第四次中国考古日记考释》,甘肃教育出版社 2004 年版。

王宁:《新疆农民收入分析与农民增收对策》,《新疆农垦经济》2003 年第 6 期。

王倩、谭明:《支持新疆长治久安及跨越式发展的金融援疆政策及效应分析》,《金融发展评论》2014 年第 7 期。

王拴乾:《走向 21 世纪的新疆》(经济卷),新疆人民出版社 1999 年版。

王玮:《中国能引入横向财政平衡机制吗?——兼论"对口支援"的改革》,《财贸研究》2010 年第 2 期。

王夏刚、朱允兴:《试论杨增新的民本思想》,《兰州大学学报》1998 年第 3 期。

王小平:《江泽民同志关于新疆稳定和发展思想初探》,《理论前沿》2006 年第 3 期。

王小平:《履行屯垦戍边历史使命　促进新疆的稳定与发展》,《兵团党校学报》2003 年第 5 期。

王雅楠、孙慧、何昭丽:《丝绸之路经济带背景下新疆教育投入与经济发展关系的辨析研究》,《新疆大学学报(哲学·人文社会科学版)》2016 年第 1 期。

王颖、董垒:《我国灾后地方政府对口支援模式初探——以各省市援建汶川地震灾区为例》,《当代世界与社会主义》2010 年第 1 期。

王永才:《对口支援民族地区的法理基础与法治化探索》,《中央民族大学学报(哲学社会科学版)》2014 年第 5 期。

王永才:《对口支援民族地区的问题与法治反思》,《黑龙江民族丛刊》2014 年第 2 期。

王永宁:《新疆农民收入现状分析及其对策》,《新疆农垦经济》2003 年第 5 期。

王玉玲:《论民族地区财政转移支付制度的优化——基于历史和现实背景的分析》,《民族研究》2008 年第 1 期。

王运华:《生产建设兵团是促进新疆发展和稳定的重要力量》,《新疆社会经济》1998 年第 5 期。

王振宇:《马克思恩格斯区域经济协调发展思想研究》,《实事求是》2011 年第 6 期。

韦庆远:《中国政治制度史》,中国人民大学出版社 1989 年版。

魏后凯:《中国地区发展——经济增长、制度变迁与地区差异》,经济管理出版社 1997 年版。

魏敏、何勇、马蓉:《精细农业在新疆绿洲的应用研究与探讨》,《农机化研究》2003 年第 1 期。

文晓静、王永才:《对口支援民族地区法治化初探》,《贵州民族研究》2014 年第 4 期。

吴福环:《改革开放 30 年新疆反对民族分裂、维护社会稳定的主要经验》,《新疆社会科学》2008 年第 6 期。

吴绍璘:《新疆概观·绪论》,仁声书局 1933 年版。

中共中央文献研究室编:《习近平关于实现中华民族伟大复兴的中国梦论述摘编》,中央文献出版社 2013 年版。

《习近平在第二次中央新疆工作座谈会上强调　坚持依法治疆团结稳疆长期建疆　团结各族人民建设社会主义新疆》,《人民日报》2014 年 5 月 30 日。

夏文斌、刘志尧:《区域公平视角下的新疆跨越式发展》,《石河子大学学报(哲学社会科学版)》2013 年第 1 期。

夏文斌、刘志尧:《中国现代化视角下的向西开放》,《北京大学学报(哲学社会科学版)》2013 年第 5 期。

夏文斌:《公平原则与和谐社会的建构》,《北京大学学报(哲学社会科学版)》2005 年第 2 期。

夏文斌:《生态文明与人的全面发展》,《中国特色社会主义研究》2013 年第 5 期。

肖铖、谢伟民:《教育援藏的制度建构逻辑及其启示——以西藏高等教育对口支援体系为研究对象》,《云南民族大学学报(哲学社会科学版)》2014年第5期。

谢彬:《新疆游记》,新疆人民出版社1990年版。

谢理超:《加大产业援疆支持力度,提升新疆经济发展内生动力——基于新疆乌苏市工业园区调查的思考》,《经济研究参考》2012年第53期。

谢煊、赵珍:《中央新疆工作座谈会以来新疆经济社会发展财税政策梳理》,《新疆社科论坛》2016年第1期。

新疆社会科学院历史研究所:《新疆简史》(第三册),新疆人民出版社1978年版。

新疆维吾尔自治区财政厅:《广袤边疆大建设促就大发展——财政支持新疆重大基础设施建设成就斐然》,《中国财政》2015年第18期。

新疆维吾尔自治区财政厅:《农业强了 边疆美了 农牧民富了——财政力促新疆农牧业跨越发展》,《中国财政》2015年第18期。

新疆维吾尔自治区财政厅:《在改革转型中迎来企业蓬勃发展的春天——财政扶持新疆各类企业健康成长》,《中国财政》2015年第18期。

新疆维吾尔自治区统计局编:《新疆统计年鉴》(1989—2016),中国统计出版社。

熊文钊、田艳:《对口援疆政策的法治化研究》,《新疆师范大学学报(哲学社会科学版)》2010年第3期。

徐罗:《浅析吉尔吉斯斯坦宗教极端势力对新疆稳定与发展的影响》,《新西部(理论版)》2013年第20期。

徐平:《"新一轮"援疆 助力新疆全方位发展》,《新闻战线》2015年第18期。

许建英:《近代土耳其对中国新疆的渗透及影响》,《西域研究》2010年第4期。

许昆生:《西部大开发与新疆经济大发展战略探讨》,《新疆城乡金融》2000年第3期。

薛宝:《影响新疆社会稳定和长治久安的因素探析》,《云南民族大学学报(哲学社会科学版)》2015年第5期。

颜芳:《新一轮援疆成效喜人 深度援疆稳步推进》,《新华日报》2012年4月12日。

杨道波:《对口支援和经济技术协作法律对策研究》,《中央民族大学学报》2006年第1期。

杨发仁、杨振华主编:《新疆生产建设兵团改革与发展》,新疆人民出版社1995年版。

杨发仁:《邓小平民族理论及其在新疆的实践》,新疆人民出版社2000年版。

杨发仁:《新疆党的执政能力与民族工作研究》,新疆人民出版社2009年版。

杨富强:《"对口援疆"政策回顾及反思——以 1997 年至 2010 年间政策实践为例》,《西北民族大学学报(哲学社会科学版)》2011 年第 5 期。

杨富裕、陈佐忠、张蕴薇编著:《草原旅游理论与管理实务》,中国旅游出版社 2007 年版。

杨杰:《整合多元民族文化资源 促进新疆社会的稳定发展》,《新疆社会科学》2007 年第 4 期。

杨明洪、张营为:《对口支援中不同利益主体的博弈行为——以对口援藏为例》,《财经科学》2016 年第 5 期。

杨绍波、傅尔基:《论发达地区与欠发达地区金融对接——基于金融深化与上海金融援疆的分析》,《上海金融》2013 年第 7 期。

杨增新:《补过斋文牍》,载于逢春、阿地力·艾尼主编:《中国边疆研究文库初编·西北边疆卷一》,黑龙江教育出版社 2016 年版。

杨增新:《补过斋文牍续编》(卷一),载于逢春、阿地力·艾尼主编:《中国边疆研究文库初编·西北边疆卷一》,黑龙江教育出版社 2016 年版。

杨增新:《补过斋文牍三编》(卷一),载于逢春、阿地力·艾尼主编:《中国边疆研究文库初编·西北边疆卷一》,黑龙江教育出版社 2016 年版。

杨增新:《补过斋日记》,1921 年上浣刻本。

杨智勇:《草原旅游发展对牧区社会经济影响的研究——以内蒙古自治区锡林郭勒盟为例》,《内蒙古财经学院学报》2008 年第 6 期。

殷晴:《丝绸之路与西域经济》,中华书局 2007 年版。

尤努斯·阿不力孜:《对西部大开发战略中新疆经济发展的理性思考》,《新疆财经》2000 年第 2 期。

袁晓东:《新疆 2012 年农机科技水平明显提升》,2013 年 1 月 16 日,http://www.amic.agri.gov.cn/nxtwebfreamwork/detail.jsp? articleId = 4affaa3f3ba7c8d6013c3c5df5020043&lanmu_id=null。

袁智文:《加快经济发展 改善群众生活 是维护新疆稳定最重要的基础》,《实事求是》1997 年第 5 期。

《元史》,中华书局 1976 年版。

曾问吾:《中国经营西域史》,商务印书馆 1935 年版。

张安福:《清代以来的新疆屯垦与国家安全研究》,中国农业出版社 2011 年版。

张安福:《新疆城镇化道路的新视角——国家安全与地区发展并重》,《临沂师范学院学报》2009 年第 4 期。

张春贤:《奋力谱写新疆社会稳定和长治久安新篇章——深入学习贯彻第二次中央新疆工作座谈会精神》,《求是》2014 年第 15 期。

张大军:《新疆风暴七十年》,(中国台湾)兰溪出版社 1980 年版。

张建兵:《我国西北跨界民族对新疆社会稳定的影响》,《学理论》2011年第27期。

张坤:《我国发展草原旅游的意义及草原旅游产品开发类型探析》,《现代经济信息》2011年第22期。

张丽君等:《中国民族经济政策回顾及其评价》,《民族研究》2010年第4期。

张铁玲:《去年援疆成效大　今年援疆步伐大》,《阿克苏日报》2012年3月8日。

张晓艳:《突出抓好兵地融合　促进兵团更好更快发展——解读自治区党委经济工作会议精神》,《新疆日报》2017年1月7日。

张笑芸、唐燕:《创新扶贫方式,实现精准扶贫》,《资源开发与市场》2014年第9期。

张彦虎、李万明:《简析我国民族发展扶持政策的作用与效果——以民族干部、人口、教育政策为例》,《毛泽东邓小平理论研究》2012年第9期。

张彦虎、李万明:《试论我国民族经济扶持政策的作用与发展创新》,《北方民族大学学报(哲学社会科学版)》2012年第5期。

张彦虎、李万明:《新疆草原生态旅游产业发展研究——以东天山北坡草原为例》,《西南民族大学学报(人文社会科学版)》2014年第11期。

张彦虎:《14至17世纪西域绿洲农业经济的曲折发展及原因》,《中国经济史研究》2014年第2期。

张一鸣:《精准扶贫为新时期中国扶贫格局带来新变化——访北京师范大学经济与资源管理研究院教授张琦》,《中国经济时报》2014年10月9日。

张志恒:《光辉的历程——农业援疆回顾》,《新疆畜牧业》2010年S1期。

赵镜元:《新疆事变及其善后》,《新中华》1933年第1卷第10期。

赵明刚:《中国特色对口支援模式研究》,《社会主义研究》2011年第2期。

郑春勇:《论对口支援任务型府际关系网络及其治理》,《经济社会体制比较》2014年第2期。

中共新疆维吾尔自治区委员会党史研究室:《中共新疆地方史》第一卷,新疆人民出版社1999年版。

《毛泽东文集》第六卷,人民出版社1999年版。

《中国共产党第十八次全国代表大会文件汇编》,人民出版社2012年版。

《邓小平文选》第三卷,人民出版社1993年版。

中共中央文献研究室、中共新疆维吾尔自治区委员会编:《新疆工作文献选编》,中央文献出版社2010年版。

中共中央文献研究室:《邓小平建设有中国特色社会主义论述专题摘编》,中央文献出版社1995年版。

中国第二历史档案馆编:《中华民国史档案资料汇编》(第一编政治一),江苏古籍出版社 1994 年版。

《中共中央关于构建社会主义和谐社会若干重大问题的决定》,人民出版社 2006 年版。

《中共中央关于全面深化改革若干重大问题的决定》,人民出版社 2013 年版。

"中华民国外交部"编:《苏联对新疆之经济侵略》,"中华民国外交部" 1950 年版。

钟世禄等:《中国共产党在边疆少数民族地区执政方略研究》,云南人民出版社 2010 年版。

周德升、曾银春:《美国犹他州跨越式发展对我国新疆经济发展的启示》,《当代经济管理》2011 年第 7 期。

周汉:《民国新疆社会研究》,新疆大学出版社 2001 年版。

周昆田:《三民主义边疆政策》,台北"中央"文物供应社 1984 年版。

周林青:《我国"对口支援"政策与德国横向转移支付制度的比较研究》,《法制与社会》2015 年第 23 期。

周少靖、李生有:《新疆与东部地区经济发展的差距与对策》,《天山学刊》1996 年第 2 期。

周晓丽、马晓东:《协作治理模式:从"对口支援"到"协作发展"》,《南京社会科学》2012 年第 9 期。

周永华:《民族地区未成年人教育缺失与社会稳定关系研究——以新疆地区为例》,《中南民族大学学报(人文社会科学版)》2007 年第 1 期。

朱金鹤、崔登峰:《新疆产业结构:演进、升级与优化》,《新疆农垦经济》2007 年第 8 期。

朱培民:《新疆与祖国关系史论》,新疆人民出版社 2008 年版。

朱培民主编:《中国共产党与新疆民族问题》,新疆人民出版社 2004 年版。

后　记

这部著作是在教育部人文社会科学基金项目"新疆发展稳定与国家政策扶持研究"结题报告的基础上进一步补充完善的成果。

毫无疑问,作为一名出生并成长于新疆的人来说,对家乡自然有着特殊的感情和眷恋。家乡不仅有着辽阔的戈壁大漠、壮美的山川河谷,更有着迷人的绿洲草原和热情淳朴的各族人民,而且长期以来各族人民聚居生活、互帮互助、美美与共、其乐融融,用共同努力和互助友爱勾画了无数生动优美的生活画卷。而这一切都源于新中国的成立和新疆的和平解放。新疆的和平解放,开启了新疆历史发展的新纪元,从此新疆各族人民在党和国家的亲切关怀下,开始走上了完全不同于以往任何时代的社会主义幸福康庄大道。随着国家一系列扶持政策的出台和实施,对新疆等民族地区的扶持力度不断加大和体系日益完善,极大促进和加快了以新疆为代表的民族地区经济的快速发展和社会发展进步。七十年来,在党和国家的亲切关怀帮扶下,新疆实现了历史上前所未有的发展繁荣进步,同时也为我国的现代化建设和边防安全作出了重大贡献。

但是,随着20世纪90年代苏联解体和中亚一系列民族国家的独立,使得新疆所毗邻的中亚战略局势日益错综复杂,西方敌对势力趁机向新疆渗透并迅速与残存的分裂分子沆瀣一气，不断操纵策划针对新疆的各种分裂破坏活动，严重威胁到新疆的发展稳定大局，也给各族人民的生命财产安全造成了极大威胁。对此，党和国家高度重视新疆的发展稳定工作，不仅开启了以十九省市对口援疆为代表的举国援疆战略，而且以习近平同志为核心的党中央还将新疆社会稳定与长治久安作为新疆工作的总目标，以切实保障和维护各族人民的根本利益。因此，本书正是在上述重要时代背景下酝酿、思考、研究和写作完成的。同时，为了实现正本清源，传播正能量，成果采用了新旧（中国）时代对比分析的方法，通过对不同时代新疆发展稳定状况的对比研究分析，揭示和验证了只有在党的领导和国家政策扶持下新疆才能实现真正的全面发展和社会和谐稳定。

在本书即将付梓之时，在喜悦欣慰之余，更多的是满怀的感激之情和无限的敬意。无论是在项目课题的研究过程中还是在我成长的这些年里，来自北京大学、中国社科院等单位的众多学界前辈都给了我很多无私帮助、指导和激励。他们是北京大学的于鸿君教授、夏文斌教授，中国社会科学院的厉声教授、于逢春教授，自治区政策研究室原主任汤一溉先生，以及本单位的李豫新主任、李万明教授、杜宏春教授、何汉民教授等领导和专家学者。尤其是石河子大学党委书记夏文斌教授，作为北京大学连续三批次的援疆干部，他不辞劳苦，不畏艰险，用自己的身体力行和无私大爱，不断诠释和践行着一个共产党员的初心和"苟利国家生死以，岂因祸福避趋之"的家国情怀。同时，他还于百忙之中欣然为本书作序，并亲自指导撰写了本书中"加快深化兵团改革"等内容。此外，还有中国社科院新疆发展研究中心的厉声教授，他心系边疆、情牵西域，不仅把毕生精力都献给了边疆问题研究,而且在古稀之年仍不辞劳苦,往返奔波于天山南北,为新疆的发展稳定和长治久安贡献着自己的学者智慧。这些都让我们无时不在感动、感激和心生敬意,并对未来充满了信心和力量。那就是我们有"与人民心心相印、与人民同甘共苦、与人民团结奋斗,夙夜在公"的伟大中国共产党的领导,有强大的国家支持和无数仁人志士的共同努力,新疆的明天一定会更美好。

另外,在本书的撰写过程中,参考借鉴了诸多重要文献和观点建议,在此一并表示感谢。同时,由于水平有限,疏漏不足恐所难免,敬请批评指正!

张彦虎

2019 年 3 月 10 日于石河子

责任编辑:李媛媛

封面设计:汪　阳

责任校对:史伟伟

图书在版编目(CIP)数据

新疆建设发展与国家政策扶持研究/张彦虎 著. —北京:人民出版社,
　2019.6

ISBN 978－7－01－020050－7

Ⅰ.①新…　Ⅱ.①张…　Ⅲ.①区域经济发展-政策支持-研究-新疆
　Ⅳ.①F127.45

中国版本图书馆 CIP 数据核字(2019)第 262071 号

新疆建设发展与国家政策扶持研究

XINJIANG JIANSHE FAZHAN YU GUOJIA ZHENGCE FUCHI YANJIU

张彦虎　著

人民出版社 出版发行

(100706　北京市东城区隆福寺街 99 号)

北京新华印刷有限公司印刷　新华书店经销

2019 年 6 月第 1 版　2019 年 6 月北京第 1 次印刷

开本:710 毫米×1000 毫米 1/16　印张:20

字数:243 千字

ISBN 978－7－01－020050－7　定价:63.00 元

邮购地址 100706　北京市东城区隆福寺街 99 号

人民东方图书销售中心　电话 (010)65250042　65289539